CHINA AUTOMOTIVE TEST AND
ASSESSMENT REPORT
(2024)

中国汽车
测评报告
（2024）

中国汽车技术研究中心有限公司 / 组织编写

社会科学文献出版社
SOCIAL SCIENCES ACADEMIC PRESS (CHINA)

《中国汽车测评报告（2024）》
编 委 会

主要编撰者简介

李向荣 高级工程师，中国汽车技术研究中心有限公司汽车测评管理中心主任，中汽测评技术委员会副主任委员。长期从事车辆安全测试评价体系研究工作，主持中国新车评价规程（C-NCAP）、中国智能网联汽车技术规程（C-ICAP）、中国绿色汽车规程（C-GCAP）等测评规程的技术研究与运营管理工作。近年来主持或参与省部级以上课题研究6项，发表学术论文10余篇，授权发明专利4项，参与标准制定2项，获得省部级奖项7项。

刘玉光 教授级高工，中国汽车技术研究中心有限公司汽车测评管理中心高级技术总监，兼任中国汽车工程学会汽车安全分技术委员会副主任委员、全国汽车标准化技术委员会碰撞安全分标委副主任委员、全国汽车标准化技术委员会车身附件分标委主任委员。主持或参与制定汽车安全国家标准、行业标准10余项，参与编撰中国汽车安全蓝皮书若干部。

张 鲁 高级工程师，中国汽车技术研究中心有限公司汽车测评管理中心技术管理部副部长。长期从事智能网联汽车测试评价技术研究，主持中国智能网联汽车技术规程（C-ICAP）等测评项目；近年来承担国家级、省部级重点科研课题6项，获得省部级科技进步奖2项。参编著作2部，发表SCI/EI论文14篇，授权发明专利6项，合作完成行业标准制定3项。

王 芳 博士，教授级高工，入选科技部中青年科技创新领军人才，国务院政府特殊津贴专家，现任中国汽车技术研究中心有限公司首席科学家、新能源专项总工程师。致力于新能源汽车及关键零部件测试技术研究，尤其是聚焦先进能源动力系统的测评体系。牵头科技部"十二五"、"十三五"和"十四五"能源系统测评重大科技项目；牵头或参与制定 2 项国际标准和 15 项国家标准，相关成果获国家科学技术进步二等奖及省部级奖 10 余项，个人获第十七届中国青年科技奖、全国五一劳动奖章以及天津市优秀科技工作者、天津市突出贡献专家、中国汽车工业优秀科技人才等荣誉称号。

吕恒绪 教授级高工，中汽研汽车检验中心（天津）有限公司副总经理、总工程师，兼任全国汽车标准化技术委员会车身分技术委员会副主任委员、国家市场监督管理总局质量监督司生产许可组产品质量安全监管专家、第六届强制性产品认证技术专家组 TC11 成员。主持或参与制定汽车安全国家标准、行业标准 10 余项，发表被动安全领域相关论文数十篇，申请发明专利 10 余项。

秦孔建 博士，教授级高工，中国汽车技术研究中心有限公司首席专家，兼任全国汽车标准化委员会智能网联分技术委员会委员、中国人工智能学会智能驾驶专业委员会委员、中国通信学会车联网专业委员会委员。长期从事新能源、智能网联汽车技术开发验证及测试评价体系等领域研究工作。主持或参与国家级及省部级项目 20 余项，参与新能源、智能网联汽车多项国家和行业标准的制定工作。在国内外学术期刊及会议公开发表论文 50 余篇，获得发明专利 20 余项，主编技术专著 1 部，获得 4 项省部级科技一等奖及多项其他省部级科技奖励。

傅连学 毕业于清华大学，教授级高工。科技部火炬计划中心评审专家、中汽中心技术委员会委员、中汽信科战略科技委员会主任，兼任中国汽车工程学会知识产权分会秘书长。长期从事战略规划与科技创新工作，曾主持国家部委科研与规划类课题 20 余项，主持企业规划设计项目 10 余项，指导与主持中汽中心、中汽信科自主研发项目 200 余项，荣获中国汽车工业科学技术进步奖、中汽中心科技成果奖等多项科技奖项。

赵冬昶　中国人民大学产业经济学博士，高级工程师，中国汽车技术研究中心有限公司首席专家、中汽碳（北京）数字技术中心有限公司总经理、移动源污染排放控制技术国家工程实验室副主任、中国环境科学学会碳达峰碳中和专业委员会常务委员，先后主持 15 项省部级课题、10 项国际合作课题及 20 项中心课题，获得省部级奖项 6 项，公开发表论文 33 篇，获得专利 1 项，作为副主编连续 8 年撰写发布《节能与新能源汽车发展报告》，作为编委会副主任撰写发布《面向碳中和的汽车行业低碳发展战略与转型路径》。

前　言

随着汽车产业的飞速发展，汽车技术的日新月异，消费者对汽车驾乘性能、安全、舒适性等方面的要求也越来越高。在这样的背景下，第三方汽车测试评价显得尤为重要。它不仅是消费者选择汽车的参考依据，也是推动汽车行业持续进步的重要力量。

第三方测试机构拥有专业的测试设备、标准的测试场地和经验丰富的测试团队，能够对汽车的多项性能进行全面、准确的测试评价，能够提供客观、中立的车辆性能数据。这些测试数据不仅能够帮助消费者更好地了解车辆性能，还能够为汽车制造商提供改进产品的依据。目前，第三方汽车测评主要围绕汽车安全技术、智能网联技术、绿色健康技术开展。

在汽车安全方面，第三方测试机构通过对汽车主动安全和被动安全进行测试，可以评估车辆在各种极端情况下的安全性能，如碰撞、侧翻、追尾等。这些测试结果能够为消费者提供车辆安全性的重要参考，同时也促使汽车制造商不断提升产品的安全性能。

在智能网联方面，通过客观公正的第三方测试评价，有助于消费者深入了解辅助驾驶功能的特点，避免误用、滥用，提高公共交通安全；有助于产业政策和监管措施的制定，辅助政府对智能网联汽车产品进行质量检查和认证，确保政策的实施效果；有助于建立良好的市场竞争环境，提高整个行业的专业水平和技术能力，推动行业的健康发展。

在汽车绿色方面，第三方测评对车辆健康、能效和低碳相关的性能进行综合评价，向公众提供客观、专业、全面的绿色性能报告，帮助消费者根据自身需求选择合适的车型。同时，对车辆全生命周期碳排放的评价工作也积极响应了国家和政府绿色低碳的号召，助力汽车行业实现全面减碳，推动中国汽车行业的绿色低碳发展。

中国汽车技术研究中心有限公司在汽车测评领域深耕多年，先后推出了C-NCAP、CCRT、C-ICAP、C-GCAP等测评品牌，每年投入大量的人力、物力开展测试评价工作，积累了大量的试验数据。在中国汽车技术研究中心有限公司的统一协调下，组织各领域技术专家对2023年的测试数据进行分析并编写了本书。本书共分为五个部分。第一部分为总报告，介绍了国内外汽车测评体系现状，分析了中国汽车技术研究中心有限公司近两年的测试评价数据，对我国汽车产品的安全技术特征、智能网联技术特征、绿色健康技术特征等进行了系统分析，并预测了汽车技术和测评技术的发展趋势。第二部分为新车安全测评篇，以汽车安全为核心，详细阐述了C-NCAP各测试项目的测评技术现状和未来趋势。第三部分为新车智能网联测评篇，以智能网联为核心，深入分析了C-ICAP智能驾驶、智慧座舱部分项目的测试评价方法，以及行业的技术现状。第四部分为新车绿色测评篇，以绿色健康为核心，从乘员健康、节能环保等角度，分析了C-GCAP测试评价技术及我国产品技术现状。第五部分为汽车消费者调研篇，以消费者调研为核心，以用户调研为切入点，系统评估了我国汽车产品的用户体验。

本书由中国汽车技术研究中心有限公司汽车测评管理中心组织规划，中汽研汽车检验中心（天津）有限公司、中汽智联技术有限公司为主要参与单位，共有100余位专家参与编写。本书成稿，首先，得益于中国汽车技术研究中心有限公司汽车测评管理中心提供的良好平台，该平台汇聚了全国顶级的汽车技术专家、汽车测试专家，在短时间内完成了高质量内容的编写。其次，得益于参编单位在本书编写过程中给予的大力支持。最后，本书在编写过程中参考了大量的国内外公开发表的资料，在此也向相关资料的作者一并表示感谢。

汽车测试评价体系复杂，切入点丰富，且汽车技术日新月异，受时间、资源及专业、能力所限，本书的内容未必全面，观点未必正确。但本书结合大量测试评价数据，对我国汽车产品技术现状进行系统分析，是我国广大汽车产业从业人员的劳动结晶，对相关研究、技术人员了解我国汽车测试评价技术具有积极的参考意义。我们欢迎广大专家、学者及社会各界对本书存在的缺点、不足批评指正，以便我们在后续工作中不断完善，也希望通过本书搭建与各方交流探讨的平台，共同推动汽车测试与评价技术的发展。

目　录

总报告

新车安全测评篇

新车智能网联测评篇

新车绿色测评篇

汽车消费者调研篇

总 报 告

中国新车测评技术发展、技术特征
及发展趋势研究

李向荣[*]

摘　要： 　随着汽车技术的发展，整车第三方测评逐步演变成以"安全、智能、绿色、消费者调研"为核心的测试评价体系。本研究系统阐述了国内外在新车安全评价、新车智能网联评价、新车绿色评价以及消费者调研四个领域的发展现状，同时结合中国汽车技术研究中心有限公司近年来在安全、智能、绿色领域的测试评价结果，对我国汽车行业的技术现状进行了系统阐述。综合测评体系发展趋势、汽车技术现状，本研究提出了未来我国汽车技术发展趋势与发展建议。

关键词： 　第三方测评　安全　智能　绿色　消费者调研

---

* 李向荣，高级工程师，中国汽车技术研究中心有限公司汽车测评管理中心主任，中汽测评技术委员会副主任委员，长期从事车辆安全测试评价体系研究工作。

一 国内外新车测评技术最新进展

第三方汽车测评是独立于买卖双方利益和政府监管之外，以科学、公正、权威的非当事人身份，根据相关标准展开汽车产品检验、测试的市场活动。独立、公正、权威是第三方汽车测评的基本特征。第三方汽车测评，特别是权威技术机构执行的第三方测评，是汽车成熟社会的重要标志。

汽车测评规程是在大量消费者需求调研的基础上，站在消费者的角度，系统性地将车辆某一方面或某几方面的性能直观地呈现给消费者，并通过社会主流媒体进行结果发布，对于消费者全面了解车辆安全、智能、节能环保、健康、驾驶操控等性能指标具有重要的指导意义。

随着汽车技术的发展，第三方测评的内涵进一步丰富。在聚焦汽车安全技术测评的基础上，不断涌现汽车智能网联技术测评、汽车绿色性能测评以及消费者测评等。以下将主要从汽车安全、智能、绿色、消费者调研四个板块进行分析介绍。

（一）新车安全测评技术研究进展

国际上第一个权威第三方汽车测评是由美国高速公路管理局（NHTSA）于1979年提出的美国新车评价规程（US NCAP），其目的是促进和鼓励相互竞争的汽车生产企业超越现有法规标准的限制，进一步提升本国汽车安全水平。自美国最早采用NCAP体系以来，汽车安全性能逐渐被广大的汽车消费者所了解。40多年来，许多国家和地区都相继开展了NCAP评价，如欧洲Euro NCAP、美国IIHS、澳大利亚A NCAP、日本J NCAP、韩国K NCAP和中国C-NCAP等。经验表明，实施NCAP对于提高汽车安全性能和改善道路交通安全状况都有明显的效果。NCAP测试程序比起标准法规的制定要快得多，更有利于促进企业开发新技术。由于各国和地区车辆构成情况、交通事故特点、技术水平有所不同，各国和地区NCAP也有所差异。

1. 国外新车安全测评规程及技术研究

经过几十年的发展，新车评价规程 NCAP 组织已经遍布全球主要的汽车产销地，目前总数为 10 个，表 1 展示了全球十大 NCAP 机构及成立时间。同时得益于 Global NCAP 组织的推动，NCAP 组织还在不断发展，数量还会增多。目前 NCAP 品牌和 NCAP 标准体系已经在世界范围内成为汽车产业，特别是安全领域研发和检测认证中不可忽视的力量。国际各 NCAP 组织的发展和运营为推动世界道路安全进步作出了重要贡献。

表 1　全球十大 NCAP 机构及成立时间

序号	名称	成立年份
1	US NCAP	1979
2	A NCAP	1992
3	IIHS NCAP	1995
4	J NCAP	1995
5	Euro NCAP	1997
6	K NCAP	1999
7	C-NCAP	2006
8	Latin NCAP	2010
9	ASEAN NCAP	2011
10	B NCAP	2023

（1）澳大利亚 A NCAP

总体概况。A NCAP 是一个由澳大利亚、新西兰和各自州政府支持的非营利性汽车安全评价机构，成立于 1992 年。它致力于评价和宣传汽车的安全性能，以提高消费者对新车辆的认知和安全性选择水平。

A NCAP 评价规程与 Euro NCAP 评价规程协同，并在一定程度上进行了修改，以适应澳大利亚和新西兰的驾驶环境和法规要求。A NCAP 测评项目包括车辆的碰撞测试、安全辅助系统测试等。

A NCAP 测评结果以 5 星评级进行发布，得到 5 星评级表示车辆具有最高水平的安全性能。消费者可以通过 A NCAP 的官方网站了解每款测评车型的安全性能表现，以便做出更好的购买决策。

测评规程。A NCAP 目前执行的是 2023~2025 版测评规程，包含成人乘员保护、儿童乘员保护、弱势交通参与者保护和安全辅助四大板块（见图 1）。为了获得 5 星，车辆至少要在四个板块分别达到 80%、80%、70% 和 70% 的得分率。在测试规程的制定和更新等方面，A NCAP 与 Euro NCAP 保持着密切的协同关系。A NCAP 使用正面全宽碰撞（FRB）、车对车偏置碰撞（MPDB）、侧面碰撞（AE-MDB）和侧面柱碰撞（POLE）四种碰撞工况检测车辆乘员保护性能。

成人乘员保护　　儿童乘员保护　　弱势交通　　　安全辅助
　　　　　　　　　　　　　　　　参与者保护

图 1　A NCAP 测试板块

A NCAP 在 2022 年 12 月发布 2030 路线图，计划在 2026 版规程中采用全新的板块分类方式：安全驾驶、碰撞避免、碰撞保护和碰撞后安全，按照新板块对评价项目进行重新划分，并将改版周期调整为 3 年。

（2）东盟 ASEAN NCAP

总体概况。ASEAN NCAP 于 2011 年由马来西亚道路安全研究所（MIROS）和 Global NCAP 联合成立，旨在提升东盟地区汽车安全标准，提高消费者安全意识，推动建立该地区更安全的汽车市场，是世界上第 9 个 NCAP 组织。

ASEAN NCAP 致力于通过提升东盟地区汽车安全性能，促进汽车制造商对东盟市场车辆安全的重视，同时提高消费者的购车决策能力。ASEAN NCAP 最初的评价标准是基于 Global NCAP 的测评规程进行开发，测试项目包括正面碰撞、侧面碰撞、车辆电子稳定性控制系统 ESC 和行人保护等方面。评价结果以 5 星评级的形式公布,并向公众提供有关车辆安全性能的透明信息,以便消费者能够了解车辆的实际安全状况。之后,ASEAN NCAP 开始根据东盟地区交通事故特点和车辆特征独立自主地制定规程,目前已改版 2 次。ASEAN NCAP 已经成为东盟汽车标准体系中重要的组成部分,对推动东盟地区的交通安全建设发挥着重要作用。

在组织结构方面,ASEAN NCAP 由指导委员会管理并得到技术委员会的支持,又根据不同的技术领域,形成了正面碰撞、侧面碰撞、儿童保护和安全辅助四个具体的工作组。

测评规程。发展至今,ASEAN NCAP 正式发布了 3 个版本的规程,改版周期基本稳定为 5 年。最初的版本仅包含成人乘员保护和儿童乘员保护两个板块,2017 版增加了安全辅助,2021 版又增加了摩托车安全,可以看出ASEAN NCAP 通过规程的迭代更新不断发展壮大,主动安全占比不断提高。ASEAN NCAP 的影响力覆盖整个东盟十国,选取的试验车辆是在东盟地区上市的车辆,没有销量上的限制,接受自主申报。

ASEAN NCAP 现行测试规程为 2021~2025 版,包含成人乘员保护、儿童乘员保护、安全辅助和摩托车骑行者安全四大板块(见图 2)。在权重方面,成人乘员保护占 40%,其余板块各占 20%。通过权重可以计算出车辆的总体得分,但总分不影响最终星级评价。为了获得 5 星,每个板块有各自

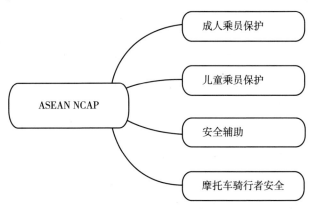

图 2 ASEAN NCAP 测试板块

最低得分率的要求，车辆至少要在四个板块分别达到80%、75%、70%和50%的得分率。

ASEAN NCAP下一版规程为2026~2030版测评规程，计划于2024年4月发布正式规程并于2026年开始正式实施。新版规程沿用四大板块的分类方式，在碰撞试验中使用WorldSID假人替换ES-2假人，使用Q6和Q10替换Q1.5和Q3假人，增加车道辅助评价和车对摩托车AEB功能的评价，同时上调安全辅助（SA）和摩托车安全（MS）板块的5星得分率。

（3）全球Global NCAP

总体概况。Global NCAP是零愿景基金会（Towards Zero Foundation）的项目，该基金会注册于英国的一个慈善机构。其中，"零"指的是推动交通事故零伤亡、零事故等。Global NCAP是一个独立的非政府组织项目，致力于在全球各NCAP之间搭建合作与交流的平台，并促进联合国最重要的汽车安全标准在全球范围内普遍采用。为了实现这些目标，Global NCAP采用世界上严格的碰撞测试标准来评价车辆安全性能，并对有关车辆的测试结果发布公开透明的报告，以向消费者提供有关车辆安全性能的透明信息。其工作内容包括但不限于以下几个方面：支持联合国道路安全全球计划的开展，重点为联合国道路安全十年行动；通过提供技术支持、指导和质量保证，支持新兴市场的新车评价规程（NCAP）项目；为NCAP和世界各地的类似组织提供合作平台，分享最佳实践，进一步交流信息，并促进使用消费者信息，以鼓励全球汽车市场生产更安全的汽车；孵化新的NCAP组织；开展各种形式的专题项目，推广已证明有效的车辆安全技术，并通过提高消费者的认识和在适当情况下支持强制应用，鼓励在全球加速使用这些技术，比如"Stop the Crash"。

测评规程。Global NCAP目前包含成人乘员保护（最高34分）和儿童乘员保护（最高49分）两个板块（见图3），分开进行星级评价。要在成人乘员保护板块拿到5星评级，正面偏置可变形壁障碰撞ODB和可变形移动壁障侧面碰撞MDB分值之和至少达到27分，安全带提醒SBR至少得到1分，同时车身电子稳定控制系统ESC、侧面柱碰和行人保护应满足标准要求；要在儿童乘员保护板块拿到 5 星评级，至少应得 41 分。Global NCAP 下一版规程计划从 2026 年开始实施，预计设置 4 个评价板块，引入高级驾驶辅助系统 ADAS 评价和侧面柱碰试验，以提高 MDB 壁障质量。

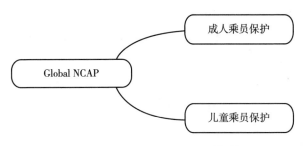

图 3　Global NCAP 测试板块

Global NCAP 与其他 NCAP 相比最重要的区别之一就是没有固定的实施区域。没有自身 NCAP 体系的新兴汽车市场在经过 Global NCAP 官方机构批准后可以采用 Global NCAP 规程对本市场上所销售的新车进行安全评估。2014~2023 年，Global NCAP 与印度道路运输及公路部联合开展"Safer Cars for India"项目，帮助印度地区评估新车安全性能，相关车型的成绩可以在 Global NCAP 官网上进行检索。经过多年培育，2023 年 9 月，Safer Cars for India 项目成功孵化为 B NCAP。2017 年至今，Global NCAP 发起"Safer Cars for Africa"项目，帮助非洲地区评估新车安全性能。

（4）拉丁美洲 Latin NCAP

总体概况。Latin NCAP 是一个非营利组织，成立于 2010 年，致力于提高拉丁美洲和加勒比地区车辆的安全性能，促进汽车制造商重视该地区市场的车辆安全，并为消费者提供有关车辆安全性能的透明信息。Latin NCAP 的评价规程和测试方法基于 Global NCAP 规程开发制定，并根据该地区的特点进行调整。

Latin NCAP 的测试项目包括正面碰撞、侧面碰撞、侧面头部保护、车身电子稳定控制系统 ESC 和儿童乘员保护等方面。测试结果以 5 星评级的形式公布，让消费者能够清楚了解车辆的安全性能，并帮助消费者做出更明智的购车决策。

该组织通过进行公开透明的碰撞测试和评价，提供具有挑战性的测评，并与利益相关方进行合作，推动汽车制造商在拉丁美洲和加勒比地区提供更安全的车辆。此外，Latin NCAP 还积极参与交通安全宣传和教育活动，提高公众车辆安全意识，并促进相关政策和立法改革，以保障道路上的车辆和乘客安全。

Latin NCAP 已经成为拉丁美洲地区最重要的新车测评项目之一，并为该地区的道路交通安全作出了积极贡献。

测评规程。Latin NCAP 目前执行的是 2020~2024 版评价规程，包含成人乘员保护、儿童乘员保护、弱势交通参与者和安全辅助四大板块（见图4），5星车型至少要在四个板块分别达到80%、80%、50%和80%的得分率。

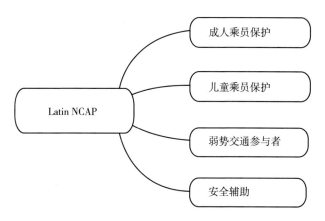

图 4　Latin NCAP 测试板块

在 Latin NCAP 2025~2030 路线图中，将沿用上述四大板块的分类方式，部分星级最低得分率限值可能会上调5%。

（5）欧洲 Euro NCAP

总体概况。Euro NCAP 成立于 1997 年，是世界上最具影响力的 NCAP 组织之一。Euro NCAP 同样以星级评价的方式体现车辆的主被动安全性能，最高等级为 5 星。试验车型的成绩会无偿向社会公开发布，消费者可登录

Euro NCAP 官网查看试验车型的配置情况及各评价子项目成绩等细节内容，获取车辆安全性能的详细资料。在欧洲，无论是企业端还是消费者端，Euro NCAP 都有着显著的影响力。在评价车型方面，除了 Euro NCAP 计划列表内的，车企也可以自愿性申请进行评价。

测评规程。Euro NCAP 目前执行的版本分为成人乘员保护、儿童乘员保护、弱势交通参与者和安全辅助四大板块。每个板块都有自身不同星级最低得分率的要求，各板块成绩均需达到各自 5 星门槛值以上才能获得 5 星的总体评级。Euro NCAP 各板块虽然有各自的权重，但是 5 星评级对总成绩没有要求，总成绩只对车型成绩排名有影响。

2022 年 11 月，Euro NCAP 发布了 2030 愿景，计划在 2026 版对规程进行一次较大的改动，对评价板块进行重新划分。使用哈顿矩阵理论，按照事故发生的先后顺序，将评价板块划分为安全驾驶、碰撞避免、碰撞保护和碰撞后安全（见图 5）。

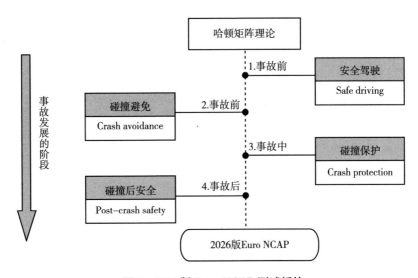

图 5　2026 版 Euro NCAP 测试板块

（6）美国 IIHS（NCAP）

总体概况。公路安全保险协会（Insurance Institute for Highway Safety,

IIHS）是美国一家独立的、非营利性的科学教育组织，致力于通过研究和评价以及对消费者、政策制定者和安全专业人员的教育，减少机动车碰撞造成的死亡、伤害和财产损失。IIHS 由汽车保险公司和保险协会支持，其规程在美国乃至世界范围内都有着广泛的影响力。在试验车辆来源方面，由IIHS 制定选车列表，像普通消费者一样从经销商处购买试验车辆；对于不在 IIHS 试验计划中的车辆，车企可自主申请试验，并向 IIHS 支付购车费用。

测评规程。IIHS 规程测评项目可分为三个大的板块，分别为防撞性评估、碰撞避免和减轻、安全带和儿童约束系统（见图 6）。同时又可细分为7 个子项目，防撞性评估包含正面 40%偏置碰撞、正面 25%偏置碰撞（驾驶员侧）、正面 25%偏置碰撞（乘员侧）、侧面碰撞；碰撞避免和减轻包含车对行人、灯光安全；安全带和儿童约束系统包含 LATCH（CRS 固定点）和安全带提醒检查。

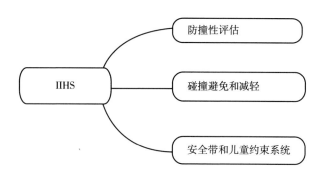

图 6　IIHS 测试板块

与其他 NCAP 结果展示的方式不同，IIHS 不采用星级评价方式，而主要使用 Good（优秀）、Acceptable（良好）、Marginal（一般）、Poor（较差）四种级别展示评价结果。在车对行人碰撞避免项目采用 Superior（卓越）、Advanced（先进）、Basic（基础）三种分类方式。

2. 中国新车安全测评规程及技术研究

C-NCAP 于 2006 年由中国汽车技术研究中心发起，实施 17 年来，国内车型整体安全技术水平及评价成绩大幅提高，车辆安全装置的配置率也显著增加，中国的广大消费者得以享受更加安全的汽车产品，获得了更为安全的驾乘体验。随着车辆被动安全技术的日益精细化和主动安全技术的迅速发展，被动安全和主动安全技术的相互融合将构成全方位的车辆乘员和弱势交通参与者安全防护体系。基于中国交通事故数据深度研究（CIDAS）和中国车辆安全技术发展状况，C-NCAP 以 3 年为周期不断迭代发展。

C-NCAP 目前执行的是 2021 版规程，主要包括乘员保护、行人保护和主动安全三大板块。乘员保护板块包含碰撞试验、儿童保护静态评价和低速后碰撞颈部保护试验；行人保护部分包含头型试验和腿型试验；主动安全部分包含车辆自动紧急制动系统（AEB）、车道保持辅助系统（LKA）和整车灯光系统的性能试验，以及车辆电子稳定性控制系统（ESC）、车道偏离报警系统（LDW）、车辆盲区监测系统（BSD）和速度辅助系统（SAS）的性能测试报告审核。

在 C-NCAP 2021 版中，乘员保护、行人保护和主动安全三个板块的权重分别为 60%、15% 和 25%。在主动安全板块，高级驾驶辅助系统 ADAS 部分权重为 80%，整车灯光性能部分权重为 20%。C-NCAP 2021 版按照乘员保护、行人保护和主动安全三个板块的综合得分率来进行星级评价。乘员保护、行人保护和主动安全三个板块按照试验项目分别计算各部分的得分率，再乘以三个板块各自的权重系数，求和后得到综合得分率，根据综合得分率对试验车辆进行星级评价。除综合得分率外，乘员保护、行人保护和主动安全三个板块还必须满足最低得分率等要求。

（二）新车智能网联测评技术进展

随着汽车智能网联技术的发展，汽车测评在传统的主被动安全基础上，进一步深化测评技术研究，形成了以辅助驾驶、智慧座舱为代表的智能驾驶测评体系，一方面为各级政府行业管理提供技术参考，为企业产品研发和性能提升提供技术支撑；另一方面也为消费者选购智能网联车辆提供专业参考，避免消费者误用、滥用智能系统。

1. 辅助驾驶测评国内外测评规程及研究现状

（1）国内测评研究现状

国内官方测评体系有中国智能网联汽车技术规程（China Intelligent-connected Car Assessment Programme，简称 C-ICAP），自媒体测评品牌有42号车库测评、懂车帝测评等。

国内技术机构辅助驾驶测评。C-ICAP 是由中国汽车技术研究中心有限公司推出的具有广泛行业影响力的测评品牌。C-ICAP 致力于打造面向汽车智能网联性能的专业测评品牌，服务政府行业管理，为相关政策、标准落地提供先试先行经验；服务企业智能网联技术发展，推动产品性能提升与行业健康发展；服务消费者选车用车，促进用户形成理性认知，引领科技消费；同时还为全球智能网联汽车技术发展贡献中国智慧和中国经验。

辅助驾驶测评是 C-ICAP 测评体系中的重要一环。如图7所示，行车辅助项目包括基础行车辅助和领航行车辅助，泊车辅助项目包括基础泊车辅助和记忆泊车辅助。基础行车辅助和基础泊车辅助为必测项，领航行车辅助和记忆泊车辅助为增测项。基础行车辅助旨在对基础的行车辅助驾驶能力进行考察，侧重于评价系统安全性和舒适性，以跟车能力、组合控制能力、紧急避险能力、驾驶员交互为一级指标；领航行车辅助旨在对高阶行车辅助能力进行考察，侧重于评价系统智能通行效率，以自主换道能力、连续运行能力为一级指标；基础泊车辅助侧重于评价车辆的泊入能力，以车位前泊入能力、车位前遥控泊车能力为一级指标；记忆泊车辅助旨在对高阶泊车辅助能力进行考察，侧重于评价车辆的寻迹能力，涵盖绝大部分常见场景，以一键召唤能力、一键泊车能力为一级指标。

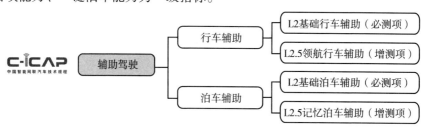

图7　C-ICAP 辅助驾驶测评

国内媒体类辅助驾驶测评，一是42号车库测评。42号车库测评体系以辅助驾驶能力为主要指标，包括基础辅助驾驶能力、进阶的导航辅助驾驶能力以及自动泊车能力。次级指标主要为测试场景/情景等。其设计多个指标，覆盖日常出现的场景，能够体现被测车辆自动/辅助驾驶的能力水平（见图8）。

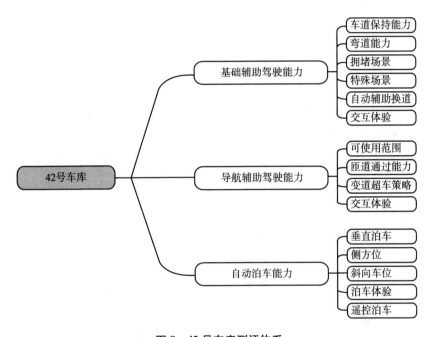

图8　42号车库测评体系

二是懂车帝测评。懂车帝测评体系以开放道路测试、封闭场地测试两种典型测试方法作为主要指标。其中，开放道路测试选取相同路径，在相同时段对不同车辆进行测试，以系统退出次数、驾驶员主动接管次数作为评价指标；封闭场地测试选取前车缓停、跟车等场景进行测试，以相对纵向距离作为评价指标（见图9）。

（2）国外测评规程及研究现状

国外测评体系有欧洲新车评价规程—辅助驾驶（European New Car Assessment Programme Assisted Driving，简称Euro NCAP AD）、美国消费者报

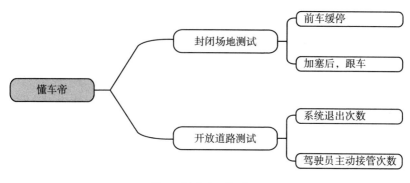

图9　懂车帝测评体系

告（Customer Report，简称 CR）调研等。

Euro NCAP AD 测评体系主要分为驾驶员参与（Driver Engagement）、车辆辅助（Vehicle Assistance）和安全储备（Safety Backup）三方面内容。其中，驾驶员参与和车辆辅助两者得分取最低分与安全储备得分的和作为 Euro NCAP AD 的最终得分。Euro NCAP AD 满分为 200 分，并按照不同分值划分为非常好（Very Good）、好（Good）、一般（Moderate）、入门（Entry）四个级别。

Euro NCAP AD 涵盖驾驶员监测（Driver Monitoring）、自适应巡航表现（ACC Performance）、转向辅助（Steering Assistance）、速度辅助（Speed Assistance）等测试内容。

美国消费者报告（CR）是美国最大的消费者组织，涉及领域包括从消费者购买新车或二手车到使用和维护全流程，其汽车测评以车辆试验结合车主调研的方式进行，登载测评结果的刊物《消费者报告》在美国拥有上千万的读者，受众广泛，深得各界认可。

CR 调研了大量具备 ADAS 系统的车辆，提出了测评体系框架。测评主要指标包括车辆能力测试、驾驶员参与、易用性测试、可用范围以及驾驶员不可用测试等。车辆能力测试主要考察车辆纠偏辅助（LKA）以及自适应巡航控制（ACC）功能，驾驶员参与主要考察驾驶员监控、驾驶员主动干预、系统干预等，易用性测试主要考察控制与显示水平，可用范围主要考察周边环境、汽车运行设计域 ODD 清晰情况等，驾驶员不可用测试考察分心提示、系统故障提示等（见图 10）。

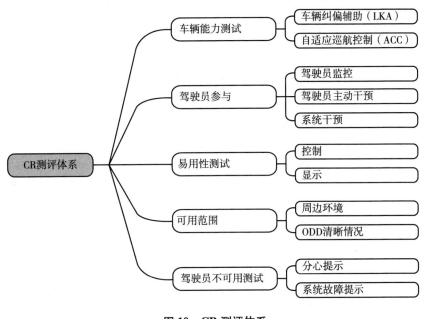

图 10　CR 测评体系

2. 智慧座舱测评规程及研究现状

随着汽车智能化、网联化、电动化和共享化的持续发展，智慧座舱渗透率增长迅速，据 IHS Markit 统计预测，2025 年智慧座舱渗透率将超过 75%。与此同时，用户对于汽车座舱智能化的关注度日益提高，汽车行业日益注重智慧座舱产品的技术发展，国家也不断加快标准政策的研究和制定工作，引导行业有序、健康、快速发展，其中语音交互、人脸识别、数字钥匙、抬头显示等一系列智慧座舱关键技术被列入国家智能网联汽车标准建设的重点方向。

为助力智慧座舱产业技术发展，同时为用户提供车辆选购参考，行业不断探索智慧座舱的评价方法和体系。目前市面上主要存在两类测评方法：一类是国内外媒体开展的以主观测评方法为主的智慧座舱评价体系，主要以具有一定测评经验的人员开展主观体验评价，测试结果依赖于人员的主观经验，评价结果的一致性较难保证；另一类是以专业技术机构（学会、协会、第三方检测机构等）为主导的基于客观测评方法的评价体系，可以有效避免人员主观因素对测试结果一致性的影响，大大提高了结果的可靠性。

（1）国内外技术机构智慧座舱测评

国外技术机构方面，美国高速公路安全管理局（NHTSA）从驾驶安全的角度出发，对车载屏幕及仪表屏的显示内容、声音信号提醒、座椅震动等方面给出了一些方法类的指导。Euro NCAP 也在技术路线图中提出，未来将考虑增加车载信息娱乐系统（IVIS）、人机交互（HMI）、舒适度相关的测评项目。

国内技术机构方面，由中国汽车工程学会发起，以清华大学为牵头单位，于 2023 年发布了《汽车智能座舱智能化水平测试与评价方法》团体标准，该标准从感知能力、交互能力、服务能力、互联能力四个维度，开展智慧座舱性能和功能的客观和主观测试评价，从理论上提出了一套主客观综合的测评方法。中国汽车技术研究中心有限公司在行业内开展广泛调研和意见讨论的基础上，通过大量的摸底试验验证，于 2023 年 6 月发布了《中国智能网联汽车技术规程（C-ICAP）（1.1 版）智慧座舱测评规则》。该评价体系聚焦智慧座舱"能交互""善护航""慧服务"的三个核心属性，针对智能交互（含触控交互、语音交互、无线交互等）、智能护航（含全景环视、HUD、防眩目等）、智慧服务三个维度，建立了一套完整的智慧座舱评价的客观测评体系。

（2）国内外媒体类智慧座舱测评

国外媒体测评方面，美国埃森哲（Umlaut）公司针对智慧座舱建立了一套主观测试评价体系，面向车载信息娱乐、车载导航、语音控制、人机交互等系统，开展人机界面、舒适度、功能和性能、用户体验等项目的测试和评价。美国消费者报告（CR）开展了座舱智能座椅舒适性评价。

国内媒体测评方面，新出行在 2023 年推出了 XCX-IC Test 3.0 测评体系，该测评体系从视觉交互、交流逻辑性、语音、应用四个维度，提出了主观评价标准。车云研究院推出 CC-1000T 的智慧座舱测评体系，针对车机系统、人机交互（HMI）、座舱智控、仪表盘开展测评，从消费者体验角度出发，从智能表现、易用性、外观及科技感、可信赖度和创新等几个维度，对车辆的智慧座舱化程度进行主观体验和评分。太平洋汽车推出"汽车智能化"ICT-300 测评标准体系，其中包含智能驾驶、智慧座舱、性能测试三个部分。智慧座舱从屏幕效果、车机性能、语音交互、智能化进阶需求等几个方面，建立了一套以主观评价为主的测评体系。

3. 隐私保护测评国内外测评规程及研究现状

汽车智能化、网联化的快速发展既带来了机遇，也带来了用户隐私泄露风险的挑战，网络安全和数据安全问题日益凸显。为保障汽车用户隐私安全，国内外汽车网络安全与数据安全领域相关政策、法律法规及标准文件密集出台。

（1）国外方面

2018 年 5 月欧盟《通用数据保护条例》（General Data Protection Regulation，GDPR）正式生效。GDPR 的推出有利于欧盟成员国数据安全政策要求的统一和协调。GDPR 设立了 7 项数据保护的关键原则，即合法、公平和透明，目的限制，数据最小化，准确性，存储限制，完整性与保密性，问责制。2019 年 8 月，国际标准化组织 ISO 和国际电工委员会 IEC 正式对外发布 ISO/IEC 27701 隐私信息管理体系标准，旨在为保护个人隐私提供指导。目前，ISO/IEC 27701 已成为业内公认的最具权威性的个人隐私信息管理体系建设指导标准。2021 年 8 月，国际标准化组织 ISO 与国际自动机工程师学会 SAE 正式发布了汽车信息安全领域首个国际标准 ISO/SAE 21434 *Road Vehicles—Cybersecurity Engineering*（《道路车辆—信息安全工程》）。ISO/SAE 21434 信息安全测试认证由国际认可的第三方认证公司（TÜV）执行，从产品开发周期、风险评价、安全测试、供应链管理等方面对汽车生产企业或零件生产企业进行评价、认证。2022 年 11 月，Euro NCAP 发布 *Euro NCAP Vision 2030*（《Euro NCAP 2030 年愿景》），为车辆更安全勾勒出了清晰的道路，并为欧洲消费者提供了更大的确定性。在这一路线图中，Euro NCAP 认为用户信息安全与数据安全已成为欧洲立法者关注的紧迫问题，进入市场的车辆必须满足基本的安全要求，并主张数据访问应以保护消费者隐私为前提。

（2）国内方面

2021 年 8 月，为了规范汽车数据处理活动，保护个人、组织的合法权益，维护国家安全和社会公共利益，促进汽车数据合理开发利用，国家互联网信息办公室、国家发展和改革委员会、工业和信息化部、公安部、交通运输部发布了《汽车数据安全管理若干规定（试行）》，明确要求汽车数据处理应遵循车内处理、默认不收集、精度范围适用、脱敏处理四大原则。

2023 年 11 月，工业和信息化部、公安部、住房和城乡建设部、交通运输部联合发布《关于开展智能网联汽车准入和上路通行试点工作的通知》，为智能网联汽车试点准入、通行和运营提供了明确的规范指引。通知要求企业建立覆盖车辆全生命周期的网络安全防护体系，采取必要的技术措施和其他必要措施，有效应对网络安全事件，保护车辆及其联网设施免受攻击、侵入、干扰和破坏。同时要求企业依法收集、使用和保护个人信息，且在中华人民共和国境内运营中收集和产生的个人信息及重要数据应当按照有关规定在境内存储。此外，GB/T《汽车数据安全通用要求》和 GB《汽车整车信息安全技术要求》目前也处于报批状态，标准草案针对汽车数据安全的全生命周期保护和汽车信息安全的外部链接安全、通信安全、软件升级安全、数据安全提出了具体的要求。

中国汽车技术研究中心以标准体系情况、行业测评、市场渗透率和消费者关注度三个方面为出发点，结合测评对象主要涉及的功能场景以及可能涉及的安全风险，在中国智能网联汽车技术规程（C-ICAP）隐私保护测评单元中，提出构建以防入侵和防篡改（网联通信守护）、防偷窥和防窃取（个人信息守护）为核心的汽车隐私保护测评体系，并计划于 2024 年发布行业征求意见稿。中汽中心天津检验中心基于 UNECE R155 汽车网络安全要求等国内外标准法规，构建了行业领先的通信安全测试用例库，成为国内首家完成信息安全领域 CNAS 扩项的国家级汽车检验中心，测试用例库包括入侵攻击测试、漏洞库 CAVD 扫描、渗透测试、模糊测试等测试项。

（三）新车绿色测评技术进展

汽车性能测评是一个十分庞大且复杂的体系，在国际上同时并存着很多测评项目，其中，针对汽车绿色性能测评因碳达峰、碳中和、电动汽车、可持续发展等关键词而受到了国内外的重点关注。随着全球环境问题的日益严重，科学全面的汽车绿色测评规程的研究成为国内外第三方测评机构的研究热点。汽车绿色性能测评规程旨在推动汽车行业的绿色发展，引导消费者做出更加环保的购车决策，为实现可持续发展目标作出积极贡献。目前处于运营状态的全球绿色测评规程主要有欧洲的 Green NCAP 体系和我国的 C-GCAP 体系，我国的 C-GCAP 体系发布于 2023 年 6 月，是原汽车绿色性能测评相关体系 C-ECAP、EV-TEST 和 CCRT 体系的综合和优化。

1. 国内新车绿色测评规程及技术研究

C-ECAP 是中国生态汽车评价规程（China Eco-Car Assessment Programme）的简称，是由中国汽车技术研究中心有限公司发布的乘用车内空气质量评价体系。该体系基于生态设计的理念，在汽车产品的全生命周期内，对汽车产品健康、节能、环保等绩效指标进行综合性评价。C-ECAP 评价指标包括基础指标和加分指标两部分。基础指标包括车内空气质量、车内噪声、有害物质、综合油耗和尾气排放 5 项，满分为 100 分。加分指标包括可再利用率和可回收利用率核算报告、企业温室气体排放报告和零部件生命周期评价报告，满分为 5 分。综合以上因素，C-ECAP 的最终评价结果以综合分数来衡量，最高分为 105 分。根据综合分数，汽车将被评出白金、金、银、铜及无牌 5 个等级。C-ECAP 旨在践行绿色发展理念，促进行业产品绿色性能提升，引导汽车绿色消费。它从健康、节能、环保等绩效指标出发，为消费者提供更加全面、准确的购车参考，并推动汽车行业的绿色发展。

EV-TEST 是中国电动汽车测评（Electric Vehicle Test and Evaluation）

的简称，是针对电动汽车的测试和评价体系。该体系旨在为消费者提供客观、公正、高标准的电动汽车性能评价服务，帮助消费者更好地了解电动汽车的性能和特点，为购车决策提供重要参考。EV-TEST 从多个方面对电动汽车进行全面评价，包括续航与能耗、充电、安全、动力、操控、舒适、便利性与品质等七个方面。在评价过程中，EV-TEST 采用客观测试与专家级主观评价相结合的方式。客观测试通过专业设备和方法对车辆进行实际测试，得出客观的数据和结果。主观评价则由专业的评审团队对车辆进行实际试驾，从专业角度对车辆的性能和特点进行评价。综合客观测试和主观评价的结果，EV-TEST 给出最终的星级评价。EV-TEST 的推出对于电动汽车市场的发展具有重要意义，其通过客观的测试和专业的评价，为消费者提供了重要的选车依据，同时，EV-TEST 的评价结果也能够为企业提供产品研发和改进的依据，推动电动汽车技术的进步和市场的健康发展。

中国汽车消费者研究与评价规程（China Car Consumer Research and Test Programme，CCRT）研究于 2015 年正式启动，旨在通过性能测试与满意度测试的融合，直面消费者真实用车场景下的车辆性能表现与使用体验，提供消费语言和工程语言转换的机制，探索建立消费需求引领技术进步的模式。CCRT 的评价体系涵盖了汽车的多个方面，包括安全性、性能、舒适性、可靠性、成本等。在评价过程中，CCRT 采用客观测试与主观评价相结合的方式，对汽车进行全面的评价。客观测试通过专业设备和方法对车辆进行实际测试，得出客观的数据和结果。主观评价则由专业的评审团队对车辆进行实际试驾，从专业角度对车辆的性能和特点进行评价。除了对汽车的性能和质量进行测试和评价外，CCRT 还关注消费者的需求和反馈。通过大量的消费者调研和访谈，了解消费者对汽车的需求和期望，将这些需求和期望纳入评价体系中，使得评价结果更加贴近消费者的实际需求。通过了解 CCRT 的评价结果，消费者可以更好地了解汽车的性能和质量，从而做出更为明智的购车决策。同时，CCRT 的评价结果也可以为企业提供产品研发和改进的依据，推动汽车行业的健康发展。

C-GCAP 是 China Green Car Assessment Programme（中国绿色汽车评价规程）的简称，是中国汽车技术研究中心有限公司为响应政府号召，积极落实国家"双碳"战略而制定的针对汽车绿色性能的一套评价体系。C-GCAP 指标体系融合了原 CCRT、C-ECAP 和 EV-TEST 中与绿色相关的分性能指标，以健康、能效、低碳三个板块为核心，旨在为消费者提供全面、公正、高标准的汽车绿色性能信息，同时推动汽车绿色性能发展。

在健康方面，C-GCAP 对车内空气质量进行测评，确保驾乘人员呼吸到的空气是纯净的、无害的。测评采用先进的检测仪器，对车内甲醛、苯等有害物质进行精准测量，以确保驾乘人员的身体健康不受侵害。同时还对汽车电磁辐射水平进行评价，以确保车辆的电磁环境安全可靠。

在能效方面，C-GCAP 针对传统能源汽车和电动汽车进行了深入研究。对于传统能源汽车，该规程主要从综合油耗和市区油耗两个方面进行评价，以反映汽车在不同使用场景下的燃油经济性。对于电动汽车，该规程重点对车辆续航、充电等不同场景下的表现进行评价，以反映汽车在不同场景下的续航及相关性能表现。这些评价结果将为消费者在购车时提供重要的参考依据。

在低碳方面，C-GCAP 主要关注汽车碳排放水平。该规程对汽车全生命周期内的碳排放进行评价，包括原材料开采、生产、使用和报废处理等环节。通过综合考量各环节的碳排放数据，我们将为消费者提供一个更为全面、客观的环保性能评价结果。这一评价结果将有助于推动汽车行业实现更加环保、更可持续的发展目标，同时，也可为政府部门的监管提供数据支撑。

2. 国外新车绿色测评规程及技术研究

Green NCAP，全称 Green New Car Assessment Program，是致力于评价新车环保性能的独立测试计划。它起源于欧洲，但现在已经发展成为一个全球性的评价体系，旨在为消费者提供一个公正、客观的购车参考，引导消费者选择更加环保的汽车。

Green NCAP 通过一系列严格的测试和评价，对新车的环保性能进行打分和评级。这些评价领域包括车辆的能耗、排放、材料可回收性、生产过程的环境影响以及报废处理等。每一个测评项目都有具体的标准和要求，确保评价结果的公正性和准确性。在评价过程中，Green NCAP 采用了许多先进的测试方法和技术。对于材料可回收性，Green NCAP 会对汽车的材料成分进行分析，评价其在报废处理时的可回收性和可持续性。Green NCAP 的评级制度类似于其他 NCAP 评级系统，采用星级评价制度。最高星级为 5 星，代表车辆在环保性能方面表现优秀。获得高星级评价的车辆意味着它们在能耗、排放、可回收性等方面具有较好的表现，可以为消费者提供更好的环保选择。

（四）消费者调研技术进展

消费者调研是汽车测评的重要组成部分，能够帮助汽车企业了解消费者的需求、偏好、行为和满意度，从而制定有效的产品开发及营销策略，不断完善产品和服务。作为企业与消费者沟通的桥梁，消费者调研是企业提升竞争力和盈利能力的重要手段。随着信息技术的进步、市场环境的变化和消费者需求的多样化，消费者调研也面临着创新和变革的挑战，在国内外都经历了不同程度的进展，涉及数据收集、分析、解释和应用的各个方面。

1. 国际消费者研究及测试机构（ICRT）

国际消费者研究及测试机构致力于以消费者利益为目的的联合研究和测试，是由全球超过 35 个消费者组织组成的联合体，也是唯一一个独立地进行消费者研究和测试的国际组织，不接受广告，并独立于商业、工业和政府。汽车方面，ICRT 成员组织与汽车俱乐部合作，针对汽车、轮胎及儿童约束装置进行测试，测试项目包括安全性测试、易用性测试、人体工程学测试以及有害物质成分测试四个部分（见图 11）。

安全性测试包括碰撞测试和安全座椅设计评估，在碰撞测试中，ICRT加入了侧面碰撞测试，采用仿真度更高的 Q 假人，并将假人腹部压力数据加入测试指标；在安全座椅设计评估中，主要考察安全座椅安装稳定性和织

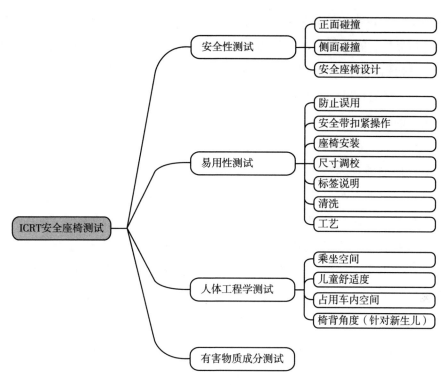

图 11　ICRT 安全座椅测评体系

带路径设计合理性。易用性测试包括消费者实际安装测试，说明书、图标和操作流程评估，真人试坐评估和清洗方便性评估四方面。人体工程学测试包括安全座椅空间占用率和不同组别的儿童试坐对应组别安全座椅测试，通过儿童试坐安全座椅，测试安全座椅乘坐空间、椅背倾角、腿部舒适度、坐垫硬度和视野是否受限，并针对新生儿引入了一个独立的测试指标：椅背角度。有害物质成分测试主要是针对 PAH 多环芳香烃、塑化剂、阻燃剂、酚类化合物和甲醛的检测。在消费者反馈上，ICRT 还通过调查收集消费者反馈，以评估汽车的性能和满意度。

2. 美国消费者报告（CR）

CR 拥有先进的测试设施，对汽车进行一系列严格的测试，包括驾驶性能、安全性、舒适度和耐用性。该组织还通过广泛的消费者调查收集数据，以衡量汽车品牌的可靠性和顾客满意度。CR 的汽车指标体系基于四个因素：可靠性、安全性、车主满意度和道路测试。其中，可靠性基于组织调查，并根据调查进行预测，安全性分数基于碰撞测试分数和可用的安全功能，车主满意度基于 CR 注册会员完成的调查，道路测试分数基于组织对车辆进行的实测。

CR 根据收集的数十万条汽车数据，研究了 20 个故障领域，从刹车异响和内饰破损这类问题，到严重的如潜在的昂贵的保修期外发动机、变速箱、电动汽车电池和电动汽车充电问题。CR 根据这些信息对每种主流车型进行可靠性评级，并将可靠性评级与赛道测试收集的数据、车主满意度调查结果和安全数据相结合，计算出每辆测试车辆的综合得分，得到车主满意度评级。根据评级结果，CR 评选出"10 款最令人满意的汽车""10 款最可靠的汽车""最可靠的汽车品牌"等，为消费者购车提供宝贵的指导。

3. 君迪（J. D. Power）

君迪（J. D. Power）是一家消费者洞察、市场研究和咨询、数据及分析服务提供商，致力于收集汽车用户对于众多产品和服务等方面的消费者反馈信息，通过为制造商和服务提供商提供解决方案，推动自身盈利和汽车行业的健康发展。

J. D. Power 拥有独立体系标准的汽车产品类研究，在中国主要包括中国新车质量研究（IQS）、中国汽车产品魅力指数研究（APEAL）和中国车辆可靠性研究（VDS），其中 IQS 调研与当今市场上以及未来市场的新技术、新配置相关的质量信息；APEAL 测量用户在购车 2~6 个月内拥有和驾驶车辆的各方面体验，洞察车主对车辆设计、内容、布局和性能的感知，整合出让新车购买者感到兴奋和欣喜的车辆要素；VDS 测量拥车期在 13~48 个月的用户在过去 6 个月中遇到的问题，涵盖 9 个问题类别的 177 个汽车质量问题点，包括故障类和设计缺陷类，总体可靠性由平均每百辆车问题数（PP100）来衡量，分数越低表明质量越好。根据调研结果，J. D. Power 发布榜单排名，为表现突出的车企颁奖。

随着科技的发展，J. D. Power 逐渐开始重视新能源和智能化，在原有评估体系基础上加入新能源相关指标，如充电体验，并开展汽车智能化体验研究以及智能座舱体验评估，涵盖场景下的体验触点以及评估标准设计，以精准发现体验类质量问题，测量方法在传统定量与定性调研方式基础上，引入高效的车载在线调研，以及调研数据与主机厂第一方车辆大数据的联合分析。

4. 中国汽车消费者研究与评价（CCRT）

为引领汽车技术进步和指引消费，中国汽车技术研究中心（简称"中汽中心"）依托行业力量，借鉴国内外经验，在 2015 年启动中国汽车消费者研究与评价（CCRT）研究工作，于 2018~2022 年陆续发布了《CCRT 管理规则（2018 年版）》《CCRT（智能电动汽车）管理规则（2020 年版）》《CCRT 管理规则（2021 年版）》《CCRT 管理规则（2021 年版修订版）》，面向传统燃料乘用车和纯电动汽车开展性能评价。

当前，消费者对汽车从代步工具的基本需求逐渐上升至多场景下的综合体验，汽车设计师和制造商们在设计和制造汽车时也越来越注重用户体验，以满足消费者需求并提高产品竞争力。在此背景下，2023 年中汽中心组织行业开展《CCRT 管理规则（试行版）》修订工作，新版 CCRT 聚焦用户体验主观评价，基于用户体验的车辆评价指标体系（见图 12），由工程思维转变为"以人为本"的场景体验思维，引入并细化用车场景，结合马斯洛需求层次理论、人群圈层理论等心理学相关科学算法模型，综合评价场景下车辆的用户体验结果，更加贴近用户真实的用车情况，为用户提供独立、公正、专业、有温度的选车参考。

二 我国新车关键技术特征

（一）安全性能技术特征

2023 年 1 月至今，C-NCAP 共计发布了 13 款车型成绩，涵盖了不同价

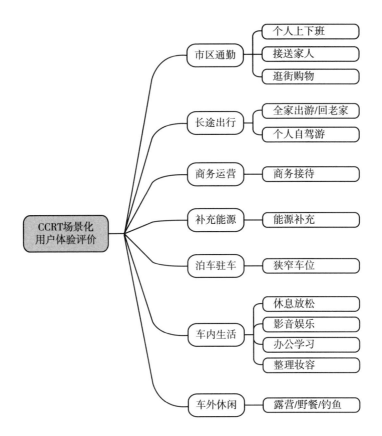

图 12　CCRT 场景化用户体验评价体系

格区间、车辆等级、动力形式等方面，相对全面地对新上市车型进行了测评工作，为消费者选车用车提供了充分的参考依据。

1. 被测车型分布

从价格维度来看，2023 年 C-NCAP 测评车型覆盖了 12.98 万~45.98 万元的价格范围。平均价格为 27.64 万元，其中燃油车平均价格为 15.79 万元，新能源汽车平均价格为 31.19 万元。近年汽车销售数据显示，10 万~30万元是汽车消费者关注度最高的价格区间，2023 年 C-NCAP 测评车型中的9 款指导价格处于该区间内，占比 69.2%（见图 13）。

从车辆级别维度来看，2023 年 C-NCAP 测评车型覆盖了中大型轿车、小

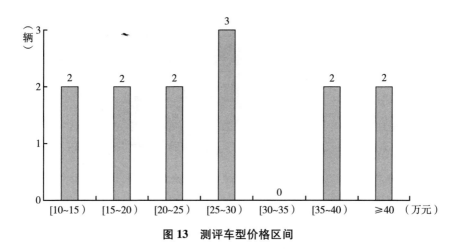

图 13　测评车型价格区间

型 SUV、紧凑型 SUV、中大型 SUV、其他车型。考虑到不同类型汽车对应的目标消费群体需求和使用场景的差异，为使评价结果对消费者选车、购车更具指导意义，C-NCAP 将评价车型分为 6 个细分类型，具体划分标准如下。

小型轿车：车长小于等于 4400 毫米或轴距小于等于 2600 毫米的三厢轿车，车长小于等于 4250 毫米或轴距小于等于 2600 毫米的两厢轿车。

紧凑型轿车：车长大于 4400 毫米且小于等于 4700 毫米或轴距大于 2600 毫米且小于等于 2700 毫米的三厢轿车，车长大于 4250 毫米且小于等于 4550 毫米或轴距大于 2600 毫米且小于等于 2700 毫米的两厢轿车。

中大型轿车：车长大于 4700 毫米或轴距大于 2700 毫米的三厢轿车，车长大于 4550 毫米或轴距大于 2700 毫米的两厢轿车。

小型 SUV：车长小于等于 4400 毫米或轴距小于等于 2600 毫米的 SUV。

紧凑型 SUV：车长大于 4400 毫米且小于等于 4700 毫米或轴距大于 2600 毫米且小于等于 2700 毫米的 SUV。

中大型 SUV：车长大于 4700 毫米或轴距大于 2700 毫米的 SUV。

2023 年 C-NCAP 完成测评的 13 款车型包括 2 款中大型轿车、1 款小型 SUV、4 款紧凑型 SUV、5 款中大型 SUV、1 款其他车型。各车型占比如图 14 所示。

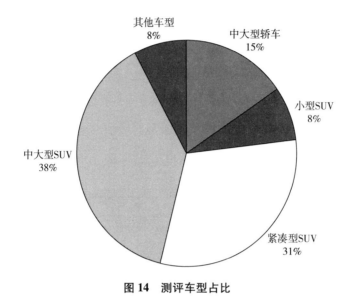

图 14　测评车型占比

2.安全配置情况

安全配置对试验车型的得分率和星级评价结果有着直接的影响，随着国内消费水平的提升，消费者选车购车过程中也非常重视汽车的安全配置，C-NCAP 统计的 2023 年测试车型的安全配置共 17 项内容，按配置所属板块划分为被动安全配置 10 项，包括正面安全气囊、膝部安全气囊、侧面安全气帘、ISOFIX 配置、安全带预紧、安全带限力、座椅监测、安全带未系提醒、E-CALL（事故紧急呼叫系统）、主动式机罩；主动安全配置 7 项，包括 ESC（电子稳定性控制系统）、AEB（自动紧急制动系统）、LKA（车道保持辅助）、LDW（车道偏离预警）、BSD（盲区监测系统）、SAS（速度辅助系统）、ADB（自适应远光灯）。

（1）气囊类配置

安全气囊是汽车被动安全系统中最重要的安全配置之一，汽车被动安全中包含正面碰撞试验和侧面碰撞试验两大类型的高速碰撞试验，对车辆的正面保护能力与侧面保护能力都提出了严苛的要求，2023 年所测试车型中正面安全气囊、侧面安全气囊的配置率均为 100%，膝部安全气囊及中央安全气囊的配置率较低，分别为8%和0%（见图15）。中央安全气囊也称为远端保护气囊，在侧面远端乘员保护中能起到重要作用，防止侧面碰撞中同排两个乘员因惯性发生二次碰撞。目前来看，当前市售车辆的中央安全气囊的配置率还不高，随着C-NCAP2024版引入远端乘员保护评价项目，中央安全气囊配置率会逐步上升。

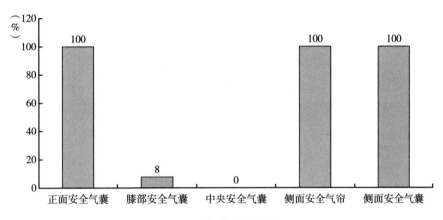

图15　气囊类配置率

（2）其他被动安全配置

目前配置率较高的被动安全配置包括ISOFIX（第二排）、安全带预紧、安全带限力、安全带未系提醒、E-CALL（事故紧急呼叫系统），配置率均为100%，第二排座椅监测配置率为77%，主动弹起式发动机罩配置率较低，仅为8%（见图16）。

（3）主动安全配置

随着主动安全技术的发展，其功能配置对于安全的作用也越来越显著，在2023年的测试车辆中ESC（电子稳定性控制系统）、AEB（自动紧急制动系统）、LKA（车道保持辅助）、LDW（车道偏离预警）的配置率均为100%，BSD（盲区监测系统）的配置率为92%，SAS（速度辅助系统）的配置率为85%，ADB（自适应远光灯）的配置率为85%（见图17）。

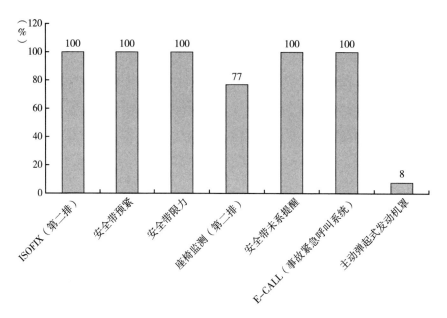

图 16　其他被动安全配置率

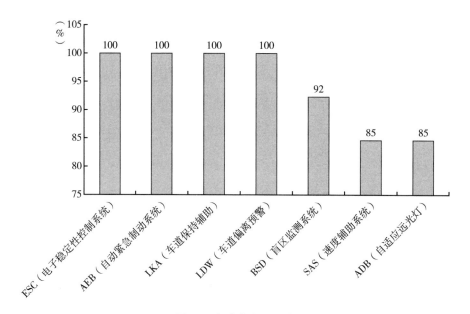

图 17　主动安全配置率

3. 综合得分率分析

2023 年 C-NCAP 完成了 13 款车型的测评，平均综合得分率达到了 88.54%，得分率最高的为 91.3%，得分率最低的为 83.2%（见图 18）。这一成绩较上年有了显著提升，从图 19 中的趋势可以看出，每一次 C-NCAP 的更新都会对车型的安全性能提出更高的要求。2022 年 C-NCAP（2021版）的实施使得平均得分率由 2021 年的 89.05% 下降到 2022 年的 78.30%。然而，随着车辆安全性能的提升，2023 年的平均得分率已经回升至 88.54%，显示出汽车行业在安全方面的不断进步和努力。

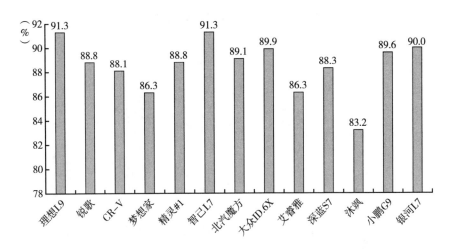

图 18　综合得分率

（1）不同级别车辆得分率

SUV 车型是中国消费者最偏爱的车型之一，众多厂商在此车型市场上展开了激烈的竞争。2023 年完成测试并发布了 5 款中型以下 SUV 成绩，平均得分率为 88.46%（见图 20）；5 款中大型 SUV 平均得分率与前者一致，同样为 88.46%（见图 21）。从单车型成绩对比来看差异也相对较小。

（2）轿车与 SUV 得分率差别

2023 年测试车型中包含 2 款轿车，平均得分率为 90.05%，SUV 共测试 11 款车型，平均得分率为 88.26%，轿车平均得分率略高于 SUV（见图 22）。

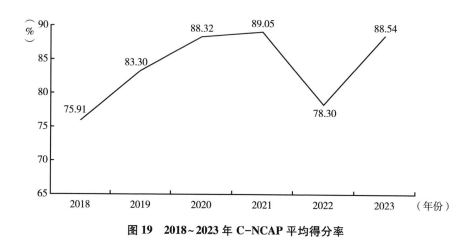

图19　2018~2023年C-NCAP平均得分率

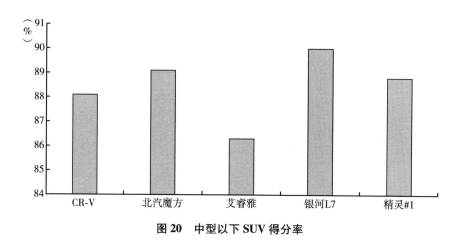

图20　中型以下SUV得分率

4.乘员保护板块分析

乘员保护概念源自20世纪60年代，由美国汽车工程师协会首次将安全带纳入安全规范。随着时间的推移以及汽车设计制造工艺的进步，乘员保护性能得到了显著提升，车辆的安全性能评价划分出多个板块。目前C-NCAP中乘员保护包括碰撞试验、儿童保护静态评价和低速后碰撞颈部保护试验。碰撞试验分为正面100%重叠刚性壁障碰撞、正面50%重叠移动渐进变形壁障碰撞、可变形移动壁障侧面碰撞、侧面柱碰撞，这些测试项目确保在发生碰撞时车内乘员可以得到充分的保护。

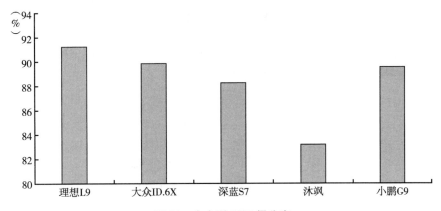

图 21 中大型 SUV 得分率

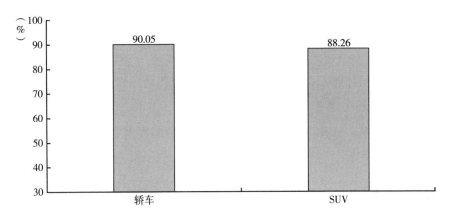

图 22 轿车和 SUV 的平均得分率情况

（1）正面 100% 重叠刚性壁障碰撞试验

正面 100% 重叠刚性壁障碰撞是碰撞测试中最基础的测试项目，同时也是历史最为悠久的测试项目，测评车辆 100% 重叠正面冲击固定刚性壁障，碰撞速度为 50~51km/h（2024 版中碰撞速度将提高至 56km/h）。根据中国乘员乘坐习惯，C-NCAP 在车内布置了 4 个测试假人，分别考察车辆对于不同位置乘员的保护能力，在前排驾驶员和乘员位置分别放置一个 HIII 50th 男性假人，在第二排座椅左右随机摆放 HIII 5th 女性假人及 Q 系列 3 岁儿童假人（见图 23）。

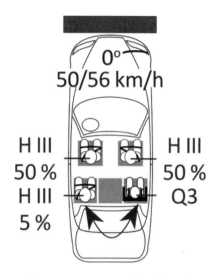

图23　正面100%重叠刚性壁障

对2023年测试的13款车型成绩进行汇总分析可以发现，最高得分率为98.80%，最低得分率87.90%，平均得分率为93.17%。其中有4款车型的得分率超过95%，占比30.8%。得分率超过90%的车型有11款，占比达到84.6%（见图24）。

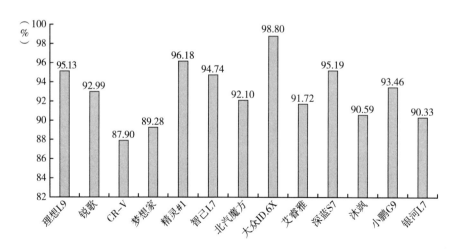

图24　正面100%重叠刚性壁障碰撞得分率

（2）正面50%重叠移动渐进变形壁障碰撞试验（MPDB）

随着车辆的多样化和数量的爆发式增长，要在更好地保护乘员的同时保护其他道路参与者，这就要求C-NCAP能更加全面地评价一辆车的安全性能。因此，2021版C-NCAP使用MPDB试验替换了40%ODB试验，使碰撞试验更加接近真实的车对车碰撞。在MPDB试验中，前端安装有可渐进变形壁障的台车以50km/h的速度与试验车辆（速度同样是50km/h）发生重叠率为50%的碰撞。在车内布置了4个测试假人，分别考察车辆对于不同位置乘员的保护能力，在前排驾驶员放置国际最新的THOR 50th假人，乘员位置放置一个HIII 5th女性假人，在第二排座椅左侧放置HIII 5th女性假人，右侧放置Q系列10岁儿童假人（见图25）。总的来说，MPDB试验不仅评价了车辆的防御性能，还评价了其攻击性，这使得C-NCAP的评价更为全面和严格，能够更好地保障乘员的安全。

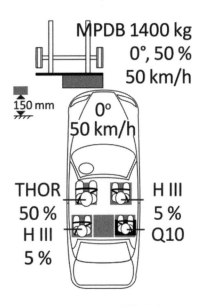

图25　MPDB碰撞试验

对2023年测试的13款车型成绩进行汇总分析可以发现，最高得分率为91.68%，最低得分率80.49%，平均得分率为87.63%。其中有3款车型的得分率超过 90%，占比 23.1%。得分率超过 85% 的车型有 10 款，占比达到 76.9%（见图 26）。

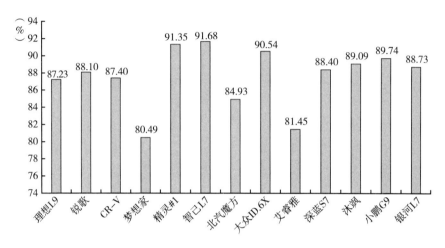

图 26 MPDB 得分率

（3）可变形移动壁障侧面碰撞试验（传统燃油车测评项目）

侧面碰撞试验是用于模拟车辆在行驶过程中可能发生的侧面碰撞，以评估汽车在这种特定碰撞情况下的安全性能。这种碰撞试验在现实生活中较为常见，因此对于汽车的安全设计和评估具有至关重要的意义。该试验中，移动台车前端加装可变形吸能壁障（AE-MDB）冲击试验车辆一侧，随机选择左侧或右侧为撞击侧。移动壁障行驶方向与试验车辆垂直，移动壁障中心线对准试验车辆 R 点向后 250mm 位置，碰撞速度为 50~51km/h。为了更准确地评估乘员在侧面碰撞中可能遭受的伤害，试验中使用了专门的侧面碰撞假人，在被撞击侧前排座椅位置和第二排座椅位置分别放置一个 WorldSID 50th 假人和一个 SID-IIs（D 版）假人，用以测量和评价被撞击侧人员受伤害情况。在非撞击侧前排座椅位置放置一个 ES-2 假人，用以采集该侧乘员碰撞数据，暂不评价。

2024 版大幅度提高了侧面碰撞试验的难度，选用了新的壁障 SC-MDB，台车质量提升至 1700kg，碰撞速度提高至 60km/h（见图 27）。

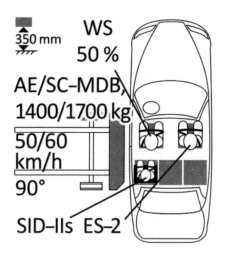

图 27 可变形移动壁障侧面碰撞试验

从对 2023 年测试的 3 款燃油车型成绩可以看出，各车型对侧面碰撞的保护能力表现良好。已测 3 款车型得分率均达到 100%（见图 28）。

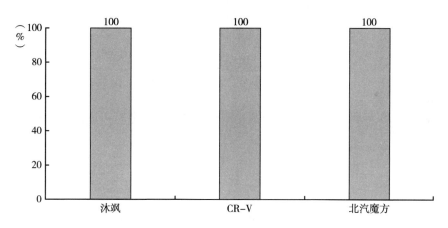

图 28 轿车和 SUV 的平均得分率情况

（4）侧面柱碰撞试验（新能源汽车测评项目）

随着新能源汽车的发展及市占率的提高，新能源汽车安全问题成为最受到消费者关注的内容之一。为了更好地模拟真实交通事故，避免车辆侧滑撞击路边的树木或电线杆等物体造成动力电池热失控等情况，C-NCAP 针对新能源汽车测试了侧面柱碰撞试验。该试验中，车辆横向滑动至刚性柱，使得车辆驾驶员侧与刚性柱发生碰撞。碰撞速度方向与车辆纵向中心线之间应形成 75°±3°的碰撞角。刚性柱表面中心线对假人头部重心，在与车辆运动方向垂直的平面上。车辆的碰撞速度为 31.5~32.5km/h。在前排驾驶员位置放置一个 WorldSID 50th 假人，以测量人员受伤害情况。2024 版中将增加副驾乘员假人来评价车辆远端保护能力，后排增加儿童假人评价后排乘员保护能力（见图 29）。

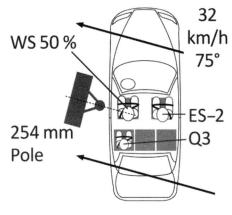

图 29　侧面柱碰撞试验

对 2023 年测试的 10 款新能源车型成绩进行汇总分析可以发现，最高得分率为 100%，最低得分率 88.89%，平均得分率为 97.65%。其中有 6 款车型的得分率为 100%，占比 60%。得分率超过 90% 的车型有 9 款，占比达到 90%（见图 30）。

（5）低速后碰撞颈部保护试验（鞭打试验）

鞭打伤害是指在追尾事故中，被碰撞车辆的驾驶员、乘员在碰撞加速度与头部惯性力的共同作用下，颈部会产生一个像鞭子猛抽的动作。这种伤害并不致命，但伤后康复的过程非常复杂、漫长，有些甚至是不可治愈的永久伤害。因此，美国高速公路安全管理局（NHTSA）于 1971 年提出设计一种试验来评估汽车座椅头枕对成员颈部的保护效果，以此来研究并降低追尾碰

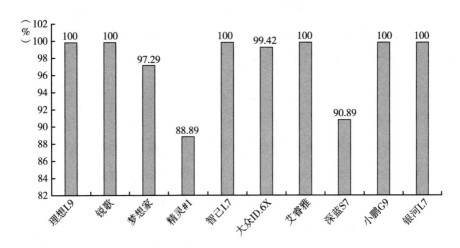

图30 侧面柱碰撞试验得分率

撞中乘员颈部受伤的影响。C-NCAP 在 2012 版中导入了鞭打试验，随着消费者和汽车厂商对安全理解的深入与重视，C-NCAP 在 2021 版中加入了后排座椅鞭打试验，以更全面地评估座椅头枕对乘员的保护能力（见图31）。

图31 低速后碰撞颈部保护试验

对 2023 年测试的 13 款车型成绩进行汇总分析可以发现，最高得分率为 96.43%，最低得分率 66.49%，平均得分率为 80.42%。其中有 7 款车型的得分率超过 80%，占比 53.85%（见图 32）。

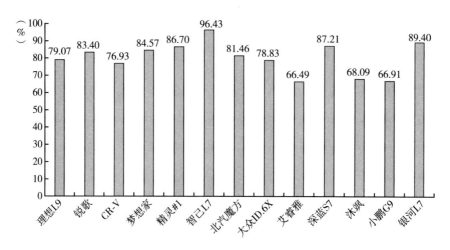

图 32　鞭打试验得分率

5. 行人保护板块分析

行人保护旨在车辆与行人发生碰撞时减少对以行人为代表的弱势交通参与者的伤害。随着我国城镇化的快速发展，道路交通状况也越发复杂，弱势交通参与者与乘用车之间的交通事故往往伴随着高伤害、高死亡率的特点。且行人和二轮车骑行者无视信号灯和斑马线随意穿行，以及机非车道分割线不明显，二轮车在道路中央占道行驶等现象，都会增加弱势交通参与者与车辆发生碰撞的概率。据世界卫生组织（WHO）统计，全球每年有 130 多万人因交通事故而受到致命伤害。二轮车骑行者和行人分别占总数的 31% 和 23%，VRU 的死亡率超过 50%。道路交通安全已经发展成为全球性的社会问题，交通事故直接导致的人员伤亡和巨大的经济损失，对经济和社会的可持续发展产生了重要的影响。C-NCAP 从 2018 年开始将行人保护作为评价内容的一部分，在 2021 版中又做了部分完善与升级。

行人保护试验分为头型试验和腿型试验两部分。如图 33 所示，头型试验是用成人头型和儿童头型以 40km/h 的速度按照规定的角度冲击被测试车辆前段特定部位，当用儿童头型进行试验时，冲击角度为 50°±2°，当用成人头型进行试验时，根据试验区域选择冲击角度 65°±2° 或 60°±2°，在冲击瞬间，头型处于自由飞行状态。试验中，通过采集碰撞过程中头型三个方向的加速度，计算出国际公认的头部损伤指标 HIC_{15} 值来评价车辆对行人头部的碰撞保护效果。腿型试验采用 aPLI 腿型以 40km/h 的速度水平冲击车辆前保险杠，试验中，采集碰撞过程中用小腿弯矩（4 个）、大腿弯矩（3 个）以及膝部韧带延伸量 MCL 等 8 个指标来评价车辆对行人腿部的碰撞保护效果。

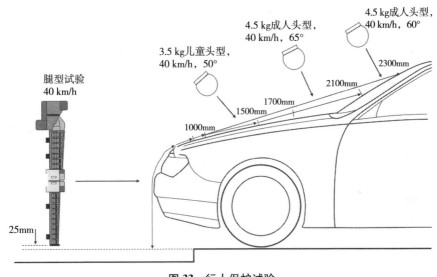

图 33　行人保护试验

（1）头型冲击试验

对 2023 年测试的 13 款车型成绩进行汇总分析可以发现，最高得分率为 70.84%，最低得分率 50.58%，平均得分率为 63.67%。其中有 10 款车型的得分率超过 60%，占比 76.9%（见图 34）。

（2）腿型冲击试验

对 2023 年测试的 13 款车型成绩进行汇总分析可以发现，最高得分率为

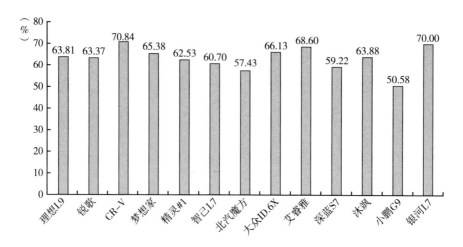

图 34　头型冲击试验得分率

100%，最低得分率 88.44%，平均得分率为 96.83%。其中有 7 款车型的得分率为 100%，占比 53.8%（见图 35）。

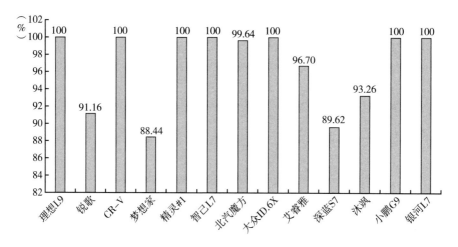

图 35　腿型冲击试验得分率

6. 主动安全板块分析

随着技术的发展与进步，汽车主动安全逐渐进入消费者的视野，并且发挥的作用越来越大，预防交通事故的作用越来越明显。C-NCAP 2021 版中的主动安全测试内容主要包括自动紧急制动系统（AEB）、车道保持辅助系统（LKA）、整车灯光性能试验。

AEB系统在车辆发生紧急情况时会自动制动以避免或减轻碰撞伤害，对于配置了AEB系统的车型，按照C-NCAP 2021版规程进行AEB CCR、AEB VRU_ Ped以及AEB VRU_ TW三类场景的测试。AEB CCR、AEB VRU_ Ped及AEB VRU_ TW试验分别用测评车辆以不同速度行驶至前方的模拟车辆目标物、模拟行人目标物以及模拟二轮车目标物，检验被测车辆在没有人为干预的情况下的自动制动及预警情况，以评价AEB系统的性能好坏。

LKA系统在探测到车辆偏离所行驶道路车道标线时，自动介入车辆横向运动控制，使车辆保持在原车道内行驶。对于配置了LKA系统的车型，分别进行实线和虚线偏离场景测试。

整车灯光性能试验包括近光灯与远光灯试验。近光灯整车性能试验将测试车辆移动至车辆测试平台，在完成试验准备工作后点亮车辆的前照明系统，按整车设定的初始下倾度进行照准，利用成像式亮度计或照度计对基础近光灯的光分布情况进行采集，通过采集基础近光灯的光分布计算近光灯直道引导距离、弯道引导距离、左侧行人可见度、路口行人探测宽度、弯道照明宽度、对向驾驶员的眩光6个指标，并结合是否具备自适应近光功能、近光灯自动开启功能及自动前照灯调平系统评价近光灯整车性能的优劣。远光灯整车性能试验将测试车辆移动至车辆测试平台，在完成试验准备工作后点亮车辆的前照明系统，按整车设定的初始下倾度进行照准，利用成像式亮度计或照度计对基础远光灯的光分布情况进行采集，通过采集基础远光灯的光分布计算远光灯照明范围及路口行人探测宽度2个指标，并结合是否具备自适应远光功能评价远光灯整车性能的优劣。

（1）AEB

AEB车对车试验模拟的场景为车辆在道路上行驶时，如果前方有车辆突然减速、变道、停车，车辆会自动刹车避免碰撞。对2023年测试的13款车型成绩进行汇总分析可以发现，最高得分率为98.28%，最低得分率为79.27%，平均得分率为92.07%。其中有7款车型的得分率超过95%，占比53.8%（见图36）。

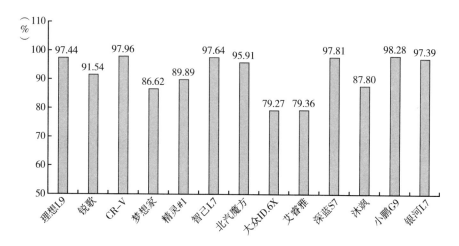

图 36　AEB 试验得分率

（2）LKA

LKA 的主要作用是帮助驾驶员保持车辆行驶在车道内，从而减少与其他车道的交通参与者发生交通事故。对 2023 年测试的 13 款车型成绩进行汇总分析可以发现，最高得分率为 100%，最低得分率 87.5%，平均得分率为 99%。其中有 12 款车型的得分率为 100%，占比 92.3%（见图 37）。

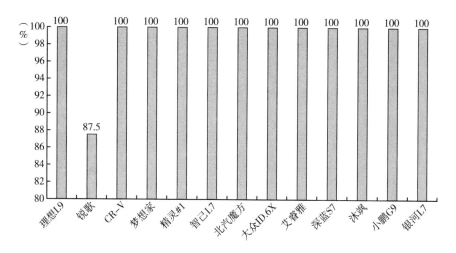

图 37　LKA 得分率

（3）整车灯光性能

整车灯光性能的测试意义在于评估和提升汽车照明安全性能，提高车辆照射范围并减少眩光。对 2023 年测试的 13 款车型成绩进行汇总分析可以发现，最高得分率为 87.95%，最低得分率为 45.99%，平均得分率为 73.48%。其中有 3 款车型的得分率超过 80%，占比 23.1%（见图 38）。

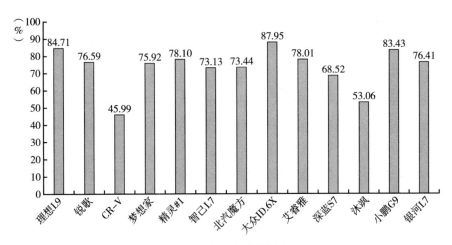

图 38　整车灯光性能得分率

（二）智能网联汽车技术特征

1. 行车辅助技术特征

辅助驾驶汽车集感知、决策、规划与控制于一体，代表着汽车科技领域的发展方向。2022 年我国搭载辅助驾驶系统的智能网联乘用车新车销售约 700 万辆，市场渗透率达到 34.9%。2023 年上半年，市场渗透率进一步提升，达到了 42.4%。随着智能网联汽车的普及，由此带来的交通安全事故也逐渐暴露，自 2019 年以来，美国共发生了 736 起涉及特斯拉辅助驾驶系统的车祸。近年来，我国此类事故也频频发生。这类撞车事故的激增表明，辅助驾驶系统的使用越来越广泛，同时其带来的危险也不断增加。

中国汽车技术研究中心有限公司自 2018 年开始进行辅助驾驶功能测试评价工作研究，并发布实施了《中国智能网联汽车技术规程（C-ICAP）》，对辅助驾驶功能进行全面评价。在过去的两年里，中国汽车技术研究中心有限公司共完成了 30 款车型的测试评价工作，其中 2022 年完成了 22 款，2023 年完成了 8 款。根据能源类型，测试评价车型数量如表 2 所示。

表 2　车辆类型分布

单位：款

能源类型	2022 年	2023 年	合计
新能源车	9	6	15
燃油车	13	2	15
合计	22	8	30

（1）基础行车辅助技术特征

2022 年和 2023 年，中国汽车技术研究中心有限公司共选取 30 款车型进行测试评价，其中仅有 1 款车型不具备基础行车辅助功能。

对 2022 年 21 款具备基础行车辅助功能的车型进行测试评价可以发现，最高得分率为 89.7%，最低得分率 14.0%，平均得分率为 66.9%。其中有 7 款车型的得分率超过 80.0%，占比 33.3%。得分率超过 70.0% 的车型有 11 款，占比达到 52.4%（见图 39）。综合分析，基础行车辅助功能测评结果尚可。

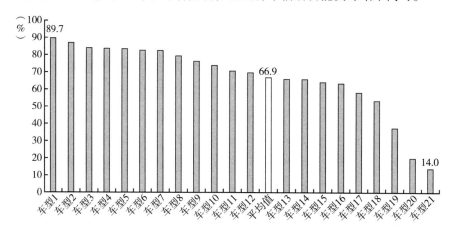

图 39　2022 年基础行车辅助功能测试结果

对 2023 年 8 款具备基础行车辅助功能的车型进行测试评价可以发现，最高得分率达 99.3%，最低得分率为 76.7%，平均得分率达到 86.8%。其中有 2 款车型的得分率超过 90.0%，占比 25%；得分率超过 80.0% 的车型有 6 款，占比达到 75%（见图 40）。综合分析，基础行车辅助功能测评结果较好。

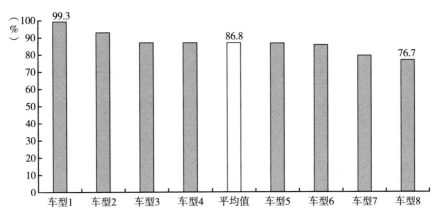

图 40　2023 年基础行车辅助功能测试结果

从两年的数据对比不难发现，基础行车辅助功能的得分率提升明显，平均得分率从 66.9% 提升至 86.8%。具体表现在基础行车辅助功能的跟车能力和驾驶员交互能力得到显著提升。

根据能源类型区分，新能源车基础行车辅助功能的平均得分率为 80.5%（见图 41），燃油车基础行车辅助功能的平均得分率为 63.8%（见图 42）。不难发现，在基础行车辅助领域，新能源汽车的技术水平要优于燃油车，平均得分率高出 16.7 个百分点。

（2）领航行车辅助技术特征

随着智能网联技术的发展，2023 年成为领航行车辅助功能元年，并逐步出现在大众视野。相比于基础行车辅助功能，领航行车辅助功能具备规划路线、换道超车、上下匝道的能力，且已成为年轻消费者选车、购车的考虑因素之一。

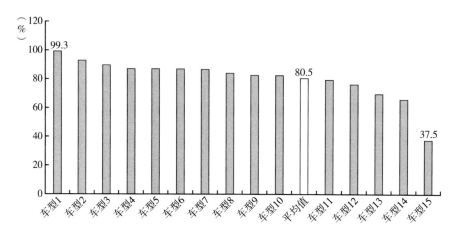

图41 新能源车基础行车辅助功能测试结果

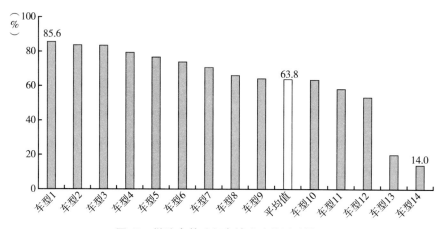

图42 燃油车基础行车辅助功能测试结果

现阶段的领航行车辅助功能普遍基于ADAS高精地图，随着感知技术、算法的成熟，行业内逐步出现"轻图方案"。目前中国汽车技术研究中心有限公司所测试的30款车型中，仅3款车型具备领航行车辅助功能，且此3款车型均为新能源车。

领航行车辅助功能测试结果如图43所示。由图43可以看出，最高得分率为95.3%，最低得分率为87.4%，平均得分率为90.2%。综合分析，领航行车辅助功能测评结果较好。

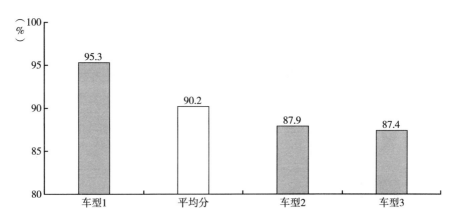

图43 领航行车辅助功能测试结果

（3）行车辅助功能成绩分析

跟车能力。根据对29款车型的测试评价可以发现，在跟车能力项目中，共有4个场景的失分率较高，分别如下。

场景A：摩托车慢行，场景布置如图44所示，试验车辆速度设置为80km/h，摩托车行驶速度为30km/h，摩托车行驶过程中处于道路中心偏右0.5米。

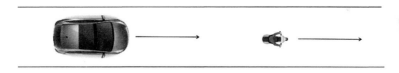

图44 摩托车慢行场景示意

场景B：前车低速切出，场景布置如图45所示，试验车辆速度设置为50km/h，目标车辆VT1行驶速度为40km/h，待试验车辆稳定跟随行驶后，VT1驶离本车道，此时VT2出现在试验车辆前方，且处于静止状态。

场景C：前车低速切入，场景布置如图46所示，试验车辆速度设置为40km/h，目标车辆VT1行驶速度为20km/h，待试验车辆距离目标车辆纵向距离为16.7米时，目标车辆切入本车道。

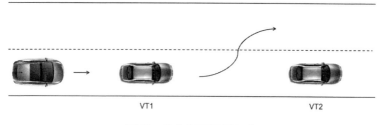

图 45　前车切出场景示意

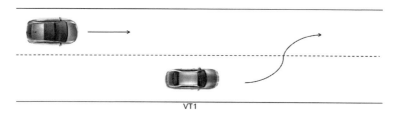

图 46　前车低速切入场景示意

场景 D：前车高速切出，场景布置如图 45 所示，试验车辆速度设置为 70km/h，目标车辆 VT1 行驶速度为 60km/h，待试验车辆稳定跟随行驶后，VT1 驶离本车道，此时 VT2 出现在试验车辆前方，且处于静止状态。

根据统计，上述场景的平均得分率如图 47 所示。在跟车能力中，行车辅助功能对于摩托车、前方突然出现的目标车辆以及前方车辆恶意加塞等均表现不佳，发生碰撞的概率较高。

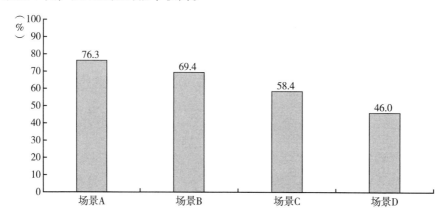

图 47　跟车能力得分率较低场景得分率情况

　　紧急避险能力。根据对 29 款车型的测试评价，在紧急避险能力项目中，得分率普遍较低，紧急避险能力涉及的测试场景共有 6 个，分别如下。

　　场景 A：二轮车横穿，场景布置如图 48 所示，试验车辆速度设置为40km/h，二轮车行驶速度为 15km/h。

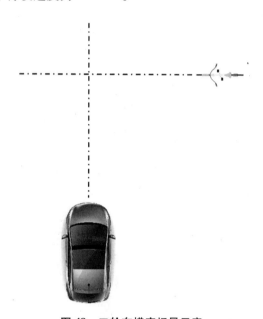

图 48　二轮车横穿场景示意

　　场景 B：夜间行人横穿，场景布置如图 49 所示，试验车辆速度设置为40km/h，行人速度为 6.5km/h。

　　场景 C：有遮挡行人横穿，场景布置如图 50 所示，试验车辆速度设置为 40km/h，行人速度为 5km/h。

　　场景 D：摩托车横穿，场景布置如图 51 所示，试验车辆速度设置为40km/h，摩托车行驶速度为 5km/h。

　　场景 E：事故车辆识别与响应，场景布置如图 52 所示，试验车辆速度设置为 60km/h，目标车辆横置于道路中央。

　　场景 F：锥桶识别与响应，场景布置如图 53 所示，试验车辆速度设置为 40km/h，在车道中间放置倾斜于道路方向 45°夹角的 5 个锥形交通

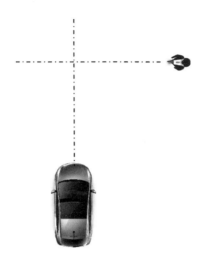

图 49　夜间行人横穿场景示意

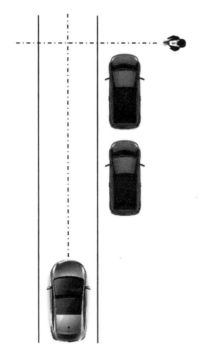

图 50　有遮挡行人横穿场景示意

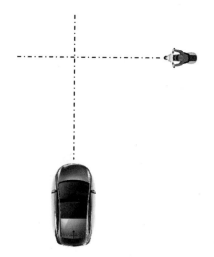

图51　摩托车横穿场景示意

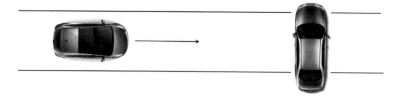

图52　事故车辆识别与响应场景示意

路标（推荐尺寸：50cm×35cm）作为障碍物，试验车辆匀速驶向前方障碍物。

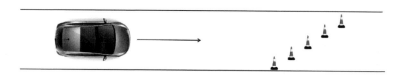

图53　锥桶识别与响应场景示意

　　根据统计，上述场景的平均得分率如图54所示。在紧急避险中，行车辅助功能普遍较低，部分场景得分率不足40%。可以发现，行车辅助功能在应对紧急情况时表现较差。

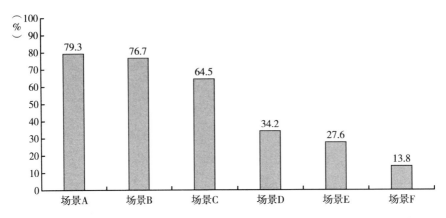

图 54　紧急避险能力得分率较低场景得分率情况

驾驶员交互。根据对 29 款车型的测试评价，在驾驶员交互能力项目中，驾驶员监测、最小风险策略方面得分率普遍较低（见图 55）。

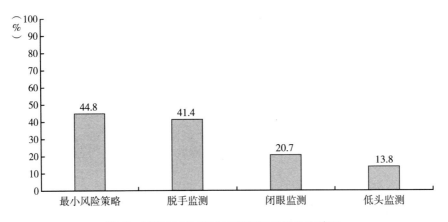

图 55　驾驶员交互得分率较低场景得分率情况

2. 泊车辅助技术特征

2022 年和 2023 年，中国汽车技术研究中心有限公司选取的 30 款车型中仅 15 款车型具备基础泊车辅助功能。

对 2022 年 8 款具备基础泊车辅助功能的车型进行测试评价可以发现，最高得分率为 98.6%，最低得分率为 47.6%，平均得分率达到 81.3%。其中有 5 款车型的得分率超过 90.0%，占比 62.5%。得分率超过 80.0%的车型有 6 款，占比达到 75%（见图 56）。综合分析，基础泊车辅助功能测评结果较好。

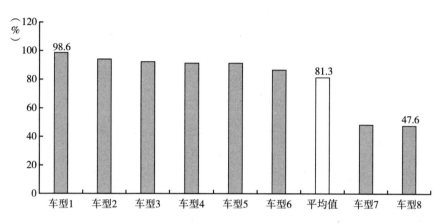

图 56　2022 年基础泊车辅助功能测试结果

对 2023 年 7 款具备基础泊车辅助功能的车型进行测试评价可以发现，最高得分率为 95.0%，最低得分率为 75.0%，平均得分率达到 86.9%。其中有 4 款车型的得分率超过 90.0%，占比 57.1%。得分率超过 80.0%的车型有 5 款，占比达到 71.4%（见图 57）。综合分析，基础泊车辅助功能测评结果较好。

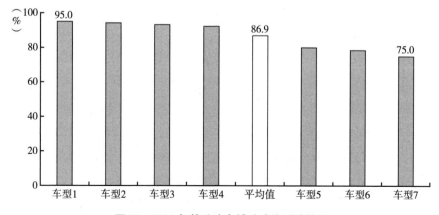

图 57　2023 年基础泊车辅助功能测试结果

从两年的数据对比不难发现，基础泊车辅助功能的平均得分率有上升趋势，从 81.3%提升至 86.9%。

根据能源类型区分，新能源车基础泊车辅助功能的平均得分率为 91.5%（见图 58），燃油车基础泊车辅助功能的平均得分率为 72.5%（见图 59）。不难发现，在基础泊车辅助功能领域，新能源汽车的技术水平优于燃油车，平均得分率高出 19 个百分点。

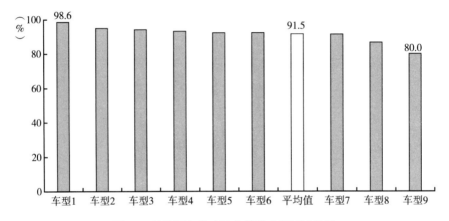

图 58 新能源车基础泊车辅助功能测试结果

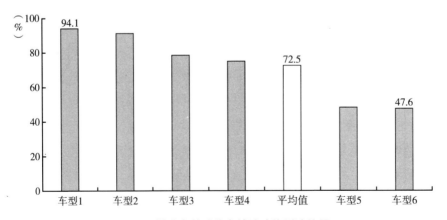

图 59 燃油车基础泊车辅助功能测试结果

　　泊车辅助功能在场景适应性上还有进一步提升的空间，根据测试结果分析，在平行车位、垂直车位、斜车位三个项目中，均存在失分严重的场景。

　　根据对 15 款车型的测试评价，共有失分率较高场景 5 个，分别如下。

　　场景 A：斜车位—车位线车位，场景布置如图 60 所示，车位长 $X_0 = 7$ 米，车位宽 $Y_0 = 2.4$ 米。

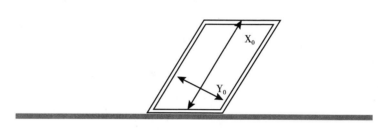

图 60　斜车位—车位线车位场景示意

　　场景 B：垂直车位—空间车位（狭小尺寸），场景布置如图 61 所示，车位长 $X_0 = X$（X 为车长），车位宽 $Y_0 = Y + 0.8$ 米（Y 为车宽）。

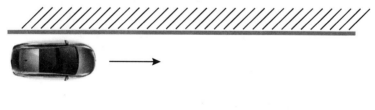

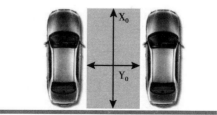

图 61　垂直车位—空间车位（狭小尺寸）场景示意

场景 C：平行车位—空间车位（狭小尺寸），场景布置如图 62 所示，车位长 $X_0 = X + \max$（0.7 米，0.15X）（X 为车长），车位宽 $Y_0 = Y + 0.2$ 米（Y 为车宽）。

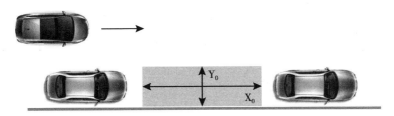

图 62　平行车位—空间车位（狭小尺寸）场景示意

场景 D：斜车位—空间车位（狭小尺寸），场景布置如图 63 所示，车位长 $X_0 = X$（X 为车长），车位宽 $Y_0 = Y + 0.8$ 米（Y 为车宽）。

场景 E：斜车位—空间车位（标准尺寸），场景布置如图 63 所示，车位长 $X_0 = X$（X 为车长），车位宽 $Y_0 = Y + 1.0$ 米（Y 为车宽）。

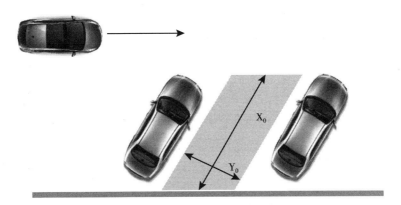

图 63　斜车位—空间车位场景示意

根据对 15 款车型的测试评价，上述场景的平均得分率如图 64 所示。

综上所述，从 2022 年和 2023 年的测试结果中可以发现，基础行车辅助功能得分率得到显著提升，基础泊车辅助功能得到略微提升，同时业内出现了领航行车辅助这一全新的辅助驾驶功能。从能源类型角度分析不难发现，

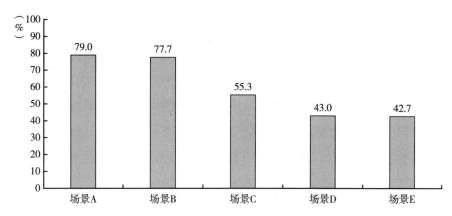

图64 泊车辅助得分率较低场景得分率情况

新能源车的辅助驾驶功能总体优于燃油车。

3. 智慧座舱技术特征

智慧座舱是指搭载先进的软硬件系统，可提供人机交互、安全提醒、车联网等服务，为驾乘人员提供"便捷、安全、愉悦"的智慧空间。当前，智慧座舱已成为智能网联汽车快速发展的新兴领域，国家出台政策指引技术发展，企业重点打造座舱"卖点"。此外，智慧座舱也受到了新一代购车群体的广泛青睐。

为研究智能网联汽车智慧座舱产品的技术特征，中国汽车技术研究中心有限公司从市面上选取了15款市场热销车型，涵盖新势力品牌8款、传统自主品牌4款、合资品牌3款。考虑到市场主流销售区间，选取的15款车型售价从10万~65万元不等，其中售价35万元以上有7款车型，售价在（20~35）万元区间有5款车型，售价（10~20）万元有3款车型。基于《中国智能网联汽车技术规程（C-ICAP）（1.1版）智慧座舱测评规则》，对15款车型的智慧座舱技术水平进行全面测评，对测评结果进行如下分析。

（1）智慧座舱测评成绩整体情况分析

测评结果显示，15款车型的平均得分仅为79.62分，得分在92分（5星分数线）以上的仅有2款车型，有5款车型得分低于80分（4星分数线），智慧座舱产品总体水平有待进一步提升（见图65）。

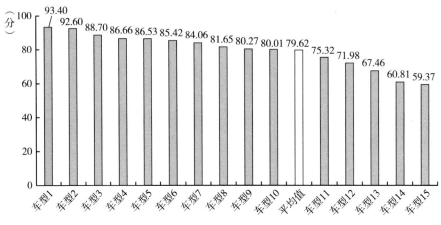

图65　不同车型智慧座舱测评成绩分布

从15款车型的售价来看，发现在15款车型中有部分车型存在着高售价、低得分的现象（见图66）。由此看来，智慧座舱产品单纯依靠功能堆砌，无法获得较好的综合用户体验。

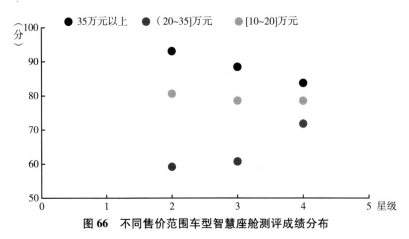

图66　不同售价范围车型智慧座舱测评成绩分布

对比15款车型的品牌类型的平均得分，发现国内新势力品牌、传统自主品牌智慧座舱测评得分显著高于合资品牌，国内汽车品牌对于智慧座舱的理解更贴近中国用户的使用需求，更注重从用户角度进行智慧座舱产品的技术创新（见图67）。

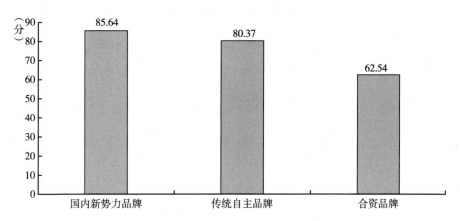

图67 不同品牌车型智慧座舱测评平均成绩对比

（2）智慧座舱测评成绩分模块性能分析

如图68所示，对15款车型测评成绩的一级指标（智能交互、智能护航、智慧服务）进行分析，测评结果显示部分车型在三个板块得分率差别较大，存在一定的偏科现象。

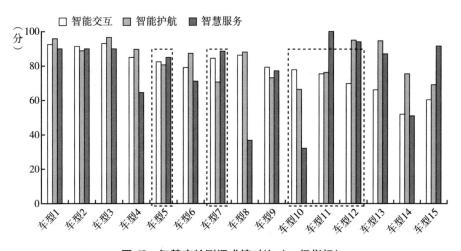

图68 智慧座舱测评成绩对比（一级指标）

如图69所示，从3项一级指标的得分分布来看，15款车型的智能护航板块总体得分相对较高，说明企业对于智慧座舱产品的护航能力有较高的关注；智慧服务板块测评成绩分化显著，体现出不同企业对于座舱产品提供智慧化服务的水平参差不齐。

如图 70 所示，15 款车型的智能交互板块的平均得分低于 80 分。其中智能交互板块下，触控交互、语音交互、无线交互的平均得分分别为 75.62 分、79.84 分、81.60 分，其中触控交互和语音交互得分整体偏低。

在触控交互指标中，触屏效果、操作便捷两项的权重之和占比达 95%，直接决定触控交互的测评成绩。通过分析发现，触屏效果方面，主要失分项为屏幕显示效果偏差、屏幕点击响应时长过长；操作便捷方面，主要失分项为由应用系统菜单层级烦琐、页面布局欠佳导致的触控操作离路时间过长。

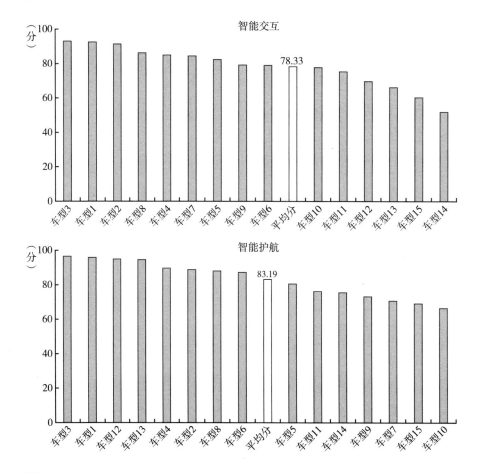

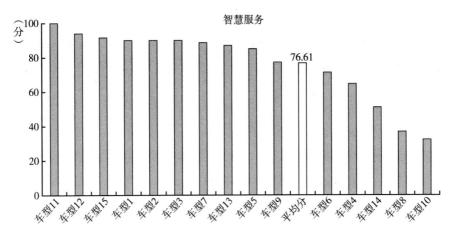

图 69　智慧座舱测评成绩对比（一级指标分项成绩）

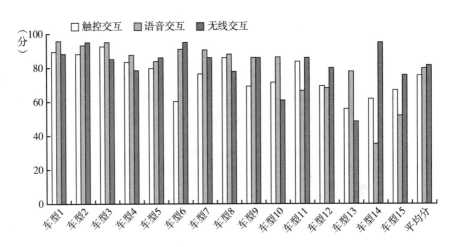

图 70　智能交互分级指标得分情况（分车型）

　　在语音交互指标下，分别对唤醒能力和交互能力测评得分情况进行分析。在语音交互能力方面，含噪声场景的交互成功率偏低、高阶语料交互成功率低、地方口音及方言语料交互成功率低、乘员位交互成功率低（不支持声源定位）是主要失分项目。唤醒方面，发现 15 款车型具备免唤醒功能的车型很少。

　　如图 71 所示，15 款车型的智能护航板块指标的平均得分为 83.19 分。

其中视野防干扰—防眩目平均得分为91.11分，但仍有部分车型存在屏幕或氛围灯眩目问题，得分低于80分。视野智能拓展中平均得分为77.91分，部分车型全景环视图像拼接质量存在明显的重影、拼接错位现象，是得分偏低的主要原因。此外，6款车型未装备抬头显示，且已配备抬头显示的9款车型中有4款车型得分低于80分，是导致智能护航板块得分偏低的原因之一。

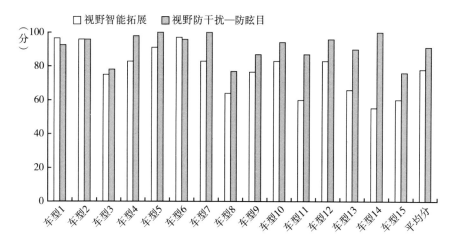

图71 智能护航分级指标平均得分（分车型）

在视野防干扰—防眩目指标下，有11款车型在中控屏主页、导航页面、音乐播放界面存在着眩目、假影等问题。在视野智能拓展指标下，全景环视的拼接质量、观察视角失分较多；对装配抬头显示的10款车型进行分析可知，抬头显示在显示信息亮度、虚像距离、显示内容方面失分较多。

如图72所示，15款车型智慧服务板块的平均得分为76.61分。目前智慧座舱产品已具备基本的智能化功能，但在智能化功能的体验上还有待加强，如车机IP管家个性化声音、座椅场景化联动、空调智能化自适应调节、车机软件生态丰富性、氛围灯智能联动等高阶智慧服务功能还需进一步加强。

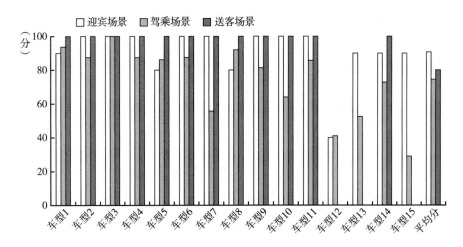

图72　智慧服务分级指标平均得分

4. 隐私保护技术特征

在过去十年中行业有太多的汽车网络安全事件发生，近年来汽车的隐私安全威胁还引入了新的攻击媒介，表明隐私安全威胁已扩展到离散车辆之外，复杂性的增加和新攻击向量的兴起，给整个汽车和智能移动生态系统带来了新的挑战。随着技术和网络安全措施的进步，攻击方式也在进化，因此必须深入了解目前汽车隐私安全威胁主要有哪些，又可以通过哪些检测手段发现或杜绝安全威胁可能造成的风险。

（1）CVE漏洞

CVE是公认和编目的网络安全风险，可以在整个汽车生态系统中快速引用，其可以通过开放且标准化的漏洞评价对CVE进行评级。这些威胁在OEM产品上很常见，但它们也可能出现在OEM供应链公司的产品中，尽管CVE公开了严重漏洞，但它们也可能被黑客利用，在类似系统中寻找漏洞。

漏洞安全检测在网络安全发展过程中针对CVE漏洞已经有很多成熟漏洞扫描工具可连续和自动扫描，可以扫描网络中是否存在潜在漏洞，例如Cybellum固件二进制分析、Nessus等。

（2）遥控无钥匙进入

在过去十年中，远程无钥匙进入系统（无线密钥卡）已经从一种奢侈功能发展成为一种行业标准。由于无线钥匙扣操纵，车辆盗窃和闯入事件急剧增加。密钥卡和车辆之间的通信可以通过几种不同的方式受到攻击：使用"实时"信号进行中继攻击，使用存储的信号重放攻击，重新编程遥控钥匙，干扰遥控钥匙和车辆之间的通信。

遥控无钥匙进入安全检测，目前可以使用数字钥匙分析工具对上述风险项进行检测和监控，例如 NFC 卡片分析工具 Proxmar、433MHz 通信分析工具 HackRF/USRP 等来捕获数据，然后使用特定的软件对通信数据进行协调，把它反映成数字信息，去观察分析通信过程中发送了什么数据、有没有使用规划技术、有没有使用相应的加密技术或者防护技术。

（3）车辆移动应用

通过移动应用程序，一方面，用户可以获取车辆的位置、跟踪其路线、打开车门、启动引擎、打开辅助设备等；另一方面，这些使驾驶员能够享受数字用户体验的相同应用程序也可能被攻击者利用来访问车辆和应用程序的后端服务器。配套应用程序也可能存在漏洞，包括开源软件漏洞、硬编码凭证以及移动应用程序 API 或后端服务器中的弱点。车载移动应用程序也可用于进行身份盗用。攻击时可以利用移动设备和应用程序服务器中的漏洞获取凭据并大规模破坏私人用户信息。

车辆移动应用安全检测，主要针对应用包进行安全加固分析，检测加固后的移动应用是否具备防逆向分析、防二次打包、防动态调试、防进程注入、防数据篡改等安全保护能力，也可以使用代码审计检查程序源代码是否存在安全隐患。

（4）蓝牙

蓝牙是一种无线通信技术，它使用无线电频率连接设备和共享数据。未经保护的蓝牙连接可能会被攻击者利用来获取车辆的敏感信息、控制车辆等，从而对车辆的安全和车主的隐私构成威胁。

蓝牙安全检测主要针对汽车车载信息交互系统的蓝牙接口进行配对模式测试、已知漏洞测试、控车指令重放测试等，可以挖掘出潜在的安全隐患如驱动和内核溢出、Crash、命令执行、拒绝服务等。

（5）WiFi

汽车厂商为了实现车联网，通常通过 WiFi、移动通信网等无线通信手段与其他车辆、互联网等进行互联，而这种无线通信方式等于将汽车的网络系统暴露在互联网上，攻击者很容易通过无线通信的漏洞，攻击汽车联网系统，这将不可避免地为车联网带来安全风险。

WiFi 安全检测主要针对汽车 WiFi 无线接口的 AP 端、Client 端以及 WPA/WPA2 加密端进行模糊测试和风险挖掘测试，可以挖掘出已知风险和潜在的未知隐患。也可以使用 Wireshark、Tcpdump 等数据抓包工具，对 WiFi 安全漏洞进行检测。

（三）绿色性能技术特征

1. 车内空气质量

近年来，车内环境备受消费者关注，特别是车内空气质量已成为消费者购车时的重要参考依据之一。影响车内空气质量的两大首要因素是车内挥发性有机化合物（Volatile Organic Compounds，以下简称"VOCs"）和车内气味等级。

VOCs 是一类低沸点有机化合物的总称，根据世界卫生组织对室内有机物的分类原则，VOCs 是指在常压下沸点下限处于 50~100℃ 且沸点上限处于 240~260℃ 区间的有机物。VOCs 对人体的呼吸系统、心血管系统和神经系统会产生明显的不良影响，如今所知的诸多慢性疾病如哮喘病、肺心病等都与 VOCs 的散发有关。最常见的车内 VOCs 种类为苯、甲苯、二甲苯、甲醛和总挥发性有机物（Total Volatile Organic Compounds，以下简称"TVOCs"）等。车内环境中的 VOCs 是由各零部件共同挥发而产生的，主要包括塑料件、地毯、座椅和各种汽车内饰零部件。其生产过程中主要使用塑料制品和黏合剂，这些都是车内 VOCs 的主要散发源。

在上述标准确定的 8 项物质中，苯和甲醛对人类健康的危害最大。国际癌症研究中心和世界卫生组织均已确认苯和甲醛为一类致癌物。环境空气中的苯蒸气经呼吸道侵入体内，会导致造血干细胞功能下降和白血病等各种疾病。世界卫生组织对环境空气中苯的建议是越低越好。甲醛是一种可致癌物质和致畸形物质，在我国有毒化学品优先控制名单上高居第二位，是潜在的强致突变物之一。其对神经系统、免疫系统、肝脏等都有毒害，长期接触可能诱发多种慢性呼吸道疾病，严重时会导致皮肤和消化道等相关癌症。但是汽车内部存在的有毒有害物质远不止这些，三氯乙烯以及四氯乙烯等可能存在于车内空气中的物质也对人体健康具有极大威胁。同时TVOCs也可能是潜在的有害物质，目前还无法确认它对人体健康的影响，需要进一步研究。

车内气味是消费者进入车内的第一主观感受，近年来备受消费者关注。车内气味与车内VOCs不尽相同，车内空气中的气味物质可达近百种，管控难度较大。当车内气味达到一定浓度就会造成人体感官上的不适，具体气味与人体健康之间的联系缺乏相关研究。目前我国消费者对车内气味关注度较高。绝大部分消费者因车内气味强度在3.0级以上而对车内气味问题进行投诉。被消费者投诉的车内气味类型多达19种，且消费者认为车内气味不止一种类型，往往存在两种或两种以上气味类型。消费者认为车内气味主要来源于各个内饰零部件，且认为车内气味的来源不止一个部件，往往来源于两个或两个以上部件。综上所述，车内气味的优劣会对汽车品牌造成严重的影响。

因此，在测评车辆车内空气质量优劣时，需测评车内VOCs和车内气味等级两个项目，通过这两项测评成绩可直接反映车内空气质量的优劣。车内空气质量测评包含三种模式，在常温模式和高温模式下测试车内空气质量以及气味等级，在高温空调开启模式下测试车内空气质量。三种模式分别模拟了消费者下班长时间停车后的用车场景、车辆于下午临时停靠在露天停车场时以及车辆在经过高温暴晒消费者进入车内后开启空调换气降温的用车场景，贴合消费者实际用车情况。

对2018~2023年测试的131台车辆的测量值依据表3的计算方式对车内VOCs测试数据进行得分率分析。

表 3　车内 VOCs 得分计算表

名称		基准值（mg/m³）	测量值/基准值	得分率（%）
车内 VOCs	苯	0.05	≥1.0	0
	甲苯	1.00	≥0.9∩<1.0	10
	二甲苯	1.00	≥0.8∩<0.9	20
			≥0.7∩<0.8	30
	乙苯	1.00	≥0.6∩<0.7	40
			≥0.5∩<0.6	50
	苯乙烯	0.26	≥0.4∩<0.5	60
	甲醛	0.10	≥0.3∩<0.4	70
			≥0.2∩<0.3	80
	乙醛	0.20	≥0.1∩<0.2	90
	丙烯醛	0.05	<0.1	100

常温模式下车内 VOCs 共测试 131 台车辆，对 2018~2023 年的年得分率平均值进行数据分析，分析结果表明车内 VOCs 中的苯、甲苯、乙苯、二甲苯、苯乙烯和丙烯醛的得分率较高，均在 95% 以上。重点在甲醛和乙醛两种物质上存在失分情况，其中乙醛的得分率最低，最低得分率为 2018 年的 74%，最高得分率为 2023 年的 87%，表明在 2018~2023 年行业对乙醛的管控水平在稳步提升（见图 73）。

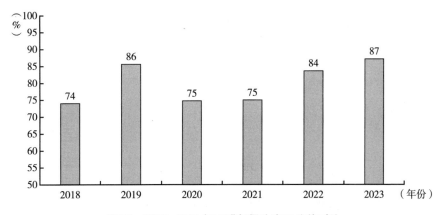

图 73　2018~2023 年乙醛年得分率平均值对比

常温模式下车内气味共测试 131 台车辆，对所有车辆的气味等级进行数据分析，63%的车内气味为 3.5 级（一般），34%的车内气味为 3.0 级（良好），仅 3%的车内气味为 4.0 级（较差），无车辆的车内气味为 2.5 级（优秀）（见图 74）。分析结果表明超过半数的车辆的车内气味为一般水平，车内气味的管控仍是行业的难点。车内气味是车内各种挥发性有机物共同作用的结果，不同的挥发性有机物之间存在拮抗、促进等相互作用。因此，管控车内气味是一个较长久的过程，在研发阶段需锁定重点挥发性有机物，对其进行削减，并且在量产后需要材料供应商、零部件供应商和整车生产线等全供应链通力协作，方可保障量产质量。

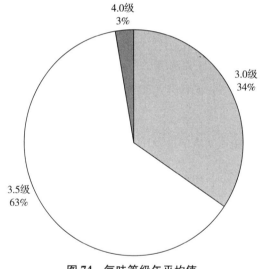

图 74 气味等级年平均值

高温模式下车内 VOCs 共测试 48 台车辆，对 2020～2023 年的年得分率平均值进行数据分析，分析结果表明车内 VOCs 中的苯、甲苯、乙苯、二甲苯、苯乙烯和丙烯醛的得分率较高，均在 94%及以上，与常温模式差异较小。重点在甲醛和乙醛两种物质上存在较为严重的失分情况，其中甲醛的得分率仅为 39%，乙醛的得分率为 70%（见图 75）。在高温模式下，车内受红外灯照射后车内温度上升，车内内饰的散发随着车内温度上升而加剧。特别是甲醛，其浓度平均为常温模式的 2 倍。

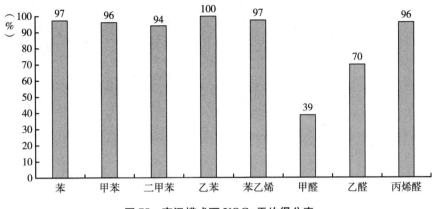

图 75 高温模式下 VOCs 平均得分率

高温模式下车内气味共测试 29 台车辆,平均气味等级为 3.4 级,相较常温模式车内气味仅增长 0.1 级,并未明显增长。

高温空调开启模式下车内 VOCs 共测试 29 台车辆。对 2020～2023 年的年得分率平均值进行数据分析,在开启空调后车内空气得到净化,车内空气质量得到明显提升,此模式下车内 VOCs 平均得分率基本与常温模式一致(见图 76)。

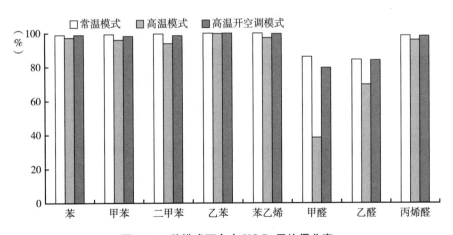

图 76 三种模式下车内 VOCs 平均得分率

综上所述，在2018~2023年车内环境特别是车内空气在日趋向好，但是在控制车内甲醛浓度和车内气味技术上仍有较大的提升空间。未来对车内环境的测评可能不仅局限于车内空气质量测评，驾乘人员的接触健康也将逐渐被消费者关注。因此，要求关于车内环境的测评规程要不断优化，始终保持测评规程的领先性，要更加全面地测评车内环境的优劣，为消费者选车购车提供科学指导。

2. 人体电磁防护

中国汽车技术研究中心有限公司电磁兼容室自2016年对车辆人体电磁防护项目进行研究，并于2018年牵头制定了首个汽车行业国家标准GB/T 37130-2018《车辆电磁场相对于人体曝露的测量方法》。人体电磁防护项目作为C-GCAP测评规程健康板块的重要组成部分受到了广泛的关注，并于2023年5月成立了电磁防护测评工作组，由中汽研新能源汽车检验中心（天津）有限公司任组长单位，牵头规程制修订及工作组运营管理。

从2016年的EV-TEST到CCRT再到C-GCAP，人体电磁防护项目经过不断完善以更好地适应汽车行业的技术发展现状（见表4）。全面评价车辆的电磁防护性能，为消费者选车、用车提供指导。

表4 人体电磁防护项目内容变化

规程版本	测量方法标准	参考限值	车辆状态	测试位置	车载电器设备状态	评分表
EV-TEST（2017年版）	JASO TP-13002：2013	ICNIRP 1998	匀速 急加速 急减速	头枕中央 靠背中央 座椅中央	暖风电机、雨刮电机等置于最高档位	<3dB,0 3dB,20 12dB,40 ≥30dB,100
EV-TEST（2019年版）	GB/T 37130-2018	GB 8702-2014	匀速 急加速 急减速	头枕中央 靠背中央 座椅中央 脚部区域 中控区域	前照灯远光状态、仪表灯最大亮度、前刮水电动机最大速度工作、空调工作、收音机打开中等音量	扣分项 <12dB, 扣5分

规程版本	测量方法标准	参考限值	车辆状态	测试位置	车载电器设备状态	评分表
CCRT-IEV（2020 年版）	GB/T 37130-2018	GB 8702-2014	匀速急加速急减速	头枕中央靠背中央座椅中央脚部区域	前照灯远光状态、仪表灯最大亮度、前刮水电动机最大速度工作、空调工作、收音机打开中等音量、座椅加热打开（手机无线充电关闭）	<3dB,0 3dB,20 15dB,60 ≥25dB,100
CCRT（2021 年版）CCRT（2021 年版修订版）	GB/T 37130-2018	GB 8702-2014	匀速急加速急减速充电	头枕中央靠背中央座椅中央脚部区域充电接口	前照灯远光状态、仪表灯最大亮度、前刮水电动机最大速度工作、空调工作、收音机打开中等音量、座椅加热打开、车载手机无线充电器充电状态	<3dB,0 3dB,20 15dB,60 ≥25dB,100
C-GCAP试行版	GB/T 37130-2018	GB 8702-2014	匀速急加速急减速充电	头枕中央靠背中央座椅中央脚部区域	前照灯远光状态、仪表灯最大亮度、前刮水电动机最大速度工作、空调制冷（22℃、风量中等、内循环）、座椅加热（中档）、座椅按摩（中档）、音频播放中等音量、车载手机无线充电器充电状态（提供报告工作频段可豁免）	<3dB,0 3dB,20 15dB,60 ≥25dB,100

注：分值区间内线性插值。

EV-TEST 2017 版规程发布的时候我国国家标准尚未发布，测量方法参考日本 JASO TP 13002：2013 版标准和当时国际上应用比较广泛的 ICNIRP 1998 导则限值。随着我国新能源汽车的快速发展，对应的国家标准由中国汽车技术研究中心有限公司电磁兼容部牵头制定，并于 2018 年发布。国标 GB/T 37130-2018《车辆电磁场相对于人体曝露的测量方法》发布后，

EV-TEST规程也参考国标 GB/T 37130-2018 进行了修订，并发布了 2019 版规程，对测试位置和车载电器设备状态进一步明确，以国家标准 GB 8702-2014《电磁环境控制限值》作为参考限值进行评分，在 2019 版 EV-TEST规程中人体电磁防护项目被列为扣分项，即裕量<12dB 时，扣 5 分。随着测评车型的增加，在前期测试结果汇总的基础上，2020 年发布了针对智能电动汽车的 CCRT 规程，并对前期测评和摸底车型的测试结果进行统计给出了评分方法；同时考虑到车辆配置，增加了对座椅加热功能的考察。考虑到电动汽车和可外接充电式混合动力汽车市场占有率显著提高，CCRT（2021 年版）/（2021 年修订版）增加了充电工况和充电接口位置。此外，车载手机无线充电器的装车率在当年显著提高，因此增加了对车载手机无线充电器充电状态的考察。随着无线充电技术的发展，2023 年 5 月，工信部发布了《无线充电（电力传输）设备无线电管理暂行规定》，该暂行规定为无线充电设备的强制性要求。因此，在 2023 年发布的 C-GCAP 试行版规程中，参考该暂行规定对车载手机无线充电器工作频段对人体的电磁辐射影响尝试做出豁免，在 C-GCAP 试行过程中对豁免条款进行进一步完善。

图 77～图 79 分别为 2021～2023 年 CCRT 测评车型的测试结果汇总，图 80 为 2020～2023 年测评结果的平均值。

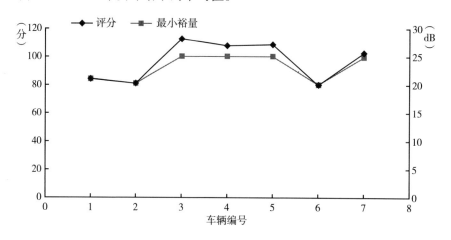

图 77 2021 年 CCRT 测评车型结果汇总

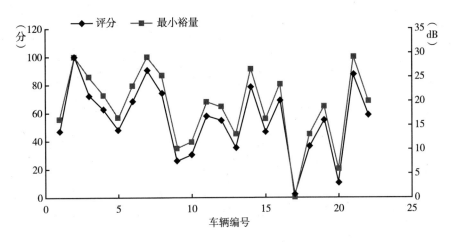

图78 2022年CCRT测评车型结果汇总

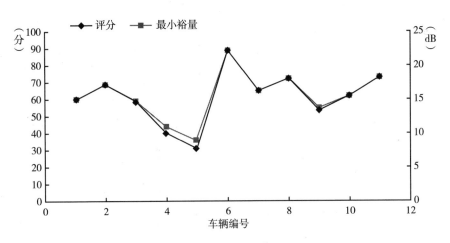

图79 2023年CCRT测评车型结果汇总

由图80可知，在规程更新切换的时候，车辆测评结果表现差异较大。图81为不同驱动类型的车辆测评结果对比，从整体来看，燃油车表现略优于电动汽车/混合动力汽车。24款纯电动汽车/可外接充电式混合动力汽车车型最小裕量时车辆的状态占比如图82所示，可以看出不同的车型由于设计不同，最小裕量有可能出现在车辆的匀速、加速、减速和充电等各种运行状态。因此，对不同车辆的多种运行模式进行测试是非常有必要的。

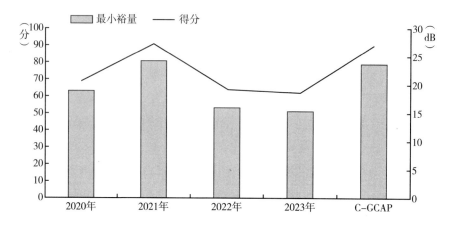

图80 2020~2023年测评车型结果平均值

注：2021年规程更新，2023年规程更新。

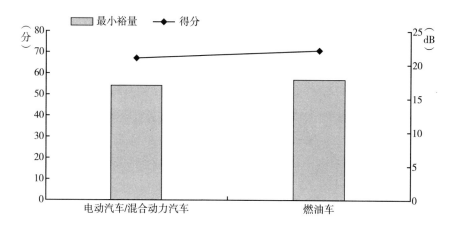

图81 不同驱动类型测评车型平均值对比

注：纯电动/可外接充电式混合动力汽车24款，传统燃油车16款。

随着车辆应用新场景（V2L）、充电新模式（大功率充电等）、搭载新技术（无线通信技术）的增多，我们也在开展车辆对外放电工作状态、大功率充电工作状态、车内通信设备对人体SAR值测试等研究，从消费者的实际应用出发对车辆的电磁辐射进行更加全面的评价。

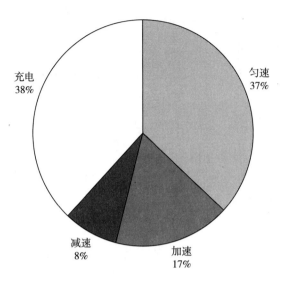

图 82 最小裕量时对应的车辆运行状态占比

3. 纯电动汽车续航

在"双碳"、双积分等国家政策推动下，新能源汽车可享受补贴、路权、不摇号、无购置税等优惠政策，还能为企业带来正积分效益，在国内得到迅速发展，从 2018 年年销量的 79.2 万辆升到 2022 年的 536.5 万辆，市占率也从 3.3% 提高到 25.6%，其中纯电动汽车销量占比超 77%。同时，汽车行业和《汽车产业绿色低碳发展路线图》预测到 2025 年新能源乘用车目标渗透率有望达到 50%，到 2030 年新能源乘用车目标渗透率将达到 65%，其中以纯电动技术为主流新能源技术路线。

面对快速发展的纯电动汽车，国家标准也在持续更新，当前推出了面向纯电动汽车的续驶里程和电耗的测试方法（GB/T 18386.1-2021）、能源标识（GB 22757.2-2023），同时出台了有利于纯电动汽车发展的多重利好政策，持续推动我国纯电动汽车高质量快速发展。但是当前纯电动汽车仍面临诸多需要解决的问题，在续航板块方面主要集中在低温和高速续驶里程下降率大以及里程估计准确度差等问题。为此，中汽测评围绕电动汽车行业关切难题，推出了中国绿色汽车评价规程（C-GCAP）能效测评规程，全方位评价纯电动汽车的常温电耗、高低温和高速续航等水平，持续推动我国纯电动汽车向高质量发展，助推一批具备国际竞争力的自主产品。

在2023年度，中汽测评选测的14款纯电动车型中，以价格区间划分为小于20万元、20万~30万元、大于30万元三个区间。小于20万元的价格区间有4款车型，占比29%；20万~30万元价格区间有7款车型，占比50%；大于30万元价格区间有3款车型，占比21%。以车系品牌划分为国产、合资。国产品牌共12款车型，占比86%；以车型划分为轿车、SUV。轿车和SUV各有7款车型，各占比50%。具体测试分析结果如下。

其一，常温续驶里程突破600公里，中国工况电耗维持在13kWh/100km~14kWh/100km。从平均结果看，纯电动轿车和SUV车型对应C-GCAP中国工况常温续驶里程平均值分别为609公里和600公里，中国工况常温电耗平均值为13.4kWh/100km和14.2kWh/100km（见图83）。SUV平均电耗比轿车高6%。

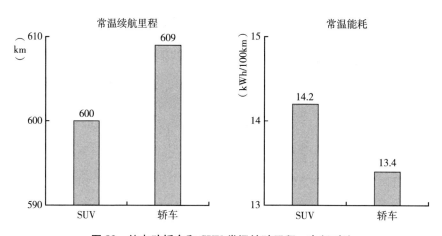

图83　纯电动轿车和SUV常温续驶里程、电耗对比

其二，低温续驶里程均值达340公里，低温下降率仍是行业继续解决的难题，其平均下降率为44.7%。在低温续驶里程方面，轿车低温续驶里程高于SUV，其中SUV低温续驶里程为322公里，轿车续驶里程为358公里。在低温续驶里程下降率方面，续驶里程下降率能够控制在 30% 以内，最低下降率能实现 27.4%，但是最高下降率仍很大，达到了 63.5%（见图 84）。

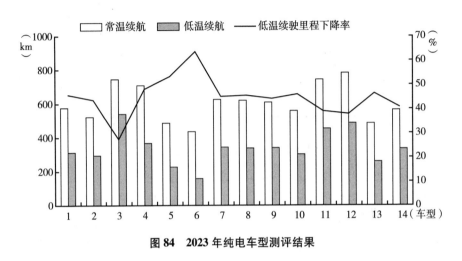

图 84　2023 年纯电车型测评结果

其三，低温续驶里程估计准确度存在两极分化，个别测试车型的低温续驶里程估计准确度不到 10%。电动汽车表显里程与实际里程不符，也是广大车主头疼的问题。尤其到了冬天，受低温影响表显里程估计准确度可能与实际里程差值更大。如何选择一款表显续驶里程与实际里程更接近的车型，是消费者普遍关心的问题。低温续驶里程估计准确度越高，说明车型的表显里程与实际里程差值越小，表显里程估计值更可信，寒冷天气出行可以参考，心里更有底。

在 2023 年度测评车型中，不同车型之间的低温续驶里程估计准确度差异两极分化，表现优秀的车型低温续驶里程估计准确度能达到 99%，也存在极个别测试结果很差的车型，其低温续驶里程估计准确度不到 10%。总的来说，在测评的车型中，测评车型低温续驶里程估计准确度平均值为 63%，半数车型的低温续驶里程估计准确度超过 90%（见图 85）。

其四，高速续航也是消费者使用中遇到的痛点，高速续航平均下降率为 43.5%，最高下降率为 51.2%，里程估计准确度存在两极分化。

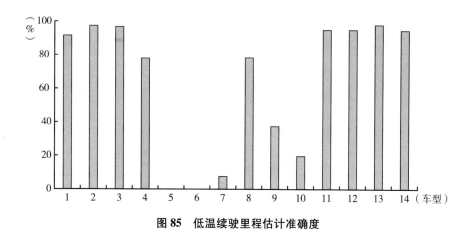

图 85　低温续驶里程估计准确度

纯电动汽车的高速行驶能耗偏高，续航里程大打折扣一直困扰着多数车主。跑高速的场景中，较小的里程衰减和较为准确的表显里程预估计就尤为重要。如何选择一款高速里程下降率较低的、里程预估计更准确的纯电动车型，也是目前消费者较为关心的问题。因此，C-GCAP 规程加入了纯电动车型 120km/h 高速续驶里程及其里程预估计评价，2023 年 C-GCAP 高速续驶里程测评的 10 款纯电车型结果如图 86 所示。

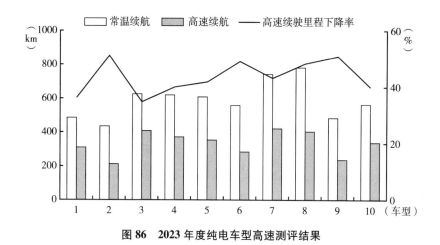

图 86　2023 年度纯电车型高速测评结果

进行高速续驶里程评价的 10 款车型中，高速续航平均下降率为 43.5%，下降率最低的为 34.8%，下降率最高的达到 51.2%。其中 SUV 由于高速状态下的阻力系数更大，SUV 高速的下降率为 46.9，远高于轿车的下降率 38.5%。

高速表显里程预估计准确度评价结果，10 款车型的准确度水平基本和低温表显里程预估计保持一致，呈两极分化趋势，最大高速表显里程预估计准确度不足 6%（见图 87）。

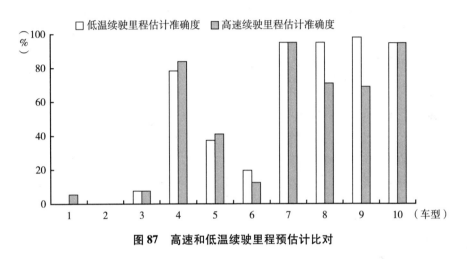

图 87　高速和低温续驶里程预估计比对

4. 中国工况油耗

汽车产业是国民经济的支柱性产业，加快推动汽车产业低耗转型，既是落实国家"双碳"战略的重要支撑，也是产业高质量发展的内在要求。2022 年，我国由汽车运行造成的碳排放在交通碳排放中占比约 80%，其中汽车运行阶段的碳排放与车辆实际使用中的油耗息息相关。

在国家战略层面，汽车的油耗对我国在交通领域的降碳节能方面起到举足轻重的作用，在企业层面，汽车油耗直接影响产品在市场上的竞争力，在消费者层面，汽车油耗直接影响消费者用车成本，为此汽车油耗指标受到国家、行业和消费者的特别关注。

围绕汽车油耗，国家先后推出了油耗测试方法、限值和标识等国家标准，通过逐步加严单车限值和企业平均总体控制的方式管控汽车油耗，截至2022年，传统能源乘用车新车平均油耗较2012年下降超过15%，实现油耗大幅度降低，预计到2025年，新车平均燃料消耗量达到4.6L/100km（WLTC工况），到2030年，新车平均燃料消耗量达到3.0L/100km（WLTC工况），到2035年，新车平均燃料消耗量达到2.0L/100km（WLTC工况），实现传统能源乘用车新车市场全面混动化。

但是，当前的汽车油耗仅是常温条件下的试验结果。实际使用中，不同区域、不同季节的环境温度和车辆状态显著不同，由此造成油耗测试结果与实际值产生一定差异。为了更加真实地反映我国汽车实际使用阶段的油耗水平，中汽测评中心推出了C-GCAP能效测评规程，其中的中国工况油耗充分考虑了夏季开空调用车油耗大幅升高的情况，全面评价传统燃油汽车、混动车、增程汽车在常温和高温状态下的综合油耗，为消费者提供选用依据，为行业产品油耗提供标定方案，为国家政策提供数据支撑。

在2023年，中汽测评中心选取了不同价格区间、品牌和车型的12款燃油测评车型，以价格区间划分为小于20万元、20万~30万元、大于30万元三个区间。小于20万元的价格区间有8款车型，占比67%；20万~30万元价格区间有2款车型，占比17%；大于30万元价格区间有2款车型，占比17%。以车系品牌划分为国产、合资。国产品牌共7款车型，占比58%；以车型划分为轿车、SUV，SUV有10款车型，占比83%。油耗测评车型包括9台传统燃油车和3台混合动力燃油车。测试结果分析如下。

其一，混动车的中国工况油耗表现突出。从测评结果分析，混动车型（包括增程式）在测试评价油耗中成绩突出，尽管混动车型整备质量偏大，油耗值却能够保持较低值（SUV4、SUV6、SUV9为混动车型，混动车型全程测试为电量平衡状态）（见图88）。

其二，高温空调油耗增加28%，混动车型空调油耗增加明显，达到53%。空调是影响用户实际油耗的关键因素。对于传统乘用车而言，夏季开启空调油耗上升显著，实际油耗平均增加30%左右。在C-GCAP针对

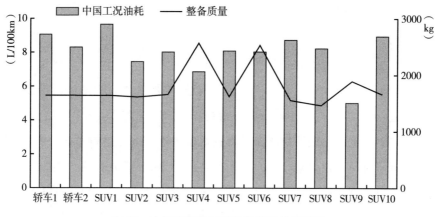

图88 中国工况油耗和整备质量的相关性

车辆进行高温空调油耗测试中，将环境温度设定为30±2℃，湿度为50%±5%，光照强度为850±45W/m²，尽可能模拟出实际使用场景的用车状况，真实反映车辆夏季使用场景的油耗值。在2023年度的12款车型中，高温空调油耗值相较于基础油耗值平均提高了28%，其中三台混动车提升相对明显，为43%，混合动力汽车空调对油耗影响较大。9台传统燃油车中，空调油耗平均提高了23%，最低增幅为14%，最高增幅为30%（见图89）。

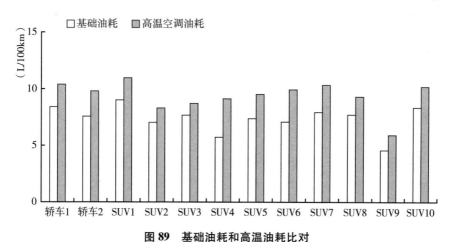

图89 基础油耗和高温油耗比对

5. 汽车生命周期碳排放量

（1）演进历程

中汽中心对汽车生命周期碳排放量的评价始于2015年，《中国生态汽车评价规程》（C-ECAP）（2015年版）将汽车零部件生命周期评价报告作为加分项进行考核；《中国生态汽车评价规程》（C-ECAP）（2019年版）及后续版本将汽车生命周期评价报告纳入技术参数评定部分进行考核。《中国汽车消费者研究与评价（CCRT）管理规则》于2021年引入了"碳排放"这一测评项目来评价燃油汽车的生命周期碳排放情况，并于2022年1月1日起开始实施，同年，CCRT 2021年修订版将碳排放指标扩展到纯电动汽车。2023年，《中国绿色汽车评价规程》（C-GCAP）试行版将低碳板块列为三大测试板块之一，目前下设汽车生命周期碳排放一个指标，考察传统能源车和纯电动车的碳排放情况。至此，汽车生命周期碳排放量指标的测评架构基本成型。

（2）测评数据宏观分析

以2022~2023年CCRT与C-GCAP试行版的33款车型测试数据为样本，分析车型碳排放量及指标的得分情况。33款车型中，传统能源车21款（含汽油车18款、插电式混合动力车3款）、纯电动汽车12款。车型整备质量与碳排放量分布如图90所示。测试车型中，汽油车整备质量分布于

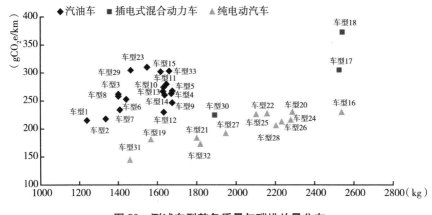

图90 测试车型整备质量与碳排放量分布

1200~1700千克区间，纯电动汽车整备质量分布于1400~2600千克区间，两者的车型整备质量和碳排放量基本呈线性关系，即整备质量较小的车型，其碳排放量通常较小。从不同燃料类型的角度分析，在相同质量段下，纯电动汽车的碳排放量普遍低于汽油车，低碳性能表现优异；同样的，在相同整备质量段内，车型17、车型18两款插电式动力车的碳排放量较大，明显高于纯电动汽车车型22，表明相较于插电式混合动力车，纯电动车也具有明显的碳减排优势。

考虑到不同规程版本中碳排放指标要求的差异，以下仅考察车型碳排放指标在对应规程下的得分情况，而不对车型碳排放具体数值进行横向对比。

传统能源车的碳排放指标得分情况如图91所示。21款车型碳排放得分差异明显，得分区间为10~100分，平均得分为86分。从图92得分分布来看，100分车型最多，有12款，占比57%；90分有3款车型，占比14%；70分有2款车型，占比10%；80分、60分、40分和10分各有1款车型，各占比5%。

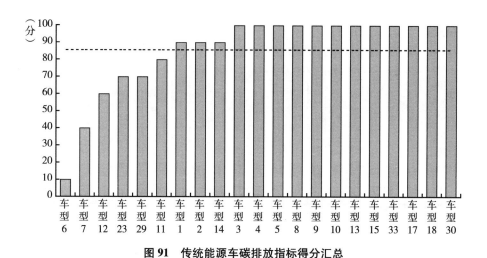

图91 传统能源车碳排放指标得分汇总

纯电动汽车的碳排放指标得分情况如图93所示。12款车型碳排放得分差异明显，得分区间为0~100分，平均得分为78分。从图94得分分布来

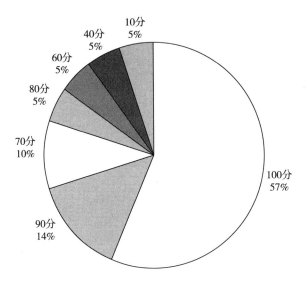

图92 传统能源车碳排放指标得分分布

看，100 分车型最多，有 8 款，占比 67%；90 分、40 分、10 分和 0 分各有 1 款车型，各占比 8%。

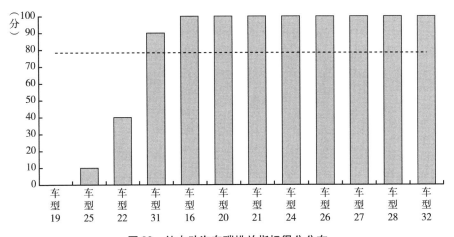

图93 纯电动汽车碳排放指标得分分布

进一步以汽油车车型 6 和纯电动汽车车型 31 为例，分析具体车型碳排放生命周期碳排放情况。汽油车和纯电动汽车生命周期碳排放分布如图95 所示。

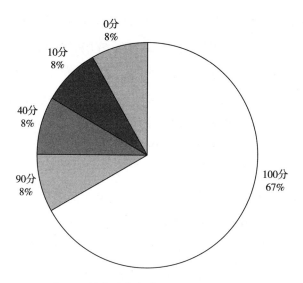

图94 纯电动汽车碳排放指标得分分布

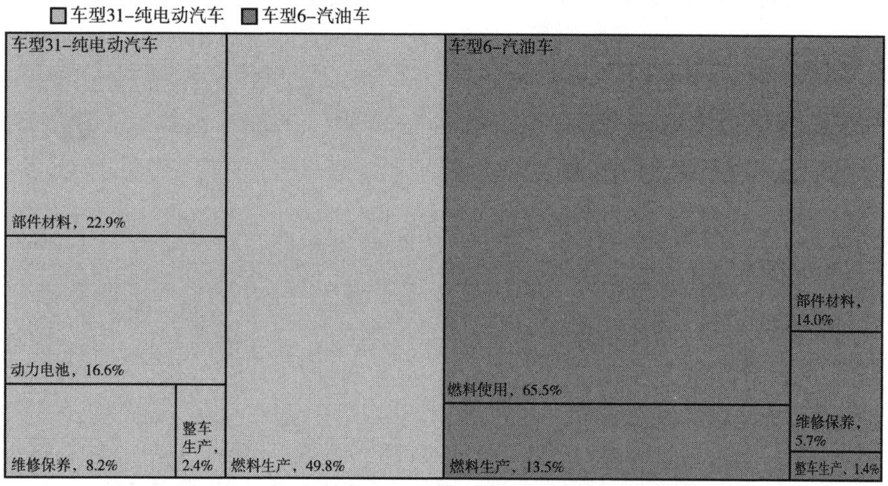

■车型31-纯电动汽车 ■车型6-汽油车

车型31-纯电动汽车		车型6-汽油车	
部件材料，22.9%			部件材料，14.0%
动力电池，16.6%		燃料使用，65.5%	维修保养，5.7%
维修保养，8.2%	整车生产，2.4% / 燃料生产，49.8%	燃料生产，13.5%	整车生产，1.4%

图95 汽油车和纯电动汽车生命周期碳排放分布

根据汽车生命周期各个阶段的特点，可分为燃料周期和车辆周期两个部分，燃料周期可分为燃料生产和燃料使用两个阶段，车辆周期分为部件材料、动力电池、整车生产和维修保养四个阶段。

对车型 6 而言，作为一款汽油车，燃料周期碳排放占比 79%，其中燃料生产阶段占比 13.5%，燃料使用阶段占比 65.5%；车辆周期碳排放占比 21.1%，其中部件材料占比 14.0%，维修保养占比 5.7%，整车生产占比 1.4%。

对车型 31 而言，作为一款纯电动汽车，燃料周期碳排放占比 49.8%，其中燃料生产阶段占比 49.8%，燃料使用阶段碳排放为 0；车辆周期碳排放占比 50.2%，其中部件材料占比 22.9%，动力电池占比 16.6%，维修保养占比 8.2%，整车生产占比 2.4%。

对比车型 6 和车型 31，纯电动汽车和汽油车的各阶段碳足迹分布差异源于两个方面。一是纯电动汽车燃料周期碳排放较低，主要是电力产生的间接排放，而随着我国电力清洁化进程的推动，纯电动车燃料周期的碳排放也会有进一步的下降。二是纯电动汽车的动力电池在材料获取和制造阶段均会产生碳排放。可以发现，从汽油车到纯电动汽车，燃料周期碳排放占比降低，车辆周期碳排放占比增加。可以预见，随着电动化的发展，未来车型碳排放将会逐渐从燃料周期向车辆周期转移，以提高能源使用效率、降低材料碳排放为主要路径，建立低碳、脱碳的汽车供应链是未来发展方向。

（四）消费者调研分析

近年来，我国多措并举，新能源汽车加速发展，同时随着人工智能、5G、大数据等新一代信息技术的迅猛发展，汽车产业格局发生了重大变革，汽车市场上涌现了一大批更清洁、更智能、搭载全新功能的产品。消费者面对企业创立的新品牌、绿色智能的新产品、层出不穷的新功能，选车困难也愈加凸显。产品推陈出新快速、资讯内容极大丰富、信息传播碎片化，使消费者很难全面地认知一款汽车产品，从众多产品中进行优选更是难度增加。在此背景下，《CCRT 管理规则（试行版）》第一批测试车型首先聚焦新能源汽车，抽取消费者关心的高销量、多品牌、热门车型开展调研评价，旨在为消费者提供专业的选车指导。

1. CCRT 评价车型分析

截至 2023 年底，《CCRT 管理规则（试行版）》已完成 20 款 30 万~50

万元价格段热销新能源车型的测评工作。其中含有轿车 3 款、SUV 车型 13 款、MPV 车型 4 款（见图 96）。

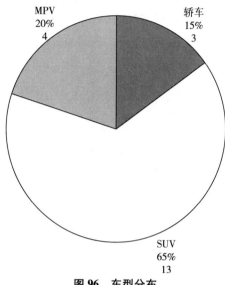

图96 车型分布

以车系品牌划分为自主品牌和合资品牌，其中自主品牌为主流系别，共 16 款车型，占比 80%（见图 97）。

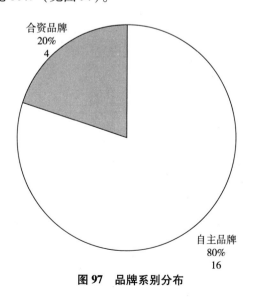

图97 品牌系别分布

以动力类型划分为纯电动、插电式混合动力和增程式混合动力，其中纯电动车为主流动力类型，共 14 款车型，占比 70%（见图 98）。

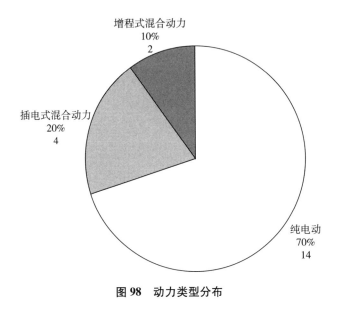

图 98　动力类型分布

2. CCRT 消费者评价综合结果分析

本次调研的 20 款车型共 4000 个有效样本，其中男性占比较高，为 74.3%，女性占比 25.7%（见图 99）。

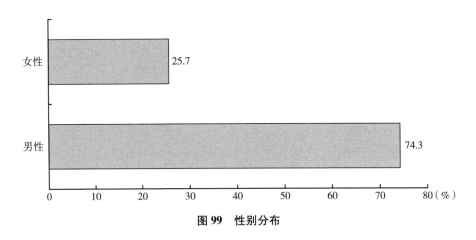

图 99　性别分布

从年龄分布来看，30万~50万元新能源汽车车主中，26~40岁为主流年龄区间，整体偏年轻化，其中31~35岁年龄段的车主最多，占比30.5%，50岁及以上年龄的车主占比最低，为1.4%。其余年龄段中，21~25岁占比6.5%，26~30岁占比20.8%，36~40岁占比23.6%，41~45岁占比12.7%，46~49岁占比4.5%（见图100）。

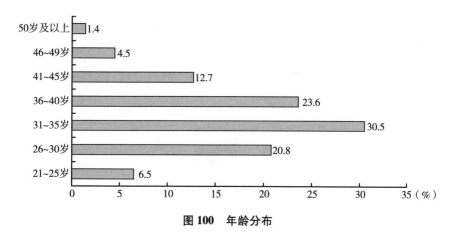

图100 年龄分布

分地区来看，30万~50万元新能源汽车车主中，一线城市占比最高，为44.4%，其次为新一线城市，占比34.0%，二线城市占比15.4%，三线及以下城市占比最低，为6.3%（见图101）。

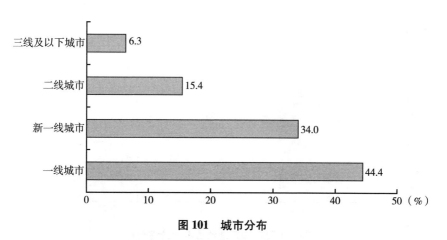

图101 城市分布

综合来看，20 款 30 万~50 万元新能源车型的综合消费者评价均分为72.6 分，其中 3 款轿车的综合消费者评价均分为 71.49 分，13 款 SUV 的综合消费者评价均分为 71.80 分，4 款 MPV 的综合消费者评价均分为 76.07分，消费者对于 MPV 的满意度评价高于 SUV 和轿车，消费者对于轿车和SUV 的满意度评价相差很小（见图 102）。

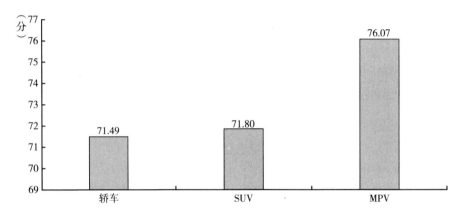

图 102　不同车型消费者评价综合结果

16 款自主品牌车型的综合消费者评价均分为 73.19 分，4 款合资品牌车型的综合消费者评价均分为 70.26 分，消费者对于自主品牌车型的满意度评价高于合资品牌（见图 103）。

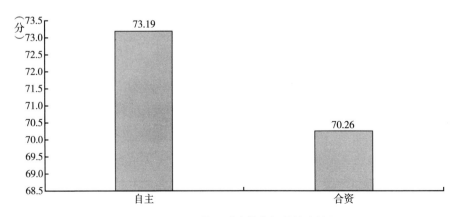

图 103　不同品牌系别消费者评价综合结果

14 款纯电动车型的综合消费者评价均分为 70.39 分，4 款插电式混合动力车型的综合消费者评价均分为 76.00 分，2 款增程式混合动力车型的综合消费者评价均分为 81.67 分，消费者对于增程式混合动力车型的满意度评价高于插电式混合动力车型和纯电动车型（见图 104）。

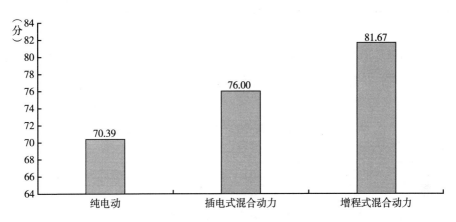

图 104 不同动力类型消费者评价综合结果

分不同的车型来看，在轿车、SUV、MPV 中消费者评价综合得分最高的各车型如表 5 所示。

表 5 CCRT 消费者评价综合得分（分车型最高）

单位：分

车型	车身类别	能源类型	品牌系别	CCRT 消费者评价综合得分
蔚来 ET5	轿车	纯电动	自主	78.42
问界 M7	SUV	增程式混合动力	自主	82.25
腾势 D9	MPV	插电式混合动力	自主	82.74

分品牌系别来看，在自主品牌和合资品牌中消费者评价综合得分最高的各车型如表 6 所示。

表6　CCRT 消费者评价综合得分（分系别最高）

单位：分

车型	车身类别	能源类型	品牌系别	CCRT 消费者评价综合得分
腾势 D9	MPV	插电式混合动力	自主	82.74
model Y	SUV	纯电动	合资	75.43

分动力类型来看，在纯电动、插电式混合动力和增程式混合动力车型中，消费者评价综合得分最高的各车型如表7所示。

表7　CCRT 消费者评价综合得分（分动力类型最高）

单位：分

车型	车身类别	能源类型	品牌系别	CCRT 消费者评价综合得分
小鹏 G9	SUV	纯电动	自主	80.99
腾势 D9	MPV	插电式混合动力	自主	82.74
问界 M7	SUV	增程式混合动力	自主	82.25

三　未来我国汽车技术发展趋势与建议

（一）安全技术发展趋势与建议

随着交通事故频发和对汽车安全需求的提高，中国汽车安全测评技术正处于快速发展的阶段。为了保障驾乘人员的生命安全和财产安全，中国在汽车安全测评技术领域加大了投入，并不断推动新技术和标准的发展。

1. 虚拟测评技术的应用

传统的被动安全测试主要是通过进行车辆碰撞测试、零部件测试等手段来评价车辆的被动安全性能，这种测试手段需要投入大量的人力、物力，测试成本较高。虚拟测评技术则通过计算机仿真技术模拟车辆碰撞事故，评价车辆的被动安全性能。虚拟测评技术是一种更加高效、低成本、可复现性好的新型被动安全测试手段。

《中国新车评价规程》（C-NCAP）2024 版计划从 2024 年 7 月开始实施。2024 版相较于 2021 版的一个重要变化就是，首次引入乘员保护虚拟测评技术，包括侧面远端成员保护和正面离位乘员保护两个测试项目。这些项目的加入也使 C-NCAP 2024 版成为全球第一个实施虚拟测评考核的测评体系。

C-NCAP 2024 版引入远端乘员保护评价项目，是为了测评侧面碰撞交通事故中位于车辆非碰撞侧的乘员发生二次碰撞伤害的情况，以推动汽车行业关注和保护车内远端乘员，降低交通事故发生后人员伤亡率。

正面离位乘员保护虚拟测评工况是一种将主、被动安全技术一体化融合评价的工况，目前作为监测项目（不参与评分），使正面乘员保护的评价可以覆盖实际交通事故中主被动结合的场景。在实际交通场景中，AEB 系统通常会在检测到突发状况时对车辆紧急制动以避免碰撞或降低碰撞速度。在一些无法避免的碰撞事故中，自动紧急刹车（AEB）会导致乘员受惯性力的作用向前倾倒，引发上半身的大幅运动，继而拉近了乘员头部、胸部与方向盘的距离，导致在碰撞过程中气囊无法起到有效的保护作用，甚至对乘员造成二次伤害。

在未来的路线图中，C-NCAP 将扩大虚拟测评技术的应用范围，重点考虑乘员多样性（不同年龄、不同性别等差异）、大角度座椅安全评价、更丰富的主被动融合场景的测评等。

2. 符合中国特征的测试台车研发与应用

C-NCAP 实施 17 年来先后完成 6 个版本的制修订，不断结合最新出现的技术和中国道路交通实际情况有针对性地进行优化提升，走符合我国国情的汽车安全提升之路。C-NCAP 2024 版相较于 2021 版的一个显著变化就是侧碰试验中使用的可变形移动壁障，C-NCAP 2024 版将应用 SC-MDB 取代2021 版中使用的 AE-MDB，对试验车辆侧面结构设计提出更高要求。

SC-MDB 台车是根据中国市面上典型的 SUV 平均尺寸开发。为了更加真实地模拟车对车碰撞场景，使被撞车辆的运动姿态更接近真车碰撞，SC-

MDB 台车根据中国常见车型的特点增加了独立悬架装置，是中国首款配置悬架的碰撞测试台车。在台车总重、重心高度、前后轴荷比、轴距和轮距方面，也参考了典型的 SUV 车辆的尺寸数据进行了正向设计，相比于其他碰撞台车更加符合中国实际情况（见图 105）。

图 105　符合中国道路车辆特征的侧面碰撞台车 SC-MDB

未来，C-NCAP 还将开发全新的碰撞台车，类似于现在使用的 SC-MDB。这些全新的碰撞台车将能够模拟更多不同的碰撞情况。这样的开发可以更全面地评估车辆在国内各种真实交通场景中的安全性能，提高汽车制造商在碰撞安全方面的技术水平，进一步保护驾乘人员的安全。通过持续开发新的碰撞台车，C-NCAP 能够适应中国汽车安全技术的不断进步和变化，推动整个行业朝着更高的安全标准迈进。

3. 儿童保护项目的不断更新

C-NCAP 在不断地更迭中持续完善儿童保护测试项目。自发布之日起便开始关注儿童安全，并于 2009 版开始加入儿童安全相关测试，增加 ISOFIX 加分项以鼓励车企运用此项安全配置，在碰撞试验中放置儿童假人，监测儿童伤害数据。在 2018 版规程中新增了儿童行人保护测试，正面碰撞试验中选用更先进的 3 岁儿童假人；经过十多年的不断完善，2021 版规程对于儿童保护相比之前版本有了较大的提升，进一步加严了儿童行人保护的要求，乘员保护板块中儿童保护相关得分的权重有所提升，增加了后排 10 岁儿童测试和儿童安全座椅静态评价试验项目。

2024 版 C-NCAP 针对儿童安全保护设置了更多的测试内容，其中包括儿童遗忘提醒。儿童遗忘提醒功能是指当有儿童被遗忘在车内时，系统能及时发出警告，以此避免车内高温导致的儿童危险（见图 106）。C-NCAP 对该功能的警告形式、检测手段、功能停用等作出了明确的要求。为了保证成人能够第一时间发现被遗忘的儿童，我们对警告设置了时间要求和形式要求。检测手段包括直接感应和间接感应两种，直接感应是指通过感知心跳、呼吸、运动或其他生命迹象来检测车内是否有儿童存在，间接感应是指利用开车门、压力或电容感应灯信息，根据逻辑判断车内是否存在滞留目标。对功能停用的设置路径进行了规定，且部分功能不能完全关闭，避免误操作导致儿童处于危险中。

图 106　儿童遗忘提醒

4. 中国场景、中国目标物的持续完善

主动安全技术是当前汽车安全领域的热点，中国正在加速推广和应用这些技术。例如，自动紧急制动系统（AEB）、车道偏离预警系统（LDW）以及盲点监测系统（BSD）等，这些技术通过传感器和智能算法来提前感知和预防潜在的危险情况，从而减少事故发生的可能性。

C-NCAP 作为中国最权威的汽车安全测评体系，致力于提高中国汽车的安全性能，因此主动安全的测试同样是 C-NCAP 规程的重要内容。

随着高级驾驶辅助系统（ADAS）的发展，AEB 对行人的保护功能也起着重要的作用，特别是对于儿童这种特殊的行人，由于其身高较低，行为不易预测，需要更高级的传感器配置和算法来实现准确的检测和保护。

目前市面上很多汽车都配备了 AEB 系统，但不同系统的作用效果相差较大。为了更好地督促汽车厂商提高车辆对儿童的保护能力，C-NCAP 在2024 版中增加了儿童目标物的测试场景。倒车儿童穿行场景，检测车辆倒车避险能力，儿童目标物以 5km/h 的速度穿过正在倒车的车辆尾端，儿童横穿场景检测的是车辆对于儿童鬼探头的避撞能力，试验车以 20~40km/h 的速度行驶，儿童目标物从遮挡的汽车前方穿出。

在目标物方面，CIDAS 过去 5 年统计了数十款二轮车碰撞事故，总计有1000 余起，项目组根据道路上的二轮车特征，研发设计了中国特有的电动二轮车目标物（见图 107），即将应用于 2024 版 C-NCAP 测试中。

图 107　中国特征电动二轮车目标物

未来，C-NCAP 将持续基于真实交通事故数据和传感器识别特点，增加全新目标物，包括但不限于 0~6 岁学龄前儿童、中国特征自行车目标物等。在测试场景方面也将逐步扩充遮挡物类型，增加遮挡数量，丰富移动遮挡目标物的行驶轨迹，筛选、设计具有连续碰撞风险的测试场景，考查车辆的连续紧急避让能力。

5. 智能网联新技术的应用

C-V2X（车联网）是车辆间通信技术的一种形式，可以实现车辆与基础设施、行人和其他车辆之间的实时通信。在 C-NCAP（中国新车评价计划）的测评项目中，C-V2X 具有广阔的应用前景。

随着 C-V2X 技术的不断发展和普及，2024 版 C-NCAP 规程已正式将 C-V2X 技术引入，在新规程中，此项技术能在三个测试场景下进行应用，分别是车辆直行与前方被遮挡的横穿目标车辆测试场景（C2C SCPO）、车辆高速直行与前方静止目标车辆测试场景（CCRH）、交通信号识别（TSR）。

在未来，C-NCAP 将持续探索车联网的新技术、新应用，充分结合中国特色国情，助力提升汽车安全水平。未来的 C-V2X 场景将逐步优化加严，应用场景将进一步拓展，场景的遮挡复杂程度也将进一步提升。

6. 总结

中国汽车安全测评技术正朝着更加全面、精准和创新的方向发展。通过全新的主动安全技术的应用、碰撞安全评价的完善以及计算机虚拟测评的发展，中国正在快速提高汽车的安全性能，保障驾乘人员的生命安全。

随着电气化、智能化、网联化和共享化的深入发展，中国汽车市场将面临不断变化的新趋势和挑战。在这种背景下，C-NCAP 将不断加强和革新测试规程，确保测试能够满足新技术和新型车辆的需求，积极投入技术创新，不断探索和实践新的车辆安全测评技术，拓宽测试技术的适用范围和深度。积极与国际接轨，逐渐走向全球化，不断吸收国际先进的汽车安全测评方法和技术标准，并在此基础上积极适应中国市场的特点和需求。

综上所述，C-NCAP 将紧跟市场趋势，加强技术创新和国际合作，不断提升汽车安全测评质量和水平。通过技术引领，促进中国汽车市场的安全可持续发展。

（二）智能网联技术发展趋势与建议

1. 辅助驾驶技术发展趋势与建议

（1）行车辅助发展趋势与建议

行车辅助功能在场景适应性上还有提升空间，根据测试结果分析，在跟车能力、紧急避险能力、驾驶员交互三个项目中，个别场景失分严重。

在跟车能力场景中，对于前车切入、前车切出等场景，普遍得分率较低，主要表现在发生碰撞或减速度过大。

在紧急避险能力中，对于行人横穿、摩托车横穿、自行车横穿、交通事故场景、道路施工场景等，普遍无法应对或应对不好，得分率非常低。

在驾驶员交互中，行车辅助功能部分场景得分率较低，一是部分车辆不具备最小风险策略，即当车辆检测到驾驶员不在驾驶状态，且长时间没有接管车辆时，不具备将车辆安全风险降低到最小的策略。二是大部分车辆允许驾驶员脱手的时间过长，容易导致驾驶员对辅助驾驶系统过于信任，驾驶注意力不集中。三是普遍不具备驾驶员疲劳监测的能力。

综上所述，行车辅助功能应着重考虑以下四个方面。

一是考虑多种场景的适应性。行车辅助功能需要能够适应各种不同的驾驶场景，包括城市道路、高速公路、乡村道路等不同道路条件。现阶段，辅助驾驶功能普遍适用于高速路和快速路，面向城区功能的辅助驾驶功能逐步普及。未来在测试评价领域将逐步引入城区场景的测试评价，逐步增加行人、二轮车、摩托车、十字路口、红绿灯等城区要素在测试评价规程中的权重。

二是考虑不同的气象条件。不同的气象条件可能会对辅助驾驶功能的效果产生影响。例如，雨、雾、夜晚等恶劣环境下，视线受到限制，辅助驾驶系统可能无法正常工作。未来在测试评价领域中，将逐步扩大夜间场景、雨雾天气模拟场景的数量和权重。

三是考虑不同的道路条件。不同的道路条件可能会对辅助驾驶功能的效果产生影响。例如，隧道、急转弯、斜坡等复杂道路条件下，辅助驾驶系统可能需要做出更为复杂的决策。未来在测试评价领域中，将逐步增加隧道、连续转弯等测试场景。

四是考虑人机交互功能。目前智能驾驶功能的定位依然是辅助驾驶员驾驶，驾驶员依旧是驾驶的第一责任人。但目前由驾驶员误用、滥用等导致的交通事故屡发不止，因此做好驾驶员驾驶状态监测具有重要意义。同时，目前行业内部分车企为了让用户更好地理解智能驾驶功能，在车机中引入了视频教学、答题考试等环节，对于提高驾驶员对辅助驾驶功能的理解具有重要意义。

总体来说，未来辅助驾驶功能场景适应性提升的方向主要包括考虑多种场景的适应性、适应不同的气象条件和道路条件、人机交互功能。这些方面的不断进步将使辅助驾驶系统更加智能、适应性更强，提高驾驶的安全性和便利性。

（2）泊车辅助发展趋势与建议

泊车辅助功能在场景适应性上还有提升空间，根据测试结果分析，存在以下现象。

一是在泊车辅助功能中，所测车辆普遍无法应对斜车位，主要表现在斜车位识别率较低，尤其是空间车位。

二是在垂直车位和平行车位中，空间车位（狭小尺寸）中失分率较高，其主要表现在无法识别狭小的空间车位、识别后无法正常泊入、泊入环节揉库次数较多、泊入后摆放位置布局中车辆停放角度较大。

综上所述，泊车辅助功能应着重考虑以下两个方面。一是考虑多种场景的适应性。泊车功能需要能够适应各种不同的驾驶场景。鉴于中国各大城市普遍存在的停车难问题，泊车辅助功能应能适用更小的车位，同时可以考虑增加泊出功能。未来在测试评价领域，将逐步增加遥控泊车、泊出功能的测试评价。二是考虑不同的障碍物类型。根据调研统计，中国停车位内的障碍物种类较多，包括柱子、栏杆、充电桩、灯杆、墩子、汽车、汽车轮胎、自行车、杂物等，具体分布如图108所示。未来在测试评价领域，将逐步丰富车位内障碍物类型。

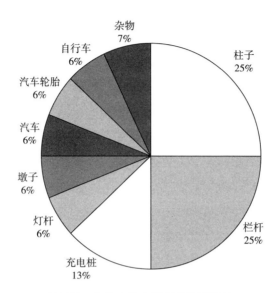

图108　车位内静态障碍物类型统计

2. 智慧座舱发展趋势与建议

随着人工智能、物联网以及云计算在汽车领域的不断渗透，汽车智慧座舱的智能化功能将越来越丰富，面向用户的单模态、被动指令式交互将逐步走向多模态融合、主动式交互，同时，基于用户实际用车场景的多功能融合协作将成为主流发展趋势。

（1）智能交互

智能交互包括触控交互、语音交互、无线交互和多模态交互。

触控交互。车载显示触摸屏是座舱智能化的重要载体，是车载信息娱乐系统、辅助驾驶等功能的主要端口，在未来有望实现进一步的功能和场景突破。

未来将重点关注中控显示触摸屏在音乐、视频、导航、空调、系统应用等高频应用场景下的响应快捷性、滑动流畅性等性能指标。随着副驾屏、后排屏甚至车外屏幕装配率的提升，其性能也将成为企业关注的重点内容，同时多屏互动也将促使座舱形成一个更加完整融合的整体。与此同时，特殊典型场景下（如夜间场景等）操作触摸屏对于交互安全的影响，也是未来需要研究的一个课题。

语音交互。近年来，随着人工智能、芯片、大数据、传感等技术的逐渐兴起，车载语音交互技术已成为智慧座舱信息传递的最重要的交互方式。

从语音交互支持的功能维度来看，在语音控制的车身控制、娱乐功能等方面，语音交互垂域语料的支持能力、语义识别的泛化能力、主动语音查询能力和用户定制化的能力将会更加强大。从智能化程度来看，语音交互将由单一问答式交互向连续会话式及复杂任务交互发展，由被动指令式交互向主动关怀交互发展，由单纯的功能性交互向情感化交互发展，由单一驾驶员交互向不同乘员位、不同声纹的自由式交互发展。同时，随着 AI 技术与语音技术的深度融合，拟人化的主动式推送、自然流畅应答将成为未来语音交互的发展方向。

未来，随着智能驾驶技术的发展和普及，全车语音控制将成为车辆控制的主要手段，语音交互系统的抗噪声能力、离线交互能力、交互响应延迟要求将越来越高，如自动驾驶场景下的超车命令，必须要求系统快速响应，且不能受到网络的影响，否则会造成较大的安全隐患。

无线交互。数字钥匙，未来将融合 NFC、BLE、UWB、手机控车 App 等多种方式的优势，解决用户贴近解锁、近程解锁、远程解锁的各种应用场景，可让用户轻松应对因距离、网络等发生变化的不同场景。手机控车 App 也将集成更加丰富的车辆信息显示及车控功能，为用户提供多样化的车辆状态显示、寻车、远程车辆控制功能。随着生物识别技术的上车应用，人脸识别、指纹识别等有望成为未来座舱的亮点功能。

使用手机或电脑等的车辆无线投屏也将成为未来的特色功能，不同企业深度绑定不同的终端企业或品牌，利用强大的手机算力，从底层到应用层打造智能投屏、无缝流转等更加丰富的应用生态。

人—车—家互联，未来汽车将更多地和车主的家庭及车主的个人可穿戴设备关联，车控家、家控车将会是基本的能力，人们将通过汽车控制家里的各种智能电器（空调、热水器等），也将能在家里的电视大屏查看汽车的状态。汽车将和智能手机、全屋智能、可穿戴智能等深入融合，打造更加立体化的生态服务。

多模态交互。随着人工智能技术在汽车领域的深度应用，单一的交互方式将不能满足用户对于汽车智能座舱的智能性、舒适性、情感性的需求，多模态交互技术成为智能座舱设计的核心技术之一，融合了手势、触控、语音、表情、姿态等多个模态，其表达效率和表达的信息丰富和立体程度都远远优于单一的交互模式。

（2）智能护航

智能护航包括视野智能拓展和视野防干扰。

视野智能拓展。随着汽车视觉辅助系统的发展，未来着眼于解决用户的需求，全景环视将关注用户在不同光照场景下（如夜间场景、黄昏/清晨场景等）的用车需求，同时将重点关注对儿童目标物的识别能力。随着 AR 技术的发展，AR-HUD 将成为未来的发展趋势，同时将更加关注显示在不同光照场景下内容显示的丰富性、蓝光对人眼的伤害等。随着行车记录仪装配率的提升，未来行车记录仪在不同场景下的体验也将成为用户关注的重点。

视野防干扰。随着座舱内氛围灯的颜色、样式、安装形式等的多样化发展，氛围灯和中控屏的防眩目性能也将成为企业重点关注的内容，未来会集中在用户的高频使用场景（如导航、音乐等）下的防眩目、UGR 炫光指数等性能。

（3）智慧服务

未来智慧座舱将重点关注智慧化、人性化服务的深度，单纯的功能堆砌并不一定能提升用户对于座舱智能化的体验。

未来车载导航将更加关注用户的个性化需求，如信号灯提醒、绿波通行等，同时结合绑定智能停车场等公共设施，提供更加便捷化、智能化的用户体验。无线充电也将成为提升用户体验的亮点功能，将重点关注阳光直射、极寒天气场景下的充电效率、发射等性能。智能音响将给用户提供一个天然的音乐座舱，提供更加立体化、还原度高的音乐体验。主动降噪也将给用户提供更加安静舒适的座舱体验。另外，场景化的服务体验也将被越来越多的用户所关注，抽烟模式、小憩模式、影院模式、露营模式等场景化的个性化体验，将是未来发展的趋势之一。

3. 隐私保护发展趋势与建议

近年来，伴随着智能网联汽车数量的快速增长、城市测试智能道路等基础设施建设的加快，其支撑路、网、车、云各要素的连接能力不断增强，成为产生海量数据的系统中枢之一。智能网联汽车系统与应用场景复杂，多要素融合交互，因此车辆的隐私安全保护不应仅关注于车端，如何在复杂环境下确保数据安全，成为发展智能网联汽车必须应对的挑战。

但也要看到，数据泄露、木马攻击、数据篡改等非传统安全问题正在向智能网联汽车领域不断渗透，传统监管模式已难以应对智能网联汽车领域数据跨区域、跨类型、跨行业、跨层级的特点，亟待从制度、技术等多个层面加强系统防护。下一阶段，进一步强化智能网联汽车领域隐私安全，需要从以下几个方面考虑。

一是发展车辆基础检测研究技术。目前针对车辆变得更加复杂和频繁的攻击方式，已经可以通过一定的手段对车辆 CVE 漏洞、蓝牙、WiFi、车辆移动应用、遥控钥匙等存在的安全风险进行检测，但是车辆对应的攻击方式和攻击手段也会随着网络安全的发展不断升级变化。目前 V2X 攻击还处于起步阶段，但在意料之中 V2X 攻击在未来几年将变得更加频繁，车辆将不断地与周围环境进行通信和交互，通过 API、传感器、摄像头、雷达、蜂窝物联网模块等不断地与周围环境进行通信和交互。因此，发展车辆基础检测研究技术，是确保车辆隐私安全的重要前提。

二是强化基础设施安全。加快推动面向智能网联汽车的算力基础设施建设，探索建设集聚海量数据的城市超级算力中心，推动算力突破、服务升级、模式创新，逐步形成领先全球、自主可控的算力生态。加强跨区域算力一体化调度，形成规模化先进算力供给能力，支撑和服务智能网联汽车领域大模型训练与应用。适当布局建设绿色智能、安全可靠的云计算数据中心和新一代高性能边缘计算、智能计算能力中心，更好地满足智能网联汽车领域对低时延、高可靠算力的需求。

三是强化要素流动安全。整合数据采集渠道，依法依规建立车载终端、人工智能、可穿戴设备、车联网、路网等领域数据采集标准，形成涵盖道路、车辆工况、驾驶人员以及乘客信息等数据的多维安全保障机制。通过白名单和负面清单、第三方机构认证评级相结合等方式，规范智能网联汽车数据业务市场准入备案制度。规范智能网联汽车企业数据市场交易行为，明确数据登记、确权、评估、定价、交易、跟踪各环节安全审计机制，对智能网联汽车全生命周期的用户个人信息处理、数据跨境流动，尤其是涉及国家和社会公共利益的数据开发行为，实施全链条安全预警、泄露通报的动态监管机制。

四是强化技术应用安全。完善数字知识产权保护制度，加快人脸识别、人工智能等智能网联汽车典型应用场景的数据安全技术研发创新，构建覆盖车载终端、通信网络、服务和检测平台的数据安全综合保障体系。增强测试验证安全可靠性，稳步推进数据安全性更高的高速路、快速路和城市中心地段测试试点。

五是提升安全治理效能。为行业制定统一的新产品、新业态数据安全标准体系，探索开展包容审慎监管试点。健全车联网等新型融合性网络安全保障措施，鼓励企业运用区块链、隐私计算、数据沙箱等技术，解决数据在共享、流通中的安全问题，建立面向企业的数据安全备案机制。搭建数据溯源、授权存证完整性检测、监测预警、威胁分析和应急处置平台，完善智能网联汽车数据资源质量评估和信用评级体系，增强数据要素应急配置能力，提升数据安全事件应急解决能力。

（三）绿色技术发展趋势与建议

C-GCAP 聚焦汽车绿色性能，从健康、能效和低碳等维度对车辆性能进行综合评价。如前文所述，从 2016 年开始，中汽中心就陆续开展了对车辆健康、油耗、续航、碳排放、充电等绿色相关性能的测试和评价工作。伴随着汽车技术的进步，各指标也陆续进行了迭代更新。

在健康方面，当前版本的 C-GCAP 聚焦车内空气质量和电磁防护两个方面，车内空气质量主要是对常温、高温和高温开空调场景下车内有害物质的浓度和常温、高温场景下的车内气味进行评价，电磁防护主要是对人体电磁防护情况进行评价。

在车内空气的评价中，我们采用的是 ISO 标准中 $400\pm50W/m^2$ 这样的光照条件，而在我国消费者实际使用场景中，实际光照情况与 $400\pm50W/m^2$ 并不完全符合，基于以上思考，我们开展了对包括天津、重庆、广东、浙江等全国 265 个城市的年度平均辐照强度统计工作，95% 的数据将落在 $(509.01W/m^2, 898.69W/m^2)$ 区间，选用该分布范围的上限作为试验的辐照参数，以覆盖全国 95% 的地区工况，取整后确定辐照强度为 $900\pm50W/m^2$。同时，此辐照强度也与中国建筑、光伏以及汽车行业空调、阳光模拟的强度要求保持了一致。$900\pm50W/m^2$ 高辐照强度下的车内空气质量测评是在健康板块的新的探索，预计高光照强度对五苯三醛的影响较大，具有较大的实际意义，但是考虑到行业整体发展水平参差不齐且过渡时间的问题，预计会逐渐加入测评体系中，前期以会议选做项目或者陪跑项目的方式存在。

在电磁防护的评价中，目前是对车辆在不同使用工况下不同位置的电磁辐射进行测量，最终得到一个综合裕量对其进行评价。目前的测试仅针对一般人群，考虑到特殊人群（佩戴心脏起搏器等医疗器械）对电磁防护问题更加敏感，医疗器械一旦受干扰，监测失效或误触发，将直接危害用户的生命安全，已经有很多车企关注佩戴有源植入式医疗器械乘员的健康问题，而且部分国家设置了电车优先席，老幼病残的乘客或孕妇以及使用心脏起搏器的乘客优先就座，附近还指定为禁止使用手机的区域，C-GCAP 下一步计划将特殊敏感人群的电磁防护问题纳入测评范围。

在能效方面，当前版本的 C-GCAP 聚焦油耗、续航和充电性能的测评，针对燃油车会对市区油耗和综合油耗进行测评，针对电动车，在续航方面会进行常温续航、低温续航和高速续航测试，在充电方面会进行充电兼容性、充电时间和充电防护性能测试。

在续航和油耗的评价中，目前的 C-GCAP 将增程车型和插电式混合动力车型列为燃油车进行测评，只对其油耗性能进行测评。随着增程车型和插混车型数量的越来越多，消费者对此类车型性能的关注度日渐升高，单纯的油耗测评已经不能满足消费者的需求，增程车型和插混车型的"电"性能属性也越来越受到关注，因此混动车型的能效测评体系自成一派成了下一步的发展趋势。混动车型的能效测评过程中，一个关键的问题便是平衡点确定，平衡点的选取条件对测试结果有着直接的影响。同时，在中国工况条件下和非常温状态，车辆能否达到油电平衡也是本测试面临的重要问题。此外，"油""电"性能综合之后，测试场景也是需要解决的一个问题。首先是高速场景对于混动车型的续航性能测试不再适用，大部分的混动车型在高速行驶时不会是纯电驱动。其次，油耗的高温+常温与续航的低温+常温也为插混车型"油""电"性能的综合统一带来了难度。因此，后续针对续航和油耗，计划会设置常温+高温+低温的全场景覆盖，一方面推动插混车型测评体系的建设，另一方面也可以为消费者带来更全面的用车信息。此外，为了更全面地展示车辆性能，对车辆在极限环境下的表现进行测评，计划新增电动车的极限低温续航和燃油车的极限高温油耗，分别在-20℃以下和35℃以上的环境中进行测试。

在充电评价中，对车辆充电性能最直接的评价便是充电时间，目前C-GCAP体系会对车辆在常温和低温场景下从30% SOC充电至90%的充电时间进行测评，随着充电技术的快速发展，大功率充电技术和换电技术成为很多企业主推的充电技术，C-GCAP下一步计划新增大功率充电和换电技术测评，做好中国新能源汽车的技术引导。

在低碳方面，当前版本的C-GCAP聚焦车辆全生命周期的碳排放，包含材料制造阶段、车辆制造阶段和车辆使用阶段。伴随着国家"双碳"政策的进一步落实和推进，汽车低碳减排问题会逐渐成为各车企的重点关注事宜。目前C-GCAP针对燃油车和电动车设置了不同的评价方法，类似于能效测评，混动车型视同燃油车进行评价，对客观识别混动车型的碳排放带来了一定难度。后续，C-GCAP计划基于混动车型全生命周期的碳排放值以及各阶段的特征数据，制定面向混动车型的碳排放评价体系。

车辆关键部件的碳排放对车辆全生命周期的碳排放值具有重要的影响，动力电池作为纯电动车的关键部件，其制造、使用和回收利用的碳排放都十分重要，因此 C-GCAP 后续计划新增动力电池碳足迹报告、动力电池寿命等方面的测评。

随着政策引导、需求提升和企业研发技术能力的提高，汽车产品绿色性能会越来越受到企业和消费者的重视，同时目前的部分痛点问题如续航下降、电磁防护等问题也会得到逐步解决。当下，C-GCAP 测评体系是衡量汽车绿色性能水平的重要体系，可以为企业开发绿色产品、提升产品绿色性能提供支撑，鉴别汽车绿色产品性能的高低，为消费者选车购车提供权威参考。未来，C-GCAP 体系会进一步完善，同时为汽车绿色相关政策、标准法规提供先试先行经验，助力汽车绿色性能水平提升，引导汽车绿色消费，推进中国汽车产业绿色发展。

（四）用户感知趋势与建议

1. 用户感知发展趋势

（1）消费者对汽车智能化、便利性和环保性的需求日益增长

当前科技快速发展，智能化成为现代汽车的一个重要特征，消费者对车载信息娱乐系统、智能导航、自动驾驶等功能的需求日益增长，尤其是年轻人，对互动强、体验佳及娱乐配置的关注度明显提高，如车机智能芯片、语音识别控制系统、车联网、OTA 在线升级和远程启动功能等。消费者对汽车的舒适性和便利性也有更高的期待，包括更加舒适的车内空间设计、高级座椅材料，以及诸如智能车钥匙、语音控制系统等便利功能。与此同时，消费者对环保和可持续发展日益重视，已成为影响消费者购车决策的重要因素，随着对气候变化的日益关注，消费者越来越倾向于选择电动汽车和混合动力等低能源消耗车型。

（2）智能化发展背景下，消费者依旧重视安全配置

随着消费者交通安全意识的提高，其越来越关注汽车的安全功能，如自动紧急制动、行人检测系统等。传统配置方面，用户整体对主动安全系统、360 度全景影像以及全速自适应巡航兴趣最浓，尤其是对主动安全系统。分代际来看，用户越年轻，对全速自适应巡航、无钥匙进入/启动以及自动泊

车入位的偏好度越高，年长群体则更加务实，对主动安全系统、360度全景影像的偏好度更高。

（3）消费者更加关注用户体验提升和个性化设计

数字化的发展和新技术的不断涌现，使消费者对于高科技产品的信任度和接受度也在逐渐变化，用户越来越期待直观、易用的交互界面，高品质的驾驶体验和车辆舒适性成为消费者选择汽车时的重要因素，消费者对售后服务的期望越来越高，优质的客户服务体验成为品牌忠诚度的关键。除此之外，随着年轻群体逐渐成为新能源汽车购买的重要人群，自信、个性的态度同样映射在他们的购车消费观上，也对越来越强调个性化的品牌的价值逐渐认同，市场的多样化也使消费者期待更多个性化和定制化的汽车产品和服务，有个性的车型名称、有个性的品牌自制内容均受到用户喜爱。

（4）场景化用户体验模式拉起消费者为软件付费的消费升级

汽车和用户的生活场景连接愈发紧密，催生了汽车场景化的新需求。上海车展众多首发新车展示了露营模式、迎宾模式等场景模式智能吸睛。根据用户的需求和行为习惯，为用户提供个性化、定制化的服务和体验也逐渐被关注，汽车不再只是一个单纯的交通工具，而成为人们生活中不可或缺的一部分。汽车场景化营造离不开智能化硬件和软件系统的共同发力，面向服务的软件功能重要性被不断强化，逐渐成为为用户提供价值的灵魂内核。未来软件体系将成为车企差异化的关键，进入"软件定义汽车（SDV）"时代。

2. 用户感知技术建议

（1）增强汽车安全性能，日益丰富的功能与信息始终要以行车安全为前提

科技的快速发展使汽车功能和信息日益丰富，但汽车安全性应始终排在首位。一方面，车企应集成先进的安全技术，如碰撞预防系统、盲点监测和自适应巡航控制，持续对高级驾驶辅助系统（ADAS）进行投资，以提升汽车的安全性和用户的安全感和信任；另一方面，在进行智能座舱设计时，对与驾驶无关的、有巨大视觉分心隐患的功能进行筛查，在行车过程中限制使用，如在车辆行驶过程中，中控屏、仪表屏上不能出现需要驾驶员长时间注

视的功能，包括但不限于观看视频、玩有动态画面的游戏等。同时，车企应重视将这些先进技术集成到新车型中，同时通过宣传和教育提高消费者对这些技术的认识度和信任度。

（2）汽车设计要重视硬件和软件的融合，提升用户体验

在未来的中国汽车市场，提升用户体验将是关键。首先，要优化交互界面，车企应投资于高分辨率触摸屏、先进的语音识别系统和定制化的用户界面，以提高易用性和互动性，同时利用设计的灵活性和可变性，达到与更多硬件类似的用户体验，如可滑动的中央屏幕。其次，汽车企业需要不断创新，开发更加智能、互联的车辆，提供更安全、环保、智能和舒适的汽车产品，满足消费者对智能座舱和智能驾驶的需求，提高舒适性和便利性。除此之外，汽车制造商还应加大对电动汽车技术的投入，提高电动汽车的性能和实用性，如电池续航能力，同时在市场营销中强调其环保优势。

（3）基于用户与场景差异，提供更加个性化的服务

千人千面，不同用户在各个场景下、相同用户在不同场景下的车生活需求均存在差异，应针对差异在内容供给与功能点实现上提供更加个性化的服务，在提高功能服务使用率的同时，极大地提升用户的满意度。一方面，利用大数据和人工智能技术，为用户提供更加个性化的车辆设置，如车辆可以根据驾驶者的偏好自动调整座椅、温度和音乐选择；另一方面，基于用户行为的数据分析，预测维护需求和优化车辆性能。

（4）将软件付费作为关键发力点

当前，用户体验满意度逐渐取代传统成本定价法，成为服务定价的标准。汽车行业要实现"卖软件挣钱"的突破，既需要线性提升用户需求洞察和软件能力，也要等待高级自动驾驶带来的分水岭式的阶跃。汽车行业开启"软件付费"时代需要主动拥抱变化，通过多方协作来打破合作甚至应用壁垒。与此同时，车企需要积极转变对产品的传统观念，比如机械性能最重要、产品配置只能做加法不能做减法等，真正打造具有竞争力的软件应用，实现软件价值的突破。

参考文献

［1］汽标委智能网联汽车分标委：《智能座舱标准体系研究报告》，2022。

［2］中国汽车工程学会：《汽车智能座舱分级与综合评价白皮书》，2023。

［3］刘法旺、曹建永、张志强等：《基于场景的智能网联汽车"三支柱"安全测试评估方法研究》，《汽车工程学报》2023 年第 1 期。

［4］《智能网联汽车　自动驾驶功能场地试验方法及要求》，GB/T 41798-2022。

［5］《C-NCAP 管理规则（2021 年版）》，中国汽车技术研究中心有限公司。

［6］《C-NCAP 管理规则（2024 年版）》，中国汽车技术研究中心有限公司。

［7］《C-ICAP 中国智能网联汽车技术规程（1.0 版）》，中国汽车技术研究中心有限公司。

［8］《C-ICAP 中国智能网联汽车技术规程（1.1 版）》，中国汽车技术研究中心有限公司。

［9］《中国汽车消费者研究与评价（CCRT）管理规则（2021 年版）》，中国汽车技术研究中心有限公司。

［10］v4.5，*AEB/LSS VRU Systems Test Protocol*，Euro NCAP Commission，European New Car Assessment Programme（Euro NCAP）.

［11］v10.3，*Assessment Protocol-SA-Safe Driving*，Euro NCAP Commission，European New Car Assessment Programme（Euro NCAP）.

［12］v4.3，*AEB Car-to-Car Test Protocol*，Euro NCAP Commission，European New Car Assessment Programme（Euro NCAP）.

［13］v4.3，*LSS Test Protocol*，Euro NCAP Commission，European New Car Assessment Programme（Euro NCAP）.

［14］v2.0，*Assisted Driving-Highway Assist Systems*，Euro NCAP Commission，European New Car Assessment Programme（Euro NCAP）.

［15］《自动驾驶汽车交通安全白皮书》，Apollo 官网，https：//www.apollo.auto/means/document/drive/1474。

［16］Chen Y.，Buerger C.，Lin M.，et al.，"Left-turn-across-path-from-opposite-direction Accidents in China：CIDAS Accident Study，" *Transportation Safety and Environment*，2023，5（4）：tdac070.

［17］Martilla J.A.，James J.C.，"Importance-performace Analysis，" *Journal of Marketing*，1977，41（1）：77-79.

［18］Ruihe L.，Dongsheng R.，Shan W.，et al.，"Non-destructive Local Degradation Detection in Large Format Lithium-ion Battery Cells Using Reversible Strain

Heterogeneity ，" *J Energy Storage*，2021，40：102788.

［19］ Sato K. ，Tamai A. ，Ohara K. ，et al. ，"Non-destructive Observation of Plated Lithium Distribution in a Large-scale Automobile Li-ion Battery Using Synchrotron X-ray Diffraction，" *Journal of Power Sources*，2022，535：231399.

［20］ Pan Y. ，Ren D. ，Kuang K. ，et al. ，"Novel Non-destructive Detection Methods of Lithium Plating in Commercial Lithium-ion Batteries under Dynamic Discharging Conditions，" *Journal of Power Sources*，2022，524：231075.

［21］ 陈澎、裴元津：《C-NCAP 管理规则（2018 版）行人保护评价解读》，《时代汽车》2022 年第 20 期。

新车安全测评篇

中国道路交通事故（CIDAS）数据分析与应用研究

林淼　辛宁　岳冬梅　刘鹏*

摘　要： 本研究介绍了中国交通事故深入研究（CIDAS）项目的数据类型及其在标准法规、测评规程和行业安全研究等方面的应用。随着汽车技术的发展，CIDAS项目在事故调查与重建、数据平台、应用模型与系统层面进行了积极探索和升级，以适应未来交通时代对交通事故研究的需求。

关键词： CIDAS项目　交通事故　汽车安全技术

一　前言

2022年我国发生交通事故25.6万起，死亡6.06万人，受伤26.36万

---

* 林淼，中汽数据副总工程师，中国交通事故深入研究（CIDAS）负责人；辛宁，中汽数据有限公司工程师；岳冬梅，中汽数据有限公司工程师；刘鹏，中国汽车技术研究中心有限公司C-NCAP项目负责人。

人，事故直接财产损失 12.39 亿元，交通安全形势严峻。其中汽车交通事故占比最高，约占总事故量的 61.39%，其导致的死亡人数占比约为 69.24%，直接财产损失比高达 79.99%。提高汽车安全对道路交通整体安全具有重要意义。汽车安全技术源于真实交通事故，并最终需要在交通事故中去验证其有效性。① 了解真实的交通事故情况，是把握汽车安全技术和应用趋势，制定行业和企业发展规划的基础。后文将对中国交通事故深入研究（CIDAS）数据及其主要的分析和应用进行介绍。

二 中国交通事故深入研究（CIDAS）数据介绍

（一）中国交通事故深入研究（CIDAS）

中国交通事故深入研究（China In-Depth Accident Study，简称 CIDAS）项目是由中国汽车技术研究中心依托交管部门，联合企业共同参与，以抽样深入调查的方式针对中国交通事故开展深入调查、分析和研究的基础性研究工作。

CIDAS 以为相关政策标准制定、碰撞测试提供决策依据，为汽车主被动安全产品和技术的研发、测试、验证提供数据支撑为目标，于 2011 年启动，累计在 10 余个城市开展事故深入调查工作。调查信息包括事故现场信息、车辆损坏信息和人员损伤信息，调查时间覆盖 24 小时，调查区域包括东北、华中、西南等地，调查地形覆盖平原、丘陵、盆地和高原等，道路类型涵盖城市道路、高速公路、乡村道路、山区道路等，调查覆盖多种车型，目前年均事故调查 900 余起，采集事故总量已突破万起。

CIDAS 解决了中国汽车安全研究基础数据缺失的问题，开启了汽车安全研究的"数据通道"，吸引了汽车行业 30 余家企业和零部件商共同参与研究，研究范围主要包括交通事故理论、事故调查方法和调查标准、数据分析和标准应用研究、事故重建仿真技术研究、事故场景构建和应用研究、交通

---

① 文二霞：《推动中国交通事故研究生态建设——访中国汽车技术研究中心交通事故研究部部长林淼先生》，《AI 汽车制造业》2019 年第 18 期。

事故人体损伤机理研究、交通事故车辆安全性评价研究和交通事故预防策略研究等，持续引领推动中国交通事故研究生态建设。

（二）CIDAS 事故数据类型

CIDAS 事故数据包含调查数据和预碰撞场景数据。CIDAS 调查对标国际知名事故研究机构的调查技术规范，结合中国国情，依据事故调查原则开展。CIDAS 调查数据采用车辆碰撞信息读取工具（CDR）、3D 激光扫描测量工具和无人机等调查工具，通过现场调查和后事故现场调查（含监控视频或行车记录仪）的方式进行。其基本调查原则，一是所采集事故为至少 1 辆四轮机动车（乘用车、商用车）参与的事故；二是所采集事故数据应为至少 1 人伤亡的事故；三是采集前事故现场应为原始状态，未遭到破坏；四是非现场调查事故，需有监控视频，并配合无人机调查（2018 年 1 月 1 日起启用）。

CIDAS 调查数据涵盖事故前、中、后全阶段中，人、车、路和环境信息，单例事故包含 3000 余数据项和事故现场的痕迹信息标注、记录、事故过程图等信息。

基于 CIDAS 调查数据，通过事故重建，CIDAS 构建了国内最具规模的事故预碰撞场景库（Pre-Crash Matrix，简称 PCM），利用 PC-Crash 软件和 CAD 数字化软件，形成频率 100Hz、步长 0.01 秒的事故前 5 秒事故动态信息与静态信息。PCM 数据包括 PCM V2 数据和包含三维数字化场景的 PCM V5 数据。目前 PCM 数据支持 Open X 和 CarMaker 格式的转化，支持 PreScan 和 Despace 等格式的开发。同时，预碰撞事故场景数据可供主动安全技术有效性的评估、支持导入多款虚拟场景工具，进行智能驾驶场景研究和事故精细分析的需要。

三　CIDAS 事故数据应用

交通事故数据是汽车安全研究全生命周期中的重要环节，汽车安全研究来源于交通事故，并最终需要在交通事故中验证。CIDAS 数据广泛应用于标准法规预研、制修订、C-NCAP 规程更新、汽车产品研发、主动安全（ADAS）功能、智能驾驶测试和交通安全宣传教育、交通安全管理和事故预防等，为行业发展提供了重要支撑（见图 1）。

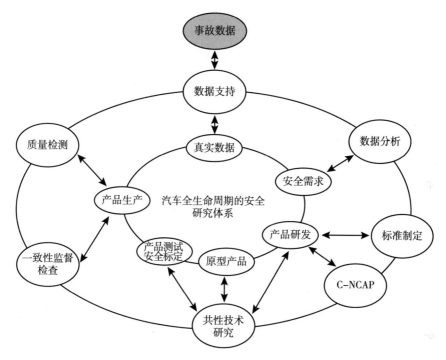

图 1 交通事故数据作用于汽车全生命周期

（一）在标准法规和测评规程方面的应用

在标准法规方面，CIDAS 数据支撑了《道路车辆　碰撞类型　术语》《汽车和挂车侧面及后下部防护要求》《汽车对行人的碰撞保护》《先进驾驶辅助系统（ADAS）标准制定路线图》《汽车侧面柱碰撞的乘员保护》《道路车辆　交通事故分析　第 1 部分：术语》《道路车辆　交通事故分析　第 2 部分　碰撞严重度测量方法使用指南》《道路车辆　评价乘员约束性能的事故数据收集》的制修订工作，为《乘用车自动紧急制动系统（AEBS）性能要求及试验方法》《商用车辆自动紧急制动系统（AEBS）性能要求及试验方法》和自动驾驶测试场景相关国际标准中的事故场景部分与多项标准的预研提供了基础数据支撑。

在测评规程方面，CIDAS 数据支撑了 C-NCAP 2012 版至 2024 版以及路线图中乘员保护、行人保护和主动安全三类评价项目相关研究工作，如行人保护评价参数、车辆自动紧急制动系统（AEB）测试工况、侧面碰撞评价参数、鞭打试验速度、后排假人得分权重的制定和调整、二轮车测试评价和 ADAS 系统功能评价等；在测试试验方面，支持了"非标准"碰撞测试场景相关参数设定和中国人员体征的碰撞假人开发工作。同时，CIDAS 事故场景的研究为智能驾驶虚拟测试评价提供了解决方案，并服务于自动驾驶测试示范区的场景设计。[①]

在交通安全管理方面，CIDAS 与公安部道路交通安全研究中心联合开发了商用车安全技术状况分析系统—整车运行安全数据分析软件及后台数据库系统，为商用车安全管理措施制订提供参考。此外，CIDAS 调查经验和分析成果还服务多地交管部门，并提出了具体的防治与管控举措。

（二）行业安全研究与安全技术推动的应用

多家企业和研究机构基于 CIDAS 数据分析事故特性，改进和验证其汽车安全技术。例如，中汽中心与天津大学采用 CIDAS 数据验证了面向广泛应用于智能网联汽车的先进驾驶辅助系统（ADAS）涵盖情形符合率、危险探测率、安全动作率等指标的 ADAS 系统安全有效性分析模型，得出符合我国实际交通情况的 ADAS 安全有效性评分；[②] 吉利汽车研究院针对乘用车碰撞行人事故、乘用车追尾事故、乘用车碰撞固定物等事故特性研究，研发改

---

① 林森：《基于 CIDAS 数据的汽车安全研究趋势分析》，搜狐网，https://www.sohu.com/a/342759558_601552。
② 孙航、孙悦、解瀚光：《基于 CIDAS 数据库的先进驾驶辅助系统安全效果研究》，《中国汽车》2019 年第 11 期。

进了相关车型对行人保护和车内乘员保护的汽车主被动安全相关技术；沃尔沃汽车基于 CIDAS 数据，研究乘用车与两轮车事故成因及典型场景，探究了自动紧急制动（AEB）系统在事故场景中的避障作用。① 中国大陆公司通过对汽车安全数据的分析与重建，研发并改进了更加符合中国市场需要的主动防碰撞系统控制策略并改善了相关零部件产品的性能特性，创造了良好的经济和社会效益。米其林公司基于汽车安全数据平台进行数据研究，提升了轮胎及相关产品的性能和可适性。

此外，CIDAS 数据还应用于自动驾驶汽车等新兴技术的研究和推广，如中汽中心联合同济大学、百度 Apollo 编制的《自动驾驶汽车交通安全白皮书》，根据 CIDAS 2011~2021 年 5664 起乘用车参与事故案例分析事故原因，深入自动驾驶的系统架构与技术底层，详细对比了人类驾驶与自动驾驶之间的差异，提出了自动驾驶比人类驾驶更为安全但非零事故的观点，结合事故案例分析了自动驾驶事故常见风险，助力自动驾驶行业安全发展。②

四　CIDAS 伴随 C-NCAP 发展

（一）CIDAS 与 C-NCAP 相伴发展

作为 C-NCAP 评价规程的事故数据源，CIDAS 项目自 2011 年启动，便持续在事故调查端、事故仿真端、数据库端和数据应用端，为 C-NCAP 乘员保护、行人保护和主动安全三大方向现阶段和未来发展需要提供全面、准确、客观的数据支撑，为 C-NCAP 基于中国实际道路交通事故特点，走出具有中国特色的发展道路提供有力支持（见图 2）。

1. 2012~2015年：蓬勃开局，建设初展

CIDAS 对标国际先进事故调查组织，快速完成了事故深度调查技术、调

---

① 张立存、苗强、耿冬冬：《乘用车与两轮车事故特征分析和目标识别因素研究》，《汽车技术》2020 年第 3 期。

② 《自动驾驶汽车交通安全白皮书》，Apollo 官网，https：//www.apollo.auto/means/document/drive/1474。

图 2　CIDAS 数据与 C-NCAP 测评内容

查区域布局和数据库的建设，承担了 C-NCAP 管理中心安全评价技术委员会中交通基础数据研究组的相关工作，为 C-NCAP 2012 版和 2015 版后排假人评价定量化、正面 40% 重叠可变形壁障碰撞试验速度变化、汽车电子稳定装置加分、汽车电子稳定装置加分值变化、胸部评价指标、鞭打测试评价分值的变化等方面提供了数据分析支持。

2. 2015~2018 年：探索发展，调查创新

CIDAS 在事故深入调查方式上不断探索创新，将无人机技术引入交通事故现场勘查，使用 360° 全景拍摄技术，解决了现场平面勘查的视角局限性等问题，使用监控视频，提高了事故深度调查效率，确保了数据精准性和重建的可信度，为 C-NCAP 2018 版行人保护板块绕转距离、碰撞速度和角度及基于损伤严重性加权，车辆自动紧急制动系统（AEB）中 VRU_ Ped、CCR 等测试工况相关参数，汽车电子稳定装置加分值变化和鞭打试验速度，后排假人得分权重提供了重要参考。

3. 2018 年至今：优化升级，不懈进取

随着汽车"新四化"趋势的发展，中汽中心设立了 CIDAS 的优化升级科研课题，围绕基于无人机+监控视频/行车记录仪的事故调查和重建、EDR 事故调查和研究应用、监控视频标定技术、新能源汽车事故调查、ADAS 系统事故调查、事故虚拟场景库建设、辅助驾驶系统事故形态和特

点、未来交通的乘员保护等方面，加快了 CIDAS 的发展步伐。主要为 C-NCAP 2021 版提供了正面碰撞不同重叠率、质量及车身结构下的车辆变形和人员损伤、乘用车碰撞二轮车事故的被动安全保护和主动防护测试场景的支撑，提供了 10 余类 ADAS 技术对应的事故形态分类和测试参数，为 C-NCAP 2024 版乘员保护板块的正面碰撞、侧面碰撞和翻滚事故特征，主动安全板块 LTAP、SCP 等场景的测试用例和事故相关特征系统地提供了分析。

（二）CIDAS 事故分析应用实例

为了对 CIDAS 事故数据分析建立一套完整的分析流程和体系，2019 年 8 月，CIDAS 管委会联合 CIDAS 成员单位、C-NCAP 专家成立 CIDAS 事故研究专家组（CIDAS Accident Study Expert Group，简称 ASEG）。目前该研究组和 C-NCAP 交通基础数据研究组共同开展了多项 C-NCAP 规程相关事故分析支撑性研究。以左转直行（Left-turn-across-path-from-opposite-direction，简称 LTAP/OD）事故场景研究[①]为例，左转直行事故是在中国道路交叉口最常见的事故场景之一，研究组基于中国深入事故研究（CIDAS 2011~2019 年）收集的 276 起事故，经过数据清洗与整合、个案核查和多次讨论，分析得出事故相关速度、伤害严重度等特征，并形成了典型事故场景，为 C-NCAP 测试用例提供参考。

经过综合考虑 C-NCAP 2024 测试场景 CCFT 充分参考并采纳了中国交通事故深度研究分析结果。

五　道路交通安全展望与挑战

CIDAS 至今已发展 13 年，将基于交通事故数据正向研究的理念植入了

---

① Chen Y., Buerger C., Lin M., et al., "Left-turn-across-path-from-opposite-direction Accidents in China: CIDAS Accident Study," *Transportation Safety and Environment*, 2023, 5 (4): tdac070.

标准制定者、汽车研发者的心中。未来的交通时代首先是安全的时代，面对当下辅助驾驶和自动驾驶汽车的快速发展，CIDAS 在事故调查与重建层面、数据平台层面和应用模型与系统层面开展了积极探索和系统的提升计划，以适应事故研究需要，更好地为决策提供科学依据。

事故调查与事故重建层面，在已有基础上，一是重点围绕道路事故抽样调查基础信息、道路环境关键要素、事故汽车自动驾驶辅助系统和事故电动汽车三电系统开展研究，目前事故样本代表性研究和汽车新技术事故调查已取得初步进展，形成系列化的深度调查规范标准及方案，并同步完善了调查项、编码手册和配套采集标注规范。二是提升事故重建能力，目前已形成三维场景与事故重建工具的耦合分析技术规范、基于车载电子数据的事故重建技术规范和多源数据融合的道路环境事故场景重建技术规范等关键技术规范，能够深度还原事故全过程，满足企业安全研发需要。

数据平台层面，积极打造中国汽车安全数据服务平台。在数据整合管理层，目前已实现 CIDAS 事故数据从采集、录入到使用的自动化和上云服务，下一步将继续对 CIDAS 数据、车型数据（基本数据、安全数据）以及监控/车载视频、语音、图像等非结构化数据进行整合，并实现与路网数据、车辆数据相关数据库的链接；在基础功能层，目前已实现数据查看、关联查询和导出等功能；下一步将在应用层，建设平台分析模块，实现满足不同的业务场景、不同分析规则的建模分析，为回归、分类、聚类、关联、神经网络等模型内置平台提供服务；进一步在数据展示层，实现以智能报表、专题报告、BI 展示、平台接口等多种方式的数据可视化展示和数据共享服务。

应用模型和系统层，目前已形成车辆事故场景数据化模型，未来将进一步建设车辆事故场景数据化模型、事故临界状态分析模型，推动多项研究成果落地，形成车辆事故研判分析系统、辅助/自动驾驶功能有效性评估系统、碰撞损伤预测系统、避险驾驶行为与人体损伤耦合系统等多套系统，推动交通安全发展。

参考文献

［1］ 文二霞：《推动中国交通事故研究生态建设——访中国汽车技术研究中心交通事故研究部部长林淼先生》，《AI 汽车制造业》2019 年第 18 期。

［2］ 林淼：《基于 CIDAS 数据的汽车安全研究趋势分析》，搜狐网，https：//www.sohu. com/a/342759558_ 601552。

［3］ 孙航、孙悦、解瀚光：《基于 CIDAS 数据库的先进驾驶辅助系统安全效果研究》，《中国汽车》2019 年第 11 期。

［4］ 张立存、苗强、耿冬冬：《乘用车与两轮车事故特征分析和目标识别因素研究》，《汽车技术》2020 年第 3 期。

［5］ 《自动驾驶汽车交通安全白皮书》，Apollo 官网，https：//www. apollo. auto/means/document/drive/1474。

［6］ Chen Y., Buerger C., Lin M., et al., "Left-turn-across-path-from-opposite-direction Accidents in China：CIDAS Accident Study," *Transportation Safety and Environment*, 2023，5（4）：tdac070.

成人乘员保护测评技术现状、数据分析与未来趋势研究

刘灿灿　朱海涛　王立民*

摘　要：　本研究介绍了成人乘员保护测评技术现状，通过测评数据分析了在不同碰撞工况下各车型对成人乘员的保护效果，最后介绍了测评技术的未来趋势。通过研究发现，C-NCAP（2021年版）规程促进了车辆被动安全性能的提升，通过规程两年的实施，各车型在成人乘员保护方面提升效果明显。在未来的成人乘员保护测评技术中，C-NCAP会朝着更符合中国实际道路交通、评价体系更全面的方向发展。

关键词：　被动安全　碰撞试验　成人乘员保护

一　前言

汽车作为日常出行工具，是影响和谐道路交通环境构建的基础。在车辆被动安全方面，如何有效地保护驾乘人员安全是各车企一直努力的方向。车辆对成人乘员的保护性能如何测评，现阶段各车型在成人乘员保护方面所处的水平以及测评技术未来的发展趋势如何，成为广受关注的焦点。

---

　* 刘灿灿，中汽研汽车检验中心（天津）有限公司工程师；朱海涛，中汽研汽车检验中心（天津）有限公司被动安全首席专家；王立民，中汽研汽车检验中心（天津）有限公司工程师。

二 测评技术现状

《C-NCAP 管理规则（2021 年版）》① 中乘员保护测评采用的碰撞项目包括正面 50%重叠移动渐进变形壁障（MPDB）碰撞试验、正面 100%重叠刚性壁障（FRB）碰撞试验、侧面可变形移动壁障（AE-MDB）碰撞试验（适用汽油车）和侧面柱（POLE）碰撞试验（适用新能源车）四项整车碰撞试验项目。试验后在假人伤害指标基础上，通过相应部位的罚分项进行修正，得到相应试验的最终得分。

在 MPDB 碰撞试验中，测评车辆与移动渐进变形壁障台车分别以 49~51km/h 的碰撞速度进行正面 50%重叠偏置对撞。在前排驾驶员和乘员位置分别放置一个 THOR 50th 男性假人和一个 HIII 5th 女性假人，在第二排座椅最左侧座位上放置一个 HIII 5th 女性假人，最右侧座位上放置一个 Q 系列 10 岁儿童假人。试验后通过测量移动台车前端渐变壁障的变形量，来评价车辆的碰撞兼容性（见图 1）。

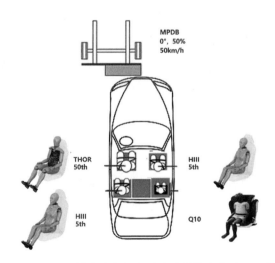

图 1　正面 50%重叠移动渐进变形壁障碰撞试验（2021 年版）

---

① 中国汽车技术研究中心有限公司：《C-NCAP 管理规则（2021 年版）》，2021。

在 FRB 碰撞试验中，测评车辆 100% 重叠正面冲击固定刚性壁障，碰撞速度为 50~51km/h。在前排驾驶员和乘员位置分别放置一个 HIII 50th 男性假人，在第二排座椅一侧座位上放置一个 HIII 5th 女性假人，另一侧座位上放置一个儿童约束系统和一个 Q 系列 3 岁儿童假人（见图 2）。

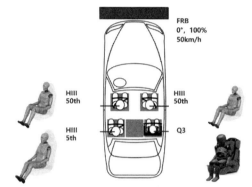

图 2　正面 100% 重叠刚性壁障碰撞试验（2021 年版）

在侧面 AE-MDB 碰撞试验中，移动台车前端加装可变形吸能壁障冲击试验车辆一侧，随机选择左侧或右侧为撞击侧。移动壁障行驶方向与试验车辆垂直，移动壁障中心线对准试验车辆 R 点向后 250 毫米位置，碰撞速度为 50~51km/h。在被撞击侧前排座椅位置和第二排座椅位置分别放置一个 WorldSID 50th 假人和一个 SID-IIs（D 版）假人，在非撞击侧前排座椅位置放置一个 ES-2 假人（见图 3）。

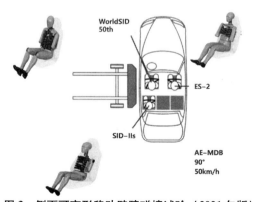

图 3　侧面可变形移动壁障碰撞试验（2021 年版）

在侧面柱碰撞试验中，滑动或驱动车辆横向至刚性柱，使得车辆驾驶员侧与刚性柱发生碰撞。碰撞速度方向与车辆纵向中心线之间应形成75°±3°的碰撞角。刚性柱表面中心线应对准假人头部重心，在与车辆运动方向垂直的平面上，距离碰撞基准线在±25毫米内。车辆的碰撞速度为31.5～32.5km/h。在前排驾驶员位置放置一个WorldSID 50th假人（见图4）。

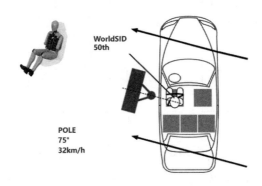

图4　侧面柱碰撞试验（2021年版）

三　测试数据分析

（一）正面50%重叠移动渐进变形壁障碰撞试验

按照《C-NCAP管理规则（2021年版）》要求，所有车型均需要进行MPDB碰撞试验，2023年测评车型乘员各部位平均得分率如图5所示。

图5表明，MPDB碰撞试验中乘员各部位得分率均较高，失分的部位主要集中在驾驶员胸部以及驾驶员小腿。

2023年测评的车型中，驾驶员胸部得分（满分4分）情况如图6所示。驾驶员胸部失分原因主要有以下两种。

一是安全带作用力。对于驾驶员位置的THOR假人，其胸部布置了左上、左下、右上、右下四个IR-TRACC传感器来测量胸部压缩量。安全带固定时会经过假人右上传感器的上方，碰撞发生后假人身体前倾，在安全带

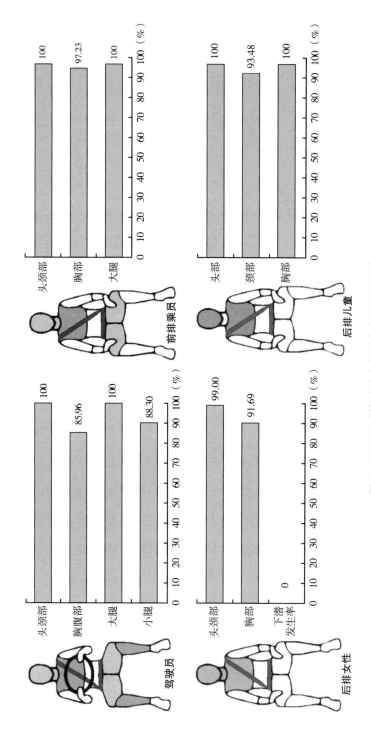

图 5 MPDB 碰撞试验中乘员各部位平均得分率

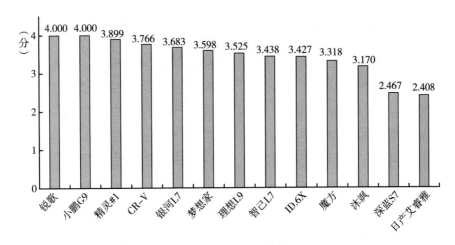

图 6　MPDB 碰撞试验中各车型驾驶员胸部得分

收紧力的作用下，胸部右上位置将产生最大位移量。[①]

胸部损伤与安全带作用力基本呈正相关性。安全带力增大时，其对胸部的作用力增强，导致胸部压缩量增大。

二是安全气囊特性。安全气囊的刚度会影响气囊作用在假人胸部的作用力，降低气囊刚度会减小气囊对胸部的压力，降低胸部损伤。另外，安全气囊的展开形态和展开时间等也会影响假人的胸部损伤，较好的展开形态可以使假人头部接触到气囊靠中心位置，正确的展开时间可以使假人在气囊充气较饱满的状态下接触，从而使气囊对假人起到较好的保护作用。

降低气囊刚度以及减小安全带作用力会在一定程度上减小驾驶员的胸部损伤，但可能导致较大的头部伤害，甚至带来头部击穿的风险。因此，针对不同车型需要综合考虑，权衡多种因素以达到最优的约束系统匹配效果。

2023 年测评的车型中，驾驶员小腿得分（满分 4 分）情况如图 7 所示。

驾驶员小腿失分原因主要有以下三种。

一是车辆前端刚度。车辆前端刚度较低时，碰撞产生的能量造成车辆前

[①]　杨佳璘、朱海涛、张向磊：《MPDB 试验碰撞强度及乘员损伤分析》，载《2020 中国汽车工程学会年会论文集》，2020。

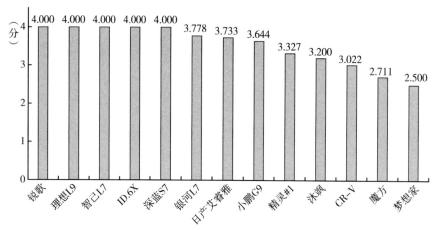

图7 MPDB碰撞试验中各车型驾驶员小腿得分

机舱出现较大的后向位移，车辆仪表板的后移会对向前移动的乘员小腿造成挤压，造成较大的小腿损伤。

二是脚部空间变形量。驾驶员的脚部空间变形较大甚至出现严重破裂时，会造成较大的脚部结构侵入量，从而对脚部产生较大的挤压力，严重时会造成假人崴脚，崴脚会造成小腿弯矩的增大从而造成较大的胫骨指数，增大小腿损伤。[①]

三是座椅及内饰件刚度。座椅刚度较低时，假人在碰撞发生后可能出现下潜现象或下潜趋势，从而造成大腿对小腿过度的向前向下的挤压，小腿轴向力增大，损伤增加。另外，小腿与前仪表板接触处内饰的刚度也会影响作用到假人小腿上力的大小。

（二）正面刚性壁障碰撞试验

按照《C-NCAP管理规则（2021年版）》要求，所有车型均需要进行正面刚性壁障碰撞试验，2023年测评车型的乘员各部位平均得分率如图8所示。

[①] 商恩义、岳国辉、刘珍海等：《偏置碰撞中驾驶员假人崴脚对小腿伤害影响的研究》，载《2014第十七届汽车安全技术学术会议论文集》，2014。

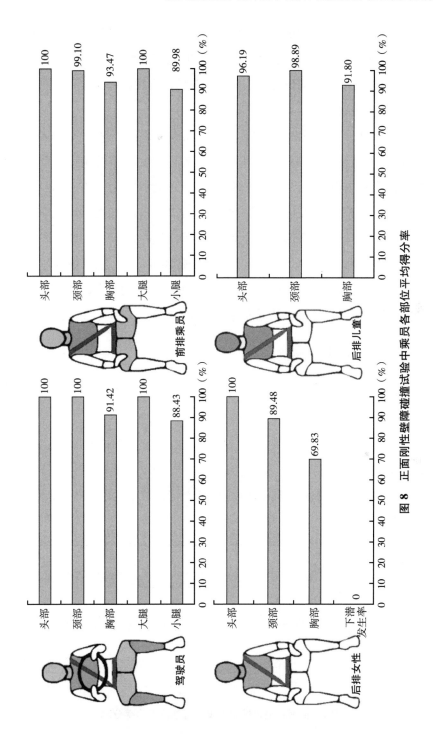

图 8 正面刚性壁障碰撞试验中乘员各部位平均得分率

在正面刚性壁障碰撞试验中，前排假人各部位得分率均较高，失分的部位和 MPDB 试验类似，集中在假人的胸部和小腿部位。

后排女性主要失分部位为假人胸部。与后排女性胸部损伤相关的主要是后排安全带和座椅，其相关影响有以下两个方面。

一是后排安全带作用力大则其作用在假人胸部的压力就大，对假人胸部造成的损伤也就大。但安全带作用力太小会造成假人较大的向前移动，严重的可能会撞到前排座椅而造成较大的头部伤害。2023 年测评的车型在正面刚性壁障碰撞试验中，后排女性均没有发生二次接触，平均的肩带作用力为 3.71kN。

二是后排座椅刚度会影响后排女性的运动姿态，当座椅刚度较低时，假人可能出现下潜或下潜趋势，从而导致安全带腰带上移，假人胸部与安全带之间出现松弛，假人向前移动距离增大。同时，假人的下潜趋势会造成安全带肩带的作用力点上提，胸部刚度降低，位移增大。

（三）侧面（柱）碰撞试验

按照《C-NCAP 管理规则（2021 年版）》要求，燃油车需要进行侧面壁障碰撞试验，新能源车辆需要进行侧面柱碰撞试验。

2023 年测评的车辆中有 2 款为燃油车，其在侧面壁障碰撞试验中表现优异，均为满分。

2023 年测评车辆在侧面柱碰撞试验中乘员各部位平均得分率如图 9 所示。

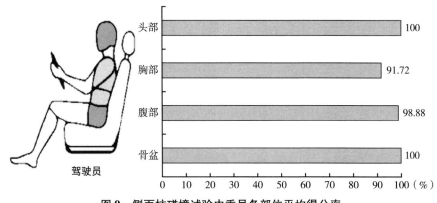

图 9　侧面柱碰撞试验中乘员各部位平均得分率

图9表明，在侧面柱碰撞试验中假人各部位平均得分率均较高，主要的失分部位出现在假人胸部。针对侧面柱碰撞，各车型在设计开发时需注意以下两个因素。

一是车辆侧围结构刚度会影响碰撞中车门的侵入量，较大的侵入量会增大对假人胸部的挤压，适当增强车辆侧围结构耐撞性可以减小车门侵入量，降低乘员损伤。[①]

二是侧面气囊刚度及展开形态、时间等也会对假人胸部造成影响，较好的侧面气囊匹配度能降低与假人胸部的接触速度，降低撞击乘员过程中的动量变化率，减小胸部损伤。同时，侧面气囊在展开过程中若没有有效向上推动假人手臂抬起，则易造成手臂对胸部的挤压而增大乘员胸部损伤。

（四）C-NCAP管理规则促进车辆被动安全性能提升

《C-NCAP管理规则（2021年版）》于2022年1月1日起正式实施，在其实施的两年时间内，各碰撞工况平均得分率如图10所示。

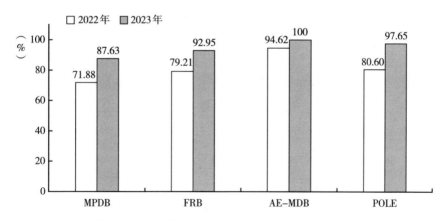

图10　2022年和2023年各碰撞工况平均得分率对比

---

① 王东阳：《某款轿车在侧面柱碰中车体耐撞性与乘员损伤的仿真分析》，硕士学位论文，兰州交通大学，2022。

对于《C-NCAP 管理规则（2021 年版）》新增加的 MPDB 工况以及侧面柱碰撞工况，2023 年的平均得分率相比 2022 年增长均超过 15 个百分点。正面碰撞平均得分率有较大差异，很大一部分原因在于儿童得分的差异。

对于 MPDB、正碰以及侧面柱碰撞工况中，其乘员主要失分部位的得分率如图 11 所示。

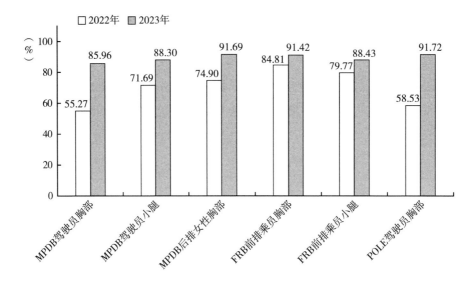

图 11　2022 年和 2023 年各工况主要失分部位得分率对比

2022 年作为 MPDB 碰撞试验实施的第一年，较多车型在乘员保护方面存在短板，具体表现为，驾驶员胸部表现一般，平均得分率仅为 55.27%；驾驶员小腿以及后排女性胸部表现欠佳，得分率为 70% 多。经过一年多的正式测评的推动，在 2023 年中各部位表现均比较优秀，驾驶员胸部、驾驶员小腿、后排女性胸部得分率均达到 85% 以上，提升效果明显。

对于正面刚性壁障碰撞试验，乘员的主要失分部位前排乘员胸部得分率由 2022 年的 84.81% 上升到 2023 年的 91.42%，前排乘员小腿得分率由 2022 年的 79.77% 上升到 2023 年的 88.43%。

对于侧面柱碰撞试验，驾驶员的主要失分部位为胸部。2022 年大部分车型的驾驶员胸部得分均较低，得分率仅为 58.53%，而 2023 年驾驶员胸部得分率上升到 91.72%，增长了 33.19 个百分点。

《C-NCAP 管理规则（2021 年版）》实施的两年里促进了车辆被动安全性能的提升，除了车辆结构的优化升级，其在被动安全装置配置率上的表现如图 12 所示。

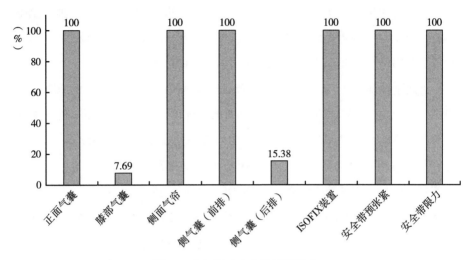

图 12　车辆被动安全装置配置率

各车型主要配置的有正面气囊、侧面气帘、侧面胸部保护气囊、ISOFIX 装置、安全带预张紧、安全带限力，但是对于侧面胸部保护气囊，前排的配置率达到了 100%，后排的配置率仅为 15.38%。后排侧面胸部保护气囊会在侧面碰撞工况中对后排乘员发挥作用，对于 2021 年版规程来说主要涉及侧面碰撞试验 AE-MDB，而 AE-MDB 中乘员得分率较高，侧面胸部保护气囊的保护作用体现不明显，但在严苛条件的侧面柱碰撞中由于没有考核后排乘员，车辆在后排侧面保护装置的配置上投入较少，这反映出大部分车型在被动安全装置配置时，仅参考了 C-NCAP 中会考核的乘员位置，而忽略了对其他位置乘员的全面保护。这也对 C-NCAP 的改版升级提出了更高的要求——不断更新更符合中国实际道路交通的碰撞工况，建立更科学、更全面的车辆安全评价体系。

四　测评未来趋势

　　MPDB 碰撞试验，计划在 2027 年版规程中引入中国特征化 MPDB 蜂窝壁障并进行应用。MPDB 蜂窝壁障是安装在 MPDB 移动台车前端，用于评价车辆碰撞兼容性的重要试验装备。中汽中心将根据中国车辆前端刚度特征开发新型 MPDB 蜂窝壁障并将其纳入 C-NCAP 规程中。

　　正面刚性壁障碰撞试验，计划在 2024 年版规程中将碰撞速度由 2021 年版的 50km/h 调整为 56km/h。调整 Q3 儿童假人评价方式，若使用前向安装的儿童约束系统，Q3 假人的胸部评分指标由原来的加速度替换为压缩量，若使用后向安装的儿童约束系统，则仍沿用原来的胸部加速度评价方法；计划在 2027 年版中，在刚性壁障前部安装 FWDB 蜂窝铝，进行相容性评价研究。

　　可变形移动壁障侧面碰撞试验，计划在 2024 年版规程中碰撞速度由 2021 年版的 50km/h 调整为 60km/h，可变形移动壁障由 AE-MDB 更新为 SC-MDB。SC-MDB 总质量为 1700±20kg，因此相比于 2021 版中 AE-MDB 工况，24 版 SC-MDB 工况的撞击动能提升近 75%，这些重要变更将对试验车辆的侧面结构设计提出更高的要求。SC-MDB 以中国市场上主流的 SUV 车型为研究对象，从车辆外观尺寸统计、车辆碰撞刚度分析等六个方面全新开发，可分为台车和蜂窝铝两部分（见图 13）。

图 13　SC-MDB 可变形移动壁障（台车+蜂窝铝）

SC-MDB 蜂窝壁障是根据中国实际交通事故和车辆特征正向开发的侧面碰撞壁障，外观尺寸为 600mm×1800mm×550mm，主要结构包含 6 块区域。如图 14 所示，其中区域 1、区域 3 对应车辆上边梁，区域 4、区域 6 对应车辆纵梁，这四块均为渐变刚度，区域 2、区域 5 为均一刚度，这种布置方式能更好地模拟车辆前端结构在碰撞过程中的变形情况。SC-MDB 蜂窝壁障整体刚度略大于 AE-MDB 蜂窝壁障。

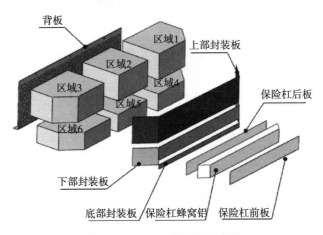

图 14 SC-MDB 蜂窝壁障结构

SC-MDB 台车是根据中国市面上典型的 SUV 平均尺寸开发。为了更加真实地模拟车对车碰撞场景，使被撞车辆的运动姿态接近真车碰撞，SC-MDB 台车根据中国常见车型的特点增加了独立悬架装置，是中国首款配置悬架的碰撞测试台车。在台车总重、重心高度、前后轴荷比、轴距和轮距方面，也参考了典型的 SUV 车辆的尺寸数据进行了正向设计，相比于其他碰撞台车更加符合中国实际情况。

SC-MDB 碰撞中心点位置调整为 R 点向后 200mm。移动台车左右侧随机撞击试验车辆一侧，在被撞击侧前排座椅位置和第二排座椅位置分别放置一个 WorldSID 50th 假人和一个 SID-IIs（D 版）假人，用以测评被撞击侧人员受伤害情况（见图 15）。

侧面柱碰撞试验，计划在 2024 年版规程中，在前排驾驶员位置放置一

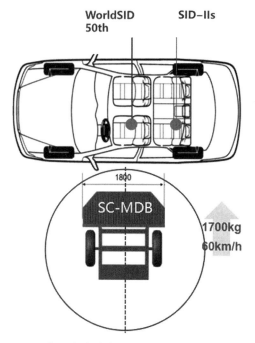

图15　可变形移动壁障侧面碰撞试验（2024 年版）

个 WorldSID 50th 假人，乘员位置放置 WorldSID 50th 假人或 ES–2re 假人，在驾驶员后方座位放置一个儿童约束系统和一个 Q 系列 3 岁儿童假人，用来进行评价（见图 16）。

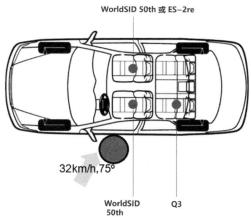

图16　侧面柱碰撞试验（2024 年版）

参考文献

［1］中国汽车技术研究中心有限公司：《C-NCAP 管理规则（2021 年版）》，2021。

［2］杨佳璘、朱海涛、张向磊：《MPDB 试验碰撞强度及乘员损伤分析》，载《2020 中国汽车工程学会年会论文集》，2020。

［3］商恩义、岳国辉、刘珍海等：《偏置碰撞中驾驶员假人崴脚对小腿伤害影响的研究》，载《2014 第十七届汽车安全技术学术会议论文集》，2014。

［4］王东阳：《某款轿车在侧面柱碰中车体耐撞性与乘员损伤的仿真分析》，硕士学位论文，兰州交通大学，2022。

儿童乘员保护测评技术现状、数据分析与未来趋势研究

徐哲　娄磊　刘灿灿*

摘　要： 本研究对《C-NCAP 管理规则（2021 年版）》中儿童保护板块的测评方法进行了总结，对 2023 年测评车型的儿童保护评价项目具体情况进行了统计分析，同时对未来的儿童保护规则进行了介绍和展望。在 2023 年测评车型中，儿童保护评价得分的总体情况有了很大提升，在动态评价中，两种碰撞工况的儿童假人总分均为 3 分以上（满分为 4 分），假人头部、颈部、胸部各部位的平均得分率均为 90% 以上；儿童座椅静态评价平均分为 2.69 分（满分为 3 分），平均得分率为 89.7%，与上年相比提高近10 个百分点，获得满分车型占比提高约 16 个百分点。下一版规则中将增加侧柱碰 Q3 儿童假人以及儿童遗忘提醒 CPD 的评估，儿童保护在乘员保护中的占比也将由 13% 提升至 15%。

关键词： 儿童乘员保护　动态评价　静态评价　CPD

一　儿童乘员保护测评技术现状

在《C-NCAP 管理规则（2021 年版）》中，儿童保护评价主要分为动

---

* 徐哲，中汽研汽车检验中心（天津）有限公司工程师；娄磊，中汽研汽车检验中心（天津）有限公司高级工程师，全国汽车标准化技术委员会客车分技术委员会（SAC/TC114/SC22）委员；刘灿灿，中汽研汽车检验中心（天津）有限公司工程师。

态评价和静态评价。动态评价部分为正面 100% 重叠刚性壁障碰撞试验中后排 Q3 儿童假人和正面 50% 重叠移动渐进变形壁障碰撞试验中后排 Q10 儿童假人的评价。两种儿童假人可以得到的最高分均为 4 分。静态评价最高分为 3 分，分为两部分：基于车辆的评估和儿童约束系统安装检查。因此，儿童保护评价总分为 11 分，在乘员保护评价中的比重为 13%。

（一）儿童保护动态评价

在正面 100% 重叠刚性壁障碰撞试验中，在安装条件允许的情况下，后排 Q3 儿童假人左右随机放置。在正面 50% 重叠移动渐进变形壁障碰撞试验中，后排 Q10 儿童假人放置在最右侧座位上。假人的评分部位为头部、颈部、胸部，每个部位最高得分分别为 2 分、1 分、1 分。对于头部，若儿童假人头部未发生二次碰撞，则使用头部累积 3ms 合成加速度计算得分；若假人头部发生二次接触，则取头部伤害指数（HIC_{15}）和头部累积 3ms 合成加速度中的较低分作为头部评分。颈部评分通过测量颈部张力 Fz 指标获得。胸部评分通过测量假人胸部累积 3ms 合成加速度指标获得。各损伤指标的高低性能值如表 1 所示。此外，对于 Q10 假人设立了修正项目，若腹部压强大于 1.2Bar，则假人总体罚 1 分；假人前移过程中，达到最大位移之前，若出现安全带勒脖子或滑落到肩部以下的情况，也罚 1 分（见表 1）。

表 1　假人损伤指标的高低性能值

部位	指标	高性能	低性能	得分	备注
头部	HIC_{15}	500	700	2	
	3ms 加速度/g	60	80		
颈部	Fz/N	1555	2840	1	
胸部	3ms 加速度/g	41	55	1	
腹部	压强/Bar	—	1.2	−1	仅适用于 Q10

考虑到车载约束系统和儿童座椅在儿童乘员保护中的重要意义，动态评价也设立了否决项。在碰撞过程中，若出现约束系统失效的情况，如安全带

解锁、ISOFIX 固定点断裂、内置式儿童约束系统部件脱落等情况，则该试验中儿童假人得分为 0 分。

（二）儿童保护静态评价

静态评价中基于车辆的评估最高得分为 2 分，儿童约束系统安装检查最高得分为 1 分。前提条件是车辆手册中需要以表格的形式清楚地说明在车辆中每个座椅位置上是否能够安装儿童约束系统的明确信息，以及适合安装 CRS 的类型。静态评价在碰撞试验前的整车上进行，车辆座椅位置、约束系统位置等均按照 C-NCAP 正面碰撞试验方法设定。基于车辆的评估要分别从安全带 CRS 适用性、ISOFIX CRS 适用性、大尺寸 CRS 适用性以及通讯功能四个方面进行评估检查，每个项目各占 0.5 分。安装检查则是根据车辆每个座位适用的儿童约束系统的情况，使用"静态评价用儿童约束系统产品清单"中的儿童约束系统产品在车辆中进行实际安装，检查安装的稳定性和便利性等性能。

二 儿童乘员保护试验数据分析

（一）动态试验数据分析

在 2023 年测评的车型中，Q3 和 Q10 两种儿童假人总分均高于 3 分。对于 Q3 假人来讲，获得满分的车型有 6 款，约占 46%；对于 Q10 假人，获得满分的车型为 9 款，约占 69%。两种假人各分数段分布情况如图 1 所示。

在测评车型中，Q3 儿童假人试验平均分为 3.83 分（满分 4 分），平均得分率为 95.8%，其中燃油车平均分为 3.70 分，平均得分率为 92.6%，新能源车平均分为 3.87 分，平均得分率为 97.6%。Q10 儿童假人试验平均分为 3.93 分（满分 4 分），平均得分率为 98.4%，其中燃油车平均分为 3.90 分，平均得分率为 97.6%，新能源车平均分为 3.94 分，平均得分率为 98.6%。各平均得分率情况如图 2 所示。从图 2 可以看出，新能源车型的平均得分率略高于燃油车。

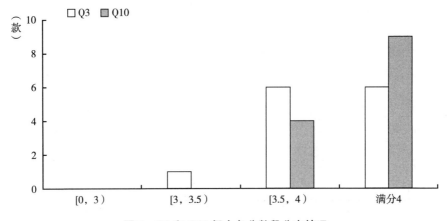

图 1　Q3 和 Q10 假人各分数段分布情况

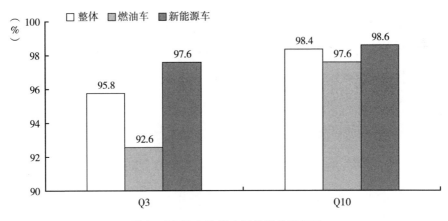

图 2　Q3 和 Q10 假人平均得分率情况

Q3 和 Q10 儿童假人伤害包括头部、颈部和胸部，对于 Q3 假人，各部位平均得分率均在 90% 以上，其中胸部平均得分率相对较低，为 91.8%；对于 Q10 假人，头部和胸部平均得分率均为 100%，颈部平均得分率为 98.9%。各部位损伤的平均得分率如图 3 所示。

在 2023 年测评车型的正面刚性壁障碰撞试验中，有 11 款车型使用后向安装的儿童约束系统，有 2 款车型使用前向安装的儿童约束系统，后向安装使用比例约为 85%。对后向安装 Q3 假人各部位损伤平均得分率与上年情况进行对比可以看出，后向安装对儿童假人颈部提供了非常好的保护效果，两

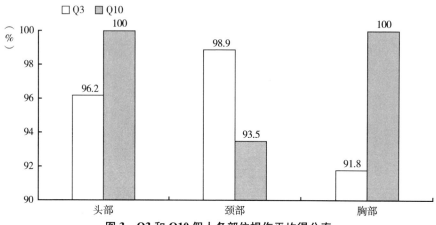

图 3　Q3 和 Q10 假人各部位损伤平均得分率

年的得分率均为 100%，头部和胸部的平均得分率较上年有了非常大的提升，头部提升 27.4 个百分点，胸部提升 38.5 个百分点，说明车辆在开发验证过程中对儿童乘员的保护越来越重视（见图 4）。当然，儿童座椅的后向安装并不一定适合所有的车型，其保护性能同时会受到车辆 OLC、车内空间、后排坐垫刚度以及儿童座椅本身性能等因素的影响。

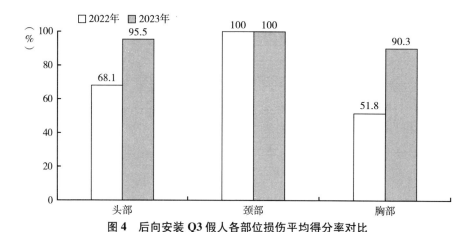

图 4　后向安装 Q3 假人各部位损伤平均得分率对比

在测评车型的正面刚性壁障碰撞试验中，不同的车型采用了不同安装方式的儿童约束系统进行试验，一共涉及 4 种安装方式，其数量分布如图 5 所示。对于"ISOFIX+上拉带"安装方式，头部和颈部的平均得分率均为100%，胸部平均得分率较低，仅为62.9%；对于"ISOFIX+支撑腿"安装方式，均为后向安装，头部平均得分率为83.5%，颈部为100%，胸部为90.8%；安全带安装方式是使用最多的，一般配合安全带点爆预紧，头部的平均得分率为100%，颈部为97.9%，胸部为94.0%；对于"安全带+ISOFIX+支撑腿"安装方式，其属于半通用类，不一定适配每种车型，其头部、颈部、胸部平均得分率均为100%，说明车辆和儿童约束系统进行了非常好的匹配，达到了很好的对儿童的保护效果。不同安装方式下Q3假人各部位损伤平均得分率对比情况如图6所示。

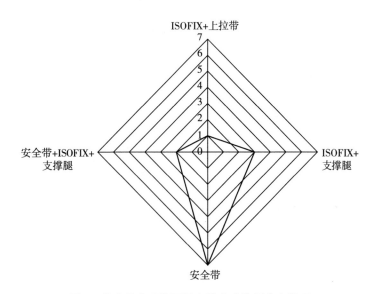

图5 儿童约束系统不同安装方式使用分布情况

（二）静态评价数据分析

在2023年测评车型中，儿童保护静态评价平均分为2.69分（满分为3分），平均得分率为89.7%，各分数段分布情况如图7所示。获得2分以下的车型为0款，获得2（含）~2.5分区间的车型有1款，获得2.5（含）~

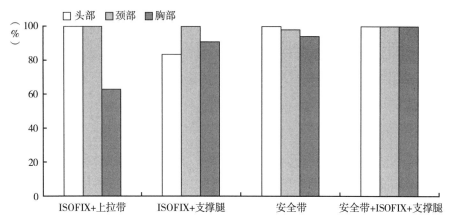

图 6 不同安装方式下 Q3 假人各部位损伤平均得分率对比

3 分区间的车型有 6 款，约占 46%，获得满分 3 分的车型也有 6 款，同样达到 46%。可见，获得 2.5 分及以上的车型占比 92%。相比上年而言，儿童静态评价的平均得分率提高近 10 个百分点，获得满分车型占比提高约 16 个百分点。由此可见，主机厂对于儿童静态评价的重视程度在逐渐提升，车辆在研发阶段便开始考虑车载约束系统和车身结构对 CRS 的匹配关系，提升车机系统与智能儿童座椅的通讯能力，有力推动了我国汽车产品在儿童约束系统适配性和安装便利性方面的性能提升。

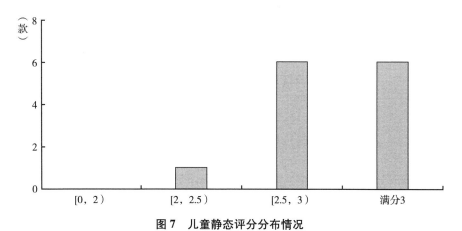

图 7 儿童静态评分分布情况

在基于车辆的评估的四个项目中，安全带适用性和大尺寸适用性均获得满分，得分率为100%，而ISOFIX适用性有1款车型获得0分，该项目得分率为92.3%，通讯功能有7款车型获得0分，得分率为46.2%，得分分布如图8所示。对于ISOFIX适用性失分的原因为ISOFIX标识盖板容易取下，不具有永久性；安全带适用性和大尺寸适用性均获得满分，说明车辆在设计时根据车内空间匹配了足够的安全带织带长度来满足各种安全带固定的儿童约束系统的安装，同时，测试车辆空间均可以满足大尺寸的儿童约束系统的安装；对于通讯功能，在评价的车型中，有54%的车型具有通讯功能，可见，目前约有一半以上的车型已经在开发车辆与儿童约束系统通讯，并投入量产车。该项目的失分原因一方面是车型没有配置该功能直接获得0分，另一方面是由于该功能的报警不符合要求，只有文字没有提示音，很可能使驾驶员忽视该报警信息。对于通讯功能是没有限定具体安全功能的，仅提出了大纲式的定性要求，这就要求企业在开发时应该从用户的角度出发，全方位思考，避免一些附加风险的发生。通讯功能的核心目的就是要将儿童的危险或异常情况及时、准确地送达车辆驾驶人。

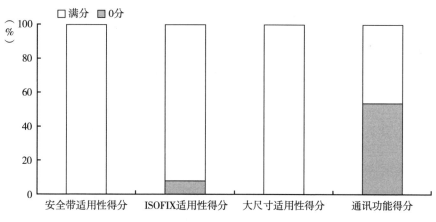

图8 基于车辆评估得分率情况

对于儿童约束系统的安装检查，本次评价的车型均获得满分，得分率为100%。与上年相比，安装检查的得分率提升13个百分点，说明评价车型在设计时考虑了不同组别的安全带固定和 ISOFIX 固定的儿童约束系统的安装的可行性、稳定性和便利性。

三 儿童乘员保护测评技术未来趋势

在《C-NCAP 管理规则（2024 年版）》中，儿童乘员保护部分有一些新的变化，对儿童乘员的评价也更加全面，主要包括动态评价、静态评价以及加分项目儿童遗忘提醒 CPD 的考核。动态评价可获得的最高得分为 12 分，静态评价为 3 分，CPD 为 2 分，则儿童乘员保护最高可获得的总分为 17 分，占乘员保护板块的比重为 15%，与 2021 版规则相比，其占比提升 2 个百分点，体现了 C-NCAP 对儿童乘员保护的重视。

在动态评价中，正面 100%重叠刚性壁障碰撞试验速度提升至 56km/h，对儿童保护性能提出了更高的要求，同时还增加了侧柱碰试验工况，在第二排碰撞侧放置一个 Q3 儿童假人，其使用的儿童约束系统的型号和安装方式与正面 100%重叠刚性壁障碰撞试验相同。三种碰撞工况下儿童假人的最高得分均为 4 分，假人各部位损伤指标限值以及得分情况如表 2 所示。

表 2　假人各部位损伤指标限值和得分

部位	指标	FRB-Q3	MPDB-Q10	SP-Q3	得分	备注
头部	HIC_{15}	500~700			2	不发生接触时,仅使用头部 3ms 计算分数;发生接触时,两个指标同时计算,取较低分数
	3ms 加速度/g	60~80				
颈部	Fz/N	1555~2840		×	1	Fr 为颈部 XYZ 三向力矢量合成
	合成力 Fr/N	×		<2600		
胸部	3ms 加速度/g	41~55		<67	1	FRB-Q3,前向 CRS 评价压缩量,后向 CRS 评价加速度
	压缩量/mm	30~42	×	×		
腹部	压强/Bar	×	1.2	×	-1	MPDB-Q10 下潜扣分

对于静态评价来讲，儿童约束系统产品的更新换代将会全面更新"静态评价用儿童约束系统产品清单"，清单中覆盖整体式和非整体式、安全带固定和 ISOFIX 固定、前向安装和后向安装以及不同尺寸类别的儿童约束系统，来更加全面地评估车辆对于儿童约束系统的安装稳定性和便利性。

针对儿童遗忘提醒 CPD 测评，无论间接感应系统还是直接感应系统，在 C-NCAP 2024 版规程中均可获得相应分数。其中，间接感应需要通过现场试验的方式参与测评，具体包括三个测试场景，共八个测试用例，每个测试用例均分配了对应分值，直接感应则采用资料审查的方式进行。该功能要求探测系统应具有感知 6 岁及以下儿童的能力，感知范围应至少包括二排座椅。系统可为用户提供临时停用或长期停用功能，但是如果具备该功能，还需符合一些附加要求。对于警告的要求，报警信号的形式应是来自车外的视听信号，信号应该是独特的。系统也可为用户提供延迟警告功能，实际适用场景是在加油站或卫生间时，可短时间将儿童留在车内。

儿童遗忘提醒功能的核心就是儿童存在探测，考虑到这是国内首次引入该功能项目，因此相比 Euro NCAP 在技术要求和测试场景方面都更容易一些，先解决"从无到有"的问题，但是比目前美国行业联盟自愿安装的后排乘员探测系统的要求还是略高的。未来，随着技术的进步发展，会向识别精度更高、误报率更低的直接感应倾斜。

参考文献

［1］中国汽车技术研究中心有限公司：《C-NCAP 管理规则（2021 年版）》，2021。

［2］娄磊、田子、徐哲：《儿童滞留探测技术现状和 C-NCAP 测评方法研究》，载《第 26 届汽车安全技术国际学术会议论文摘要集》，2023。

鞭打测评技术现状、数据分析与未来趋势研究

娄 磊 张爱法 陈 洋*

摘 要： 驾驶员座椅鞭打试验于 2012 年导入 C-NCAP 测评规程中，经历了多次改版升级，产品性能不断提升，目前已趋于稳定状态。2021 年鞭打试验扩展到二排座椅，目前产品还处于性能上升期。本研究介绍了 C-NCAP 2021 版鞭打试验测评方法，统计分析了 2023 年全年 C-NCAP 正式测评结果，展望了鞭打测评项目未来的发展方向，以期为企业的产品定位、开发目标、开发依据提供参考。

关键词： 鞭打试验 颈部伤害 C-NCAP

一 鞭打测评方法

鞭打试验于 2012 年被正式导入 C-NCAP 的评价管理规程中，是乘员保护部分重要的评价项目之一，主要考察头枕和座椅总成在低速追尾碰撞过程

---

* 娄磊，中汽研汽车检验中心（天津）有限公司高级工程师，全国汽车标准化技术委员会客车分技术委员会（SAC/TC114/SC22）委员；张爱法，中汽研汽车检验中心（天津）有限公司工程师；陈洋，中汽研汽车检验中心（天津）有限公司工程师。

中对人体颈部的保护性能。[①] 随着产品技术和测试技术的发展，鞭打测评方法也在逐步改版升级，2012 版首次开始对驾驶员座椅进行测评，2015 版调整了评价算分方法，2018 版将试验速度从 16kph 提升到 20kph，2021 版增加了后排座椅的测评。

现行的 C-NCAP 2021 版鞭打试验中，包括前排驾驶员座椅的测评和二排外侧座椅（左右随机）的测评。[②] 其中前排驾驶员座椅的测评方法与 2018 版相同没有变化，而二排座椅的测评为新增项目。二排座椅鞭打试验方法采用滑台碰撞试验，碰撞波形与驾驶员座椅鞭打波形相同（见图 1）。

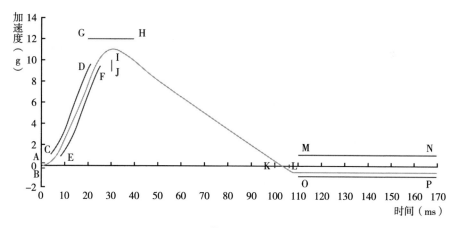

图 1　鞭打试验波形

试验使用 BioRID-II 型假人，假人测量通道包括头部质心加速度、颈部 T1 加速度、上颈部剪切力 Fx、上颈部轴向力 Fz、上颈部弯矩 My、下颈部剪切力 Fx、下颈部轴向力 Fz、下颈部弯矩 My。除假人测量通道外，还有动态冲击过程中的靠背动态张角和滑轨动态位移，作为罚分项被纳入评价体

①　张爱法、娄磊、陈洋：《二排鞭打测试数据统计与相关性分析》，《汽车工程》2023 年第 3 期；杨运生、张晓龙、娄磊：《基于台车试验的不同国家鞭打试验评价体系的相关性》，《汽车安全与节能学报》2012 年第 2 期。
②　中国汽车技术研究中心有限公司：《C-NCAP 管理规则（2021 年版）》，2021。

系。此外，在座椅静态测量中，如果出现头枕过于靠前干涉头部空间的情况也会出现罚分。对于驾驶员座椅假人颈部伤害指标 NIC 占 2 分，上颈部载荷占 1.5 分，取三项评价指标的最低分，下颈部载荷 1.5 分，取三项评价指标的最低分，如果动态冲击过程中座椅靠背动态张角大于或等于 25.5°则扣 2 分，滑轨动态位移大于或等于 20 毫米则扣 5 分。若静态测量过程中，出现头枕干涉头部空间的情况则扣 2 分。鞭打试验总成绩最低为 0 分，不会因为罚分而获得负分。对于二排座椅鞭打成绩，其总分和每个伤害指标、罚分项的分值均为驾驶员座椅的 0.4 倍（见表 1）。

表 1　鞭打试验评分

单位：分

指标		高性能限值	低性能限值	驾驶员座椅得分	二排座椅得分
部位	NIC	$8m^2/s^2$	$30m^2/s^2$	2	0.8
	上颈部 Fx+	340N	730N	1.5	0.6
	上颈部 Fz+	475N	1130N		
	上颈部 My	12N·m	40N·m		
	下颈部 Fx+	340N	730N	1.5	0.6
	下颈部 Fz+	257N	1480N		
	下颈部 My	12N·m	40N·m		
罚分项	座椅靠背动态张角	≥25.5°		−2	−0.8
	头枕干涉头部空间	Y		−2	−0.8
	座椅滑轨动态位移	≥20mm		−5	−2
座椅总分				5	2

　　试验中，第二排座椅的调整除了以下两点之外，基本与驾驶员座椅的方法相同：一是座椅靠背位置采用设计躯干角角度，二是头枕高度采用最高位置。假人定位方法与驾驶员位置假人定位的差异包括骨盆角度采用座椅躯干角+1.5°，头顶平台角和头后间隙根据躯干角角度有不同目标值，当设计躯干角≤28°时，头顶平台角 0°，头后间隙为 HRMD 参考头后间隙+15mm；当设计躯干角>28°时，头顶平台角后倾角度=躯干角−28°，头后间隙为 HRMD 参考头后间隙+15mm−203sin（躯干角−28°）。

二 C-NCAP 2023年数据统计分析

在 C-NCAP 2021 版中，鞭打测评项目在乘员保护板块中占 7 分，驾驶员座椅占 5 分，乘员座椅占 2 分。2023 年截至目前，已公开发布测评车型 13 款，驾驶员座椅平均得分为 4.2 分，平均得分率为 84%，与 2022 年 23 款车型（不含皮卡）的平均结果基本持平；二排座椅平均得分为 1.4 分，平均得分率为 72%，相比 2022 年上升 0.2 分。鞭打试验得分率分布如图 2 所示，驾驶员座椅得分率都在 60%～100% 区间，占比最大的区间是 80%～90% 得分率；二排座椅得分率主要在 50%～100% 区间，分布比较均匀，最低得分率为 39%。而 2022 年二排座椅鞭打得分率大致均匀分布在 0～100%，最低为 3%，相比上年，二排座椅鞭打结果有显著提升，但是仍未达到驾驶员座椅的水平。

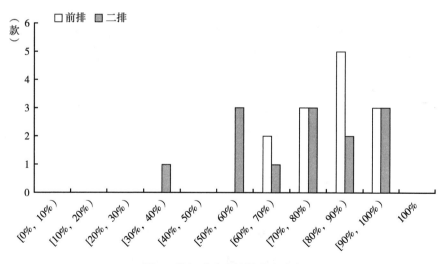

图 2 鞭打试验座椅得分率分布

对于驾驶员座椅，2021 版沿用了 2018 版的测评方法，从历年平均得分率来看，自 2018 版提速后，随着产品不断应对提速工况，鞭打性能呈逐步提升趋势，近三年维持在83%（2021年）、85%（2022年）、84%（2023年）（见图3）。由此可见，产品达到了一个相对稳定的水平，继续提升可能导致成本的过度上涨，同时这也是目前企业平衡舒适性和鞭打保护性的最佳契合点。

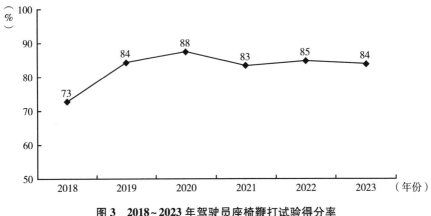

图3　2018~2023年驾驶员座椅鞭打试验得分率

鞭打试验评价的假人伤害指标有7项，包括NIC、上颈部Fx、上颈部Fz、上颈部My、下颈部Fx、下颈部Fz、下颈部My。2023年评价数据中，各个指标的平均得分率情况如图4所示，其中驾驶员座椅主要失分项依然是NIC指标，平均得分率为69%，其次是上颈部My，平均得分率为90%，其他指标失分很少，这都与上年的情况相似。对于二排座椅，NIC同样是失分最严重的指标，平均得分率为53%，相比于上年的33%有明显提高；上颈部Fz平均得分率85%也是较为严重的失分项，但相比上年也提升了17个百分点（见图5）。

颈部伤害指标NIC始终是鞭打试验中主要的失分指标，目前驾驶员座椅的NIC基本可以控制到20以下，2023年NIC值没有低于8而获得指标满分的情况（见图6），而上年有2例达到8以下。二排座椅的NIC值结果比驾驶员座椅略差，但也都控制到28以下，最高值为27.35m²/s²，相比上年最高值40.64m²/s²降低了33%。

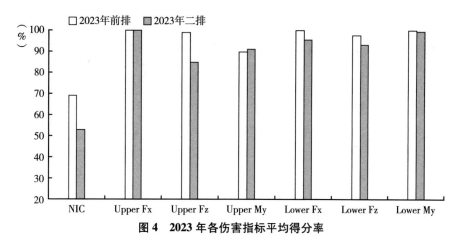

图4　2023年各伤害指标平均得分率

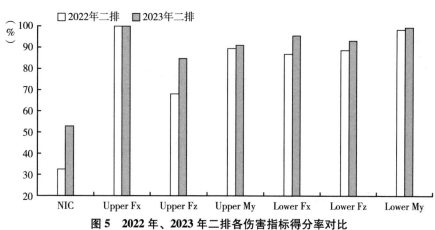

图5　2022年、2023年二排各伤害指标得分率对比

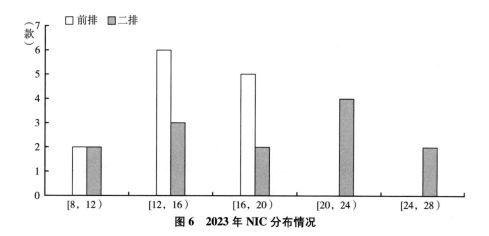

图6　2023年NIC分布情况

在 3 个罚分项中，2023 年度均没有发生罚分。座椅靠背动态张角分布情况如图 7 所示，二排座椅适用该罚分项的产品有 2 款，驾驶员座椅靠背动态张角平均值为 14.4°，分布也集中在 12°~16°区间。

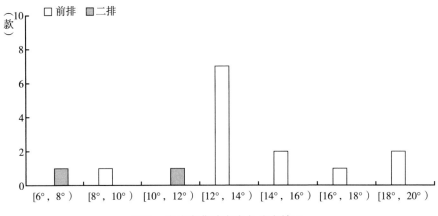

图 7　座椅靠背动态张角分布情况

三　未来发展方向

目前 C-NCAP 2024 版的修订工作已接近尾声，鞭打试验测评项目也进行了一定的改版升级。

对于驾驶员座椅，主要变化在试验时座椅的靠背角度由原来的 25°变为设计躯干角，相应的 BioRID 假人定位的骨盆角由 26.5°变为设计躯干角+1.5°。

对于二排座椅，主要变化在于试验条件，原版中采用座椅工装进行鞭打试验，主要考核了座椅及其头枕在低速后碰中对颈部的保护性能，而忽略了实际追尾事故中可能出现的头部撞击车辆顶棚等内饰的情况，而这些撞击也会对乘员头颈部造成损伤，因此在 2024 改版中将试验环境进行合理化修改。对于头部撞击顶棚风险低的车型，继续采用座椅工装的方法进行试验；而如果头部撞击顶棚风险较高，则需要采用带顶棚内饰等部件的白车身进行鞭打试验。

判断头部与顶棚撞击风险的条件有两个：一是企业提供物理试验或CAE仿真的结果，证明鞭打试验工况中头部只会与座椅和头枕接触，不会碰撞其他车辆内饰；二是头枕上方区域的顶棚或内饰的最低点比 HRMD 头顶最高点还高出 20 毫米以上。两个条件同时满足，则认为头部撞击顶棚风险低，若有一条不满足，则认为头部撞击顶棚风险较高，需要采用白车身进行鞭打试验。如果采用白车身进行鞭打试验，且在试验中出现假人头部与顶棚的碰撞或接触，则假人伤害评价项中需追加上、下颈部的负向剪切力 Fx- 和负向轴向力 Fz- 作为罚分项。如表 2 所示，若上颈部 Fx-≤-730N 或上颈部 Fz-≤-1130N，则上颈部部位得分清零；若下颈部 Fx-≤-730N 或下颈部 Fz-≤-1480N，则下颈部部位得分清零。

表 2 C-NCAP 2024 版鞭打试验评分

单位：分

指标			高性能限值	低性能限值	得分	鞭打试验得分
驾驶员座椅	部位	NIC	$8m^2/s^2$	$30m^2/s^2$	2	0~5
		上颈部 Fx+	340N	730N	1.5	
		上颈部 Fz+	475N	1130N		
		上颈部 My	12N·m	40N·m		
		下颈部 Fx+	340N	730N	1.5	
		下颈部 Fz+	257N	1480N		
		下颈部 My	12N·m	40N·m		
	罚分项	座椅靠背动态张角	≥(0.04×ΔX-14.5)°		-2	
		头枕干涉头部空间	Y		-2	
		座椅滑轨动态位移	≥20mm		-5	
第二排座椅	部位	NIC	$8m^2/s^2$	$30m^2/s^2$	0.8	0~2
		上颈部 Fx+	340N	730N	0.6	
		上颈部 Fz+	475N	1130N		
		上颈部 My	12N·m	40N·m		
		下颈部 Fx+	340N	730N	0.6	
		颈部 Fz+	257N	1480N		
		下颈部 My	12N·m	40N·m		

续表

指标			高性能限值	低性能限值	得分	鞭打试验得分
第二排座椅	罚分项	上颈部 Fx-	≤-730N		上颈部得分为0	0~2
		上颈部 Fz-	≤-1130N		上颈部得分为0	
		下颈部 Fx-	≤-730N		下颈部得分为0	
		下颈部 Fz-	≤-1480N		下颈部得分为0	
		座椅靠背动态张角	≥(0.04×ΔX-14.5)°		-0.8	
		头枕干涉头部空间	Y		-0.8	
		座椅滑轨动态位移	≥20mm		-2	

另外一点主要变化是罚分项动态靠背张角的罚分限值，从原来固定的25.5°调整为与车内空间相关的变量。该限值与试验座椅 H 点和其后方座椅 H 点的 X 向距离（ΔX）有关，计算方法为 0.04×ΔX-14.5°，其中 ΔX 单位为毫米。例如，若驾驶员座椅与二排左侧乘员座椅 H 点的前后方向距离 ΔX=800 毫米，则该限值将为 17.5°。因此，对于空间较小的车型，更需注意提高靠背刚度以控制试验中的张角。

后续，鞭打试验测评方法会依据产品性能现状、事故统计数据、交通环境变化不断地调整升级，以保证测评方法的科学性、合理性、先进性。随着辅助驾驶、自动驾驶技术发展，10 万元以上新车的 AEB 装配率已接近100%，交通环境中势必存在一个较长的有无辅助驾驶车辆混行的阶段，AEB 在降低前方碰撞其他车辆的同时，会提高后方被追尾的风险。在先AEB 制动再被追尾的事故中，制动导致乘员前倾，会加重追尾中颈部伤害的程度和风险。如何在试验室条件中复现此类事故，测评车辆在此类事故中的安全性能，将是下一步的重点研究方向。

参考文献

［1］张爱法、娄磊、陈洋：《二排鞭打测试数据统计与相关性分析》，《汽车工程》

2023 年第 3 期。

［2］杨运生、张晓龙、娄磊：《基于台车试验的不同国家鞭打试验评价体系的相关性》，《汽车安全与节能学报》2012 年第 2 期。

［3］中国汽车技术研究中心有限公司：《C-NCAP 管理规则（2021 年版）》，2021。

ADAS 测评技术现状、数据分析与未来趋势研究

邹博维　张　诚　赵士舒　张　帅*

摘　要：　近年来，车辆 ADAS 功能装配率不断提高，自动紧急制动系统（AEB）、车道保持系统（LKA）等已成为市场主流车型标配，相关功能的技术迭代不断加快，对测评技术的发展提出了更高要求。本研究基于 2023 年 C-NCAP 2021 版主动安全正式评价的 13 款车型，阐述了 ADAS 系统技术方案和测评技术现状，统计并横向对比了各车型测评成绩，并对后续测试发展路线进行了展望。

关键词：　ADAS 系统技术方案　测评技术现状　主动安全测试　测评成绩统计　测评发展路线图

一　ADAS 系统技术方案现状

目前，由雷达和视觉传感器组合的技术方案最普遍。视觉传感器受光照和天气等环境因素影响较大，难以获取速度和距离等信息。雷达主要包括激光雷达、毫米波雷达、超声波雷达等，受环境因素影响较小，但存在激光雷

---

* 邹博维，中汽研汽车检验中心（天津）有限公司智能网联试验研究部部长；张诚，中汽研汽车检验中心（天津）有限公司智能驾驶室主任；赵士舒，中汽研汽车检验中心（天津）有限公司工程师；张帅，中汽研汽车检验中心（天津）有限公司主动安全业务主管。

达价格高、毫米波雷达对金属敏感、超声波雷达探测距离短且受温度影响等缺点。因此，多传感器融合方案具有较大优势。

对 2023 年进行 C-NCAP 2021 版主动安全正式评价的 13 款车型配置信息进行统计：1 款车型吉利银河 L7 采用了纯视觉方案，其余 12 款车型均采用了"视觉摄像头+雷达"方案。视觉传感器配置方面，所有车型均采用前视摄像头方案，其中智己 L7 和小鹏 G9 搭载了双目摄像头，其余车型摄像头为单目。在所有搭载雷达的 12 款车型中，全部车型均搭载了 1 个前向长距离毫米波雷达，仅 1 款车型理想 L9 额外搭载了激光雷达。在短距离毫米波雷达和超声波雷达配置方面，13 款车型由于市场定位不同而存在不同程度的差异。

在 AEB 和 LKA 系统解决方案供应商方面，国产方案市场竞争力逐渐增强，13 款车型中有 5 款的供应商为国内厂家，分别为德赛西威（2 款车型）、经纬恒润、上海创时和广达电脑。其余车型供应商主要为博世、汉拿科锐动、大陆、维宁尔等国外厂家。

二 ADAS 测评技术现状

目前 ADAS 测评仍以封闭场地测试的形式开展，虽然测试场景要素进一步扩充，可以覆盖更多的交通事故形态，但进一步缩小了封闭场地测试结果与实际道路表现的差异。中汽中心于 2023 年 9 月发布了《C-NCAP 管理规则（2024 年版）征求意见稿》，通过深入分析中国道路交通事故数据并进行测试场景构建，主动安全测试内容变动较大，测评涵盖的 ADAS 功能更加丰富。C-NCAP 2024 版与 2021 版主动安全部分的测试项目对比如表 1 所示。

表 1　C-NCAP 2024 版与 2021 版主动安全测试项目对比

测试场景		测试项目		具体差异
		C-NCAP 2024	C-NCAP 2021	
评价项目	AEB C2C	CCRs	CCRs	优化测试速度点
		—	CCRm	删除场景
		CCRH	—	新增，高速追尾场景

续表

测试项目			具体差异
测试场景	C-NCAP 2024	C-NCAP 2021	
AEB C2C	SCP	—	新增，车辆横穿场景
	SCPO	—	新增，含遮挡车辆横穿场景
	CCFT	—	新增，车辆转向场景
AEB VRU_Ped	CPNCO	CPNA	改为儿童目标物，增加遮挡
	CPFAO（含夜间）	CPFA（含夜间）	增加遮挡
	CPLA（含夜间）	CPLA（含夜间）	增加对向近光灯干扰
	CPTA	—	新增，车辆转向场景
AEB VRU_TW	CBNAO	CBNA	改为中国特征目标物，增加遮挡
	CSFAO	CSFA	增加遮挡
	CBLA	CBLA	改为中国特征目标物
	CSTA	—	新增，车辆转向场景
LSS	LKA	LKA	优化测试速度点
	ELK	—	新增，紧急车道保持场景
AEB 误作用	共 10 个场景	—	新增，行业反馈热点场景
DMS	疲劳+分心	—	新增，驾驶员监控系统
审核项目	LDW	LDW	增加弯道偏离场景
	BSD	BSD	优化测试点
	ISLS	SAS	参考国标，优化测试场景
	DOW	—	新增，开门警示系统
	RCTA	—	新增，后方交通穿行提示系统
	TSR	—	新增，交通标志识别系统

注：表中"评价项目"为第一大行分类。

C-NCAP 2024 版规程代表了中国 ADAS 测评技术的现状。由上述差异对比可以得出如下特征。

一是新版规程的测试场景复杂程度明显增加，普遍增加遮挡物或对向近光灯等干扰因素，对系统识别能力提出了更高要求。

二是增加了车辆转向等交叉口测试场景，对测试方案设计、测试精度控制和测试通信覆盖质量等提出了更高要求。

三是新增使用了中国特征电动自行车目标物，其他类型目标物也在同步开发过程中，使测试场景更加符合中国道路特征。

四是增加了 AEB 误作用测试，标志着 ADAS 测试开始将更多功能鲁棒性要求纳入评价范围。

五是增加 CCRH、DOW、RCTA、TSR 等测试场景，覆盖 C-V2X、侧向、后向等多角度功能，测评内容与时俱进，测试维度更加全面。

综上，C-NCAP 的 ADAS 测评技术已实现对中国道路主流事故场景的有效覆盖，并持续朝着更真实、更全面、更注重稳定性的方向发展。

三　2023年 C-NCAP 2021版正式评价车型成绩对比分析

本研究基于 2023 年进行 C-NCAP 2021 版主动安全正式评价的 13 款车型配置信息进行统计：最高总得分率为 98.83%，最低总得分率为 82.79%，平均总得分率达到了 93.47%，市场车型搭载的 ADAS 系统性能得到了普遍提升。各车型的总得分率情况如图 1 所示。

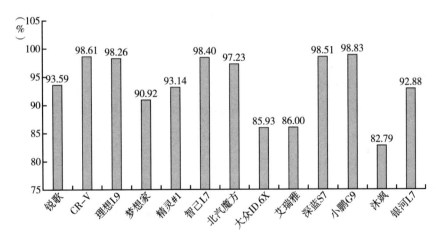

图 1　2023 年 13 款 C-NCAP 正式评价车型主动安全总得分率统计

（一）正式评价项目得分率情况分析

C-NCAP 2021 版主动安全正式评价项目包括 AEB CCR、AEB_ VRU、LKA 和 HMI。各场景的平均得分率情况如图 2 所示。经统计，仅 CCRs、CPLA 夜晚、CSFA 和 HMI 项目得分率低于 97%，其中 CSFA 场景平均得分率最低，试验车型在该场景下表现相对较差。

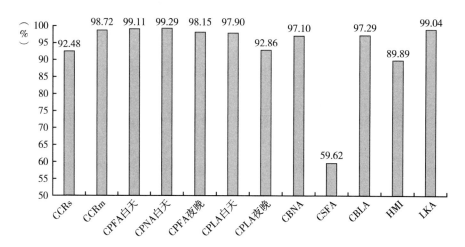

图 2　2023 年 13 款 C-NCAP 正式评价车型主动安全项目平均得分率统计

在 CCRs 场景中，1 款车型得到满分，最低得分率为 80.41%，失分普遍集中在高速度点测试；在 CPLA 夜晚场景中，6 款车型得到满分，共计 3 款车型拿到最低得分率 78.57%，失分测试点较为固定；在 CSFA 场景中，车型得分率分化严重，6 款车型得到满分，4 款车型未得分；在 HMI 测试中，1 款车型配备了主动安全带功能并获得满分，10 款车型仅在主动安全带一项上未得分，最低得分率为 75%。上述场景的各车型得分情况如图 3 所示。

针对 CSFA 场景表现不佳的情况，车辆可在开发阶段增加踏板式摩托车的标定样本量，增强系统对相关目标的识别能力，在研发验证阶段侧重相关场景的优化与调试，达到改善该场景得分率的目的。

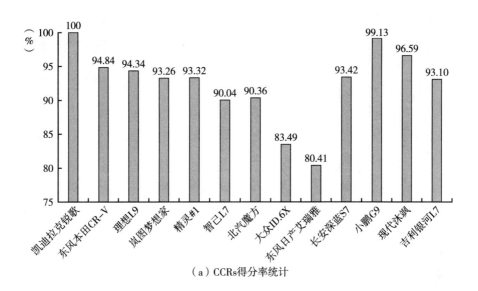

（a）CCRs得分率统计

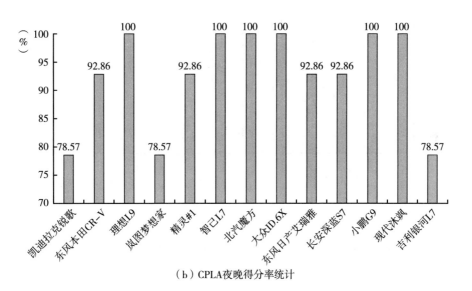

（b）CPLA夜晚得分率统计

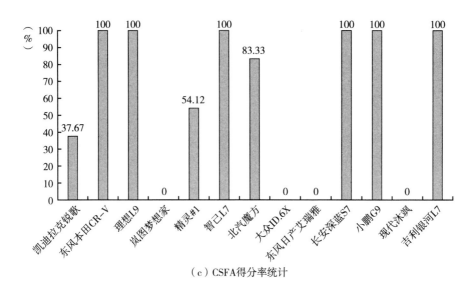

（c）CSFA得分率统计

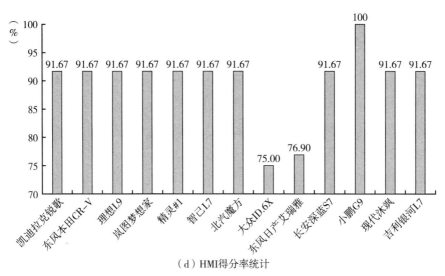

（d）HMI得分率统计

图3　2023年13款C-NCAP正式评价车型低分场景得分率统计

（二）报告审核项目得分情况分析

C-NCAP 2021版主动安全报告审核项目包括 ESC、BSD C2C、BSD C2TW、LDW 和 SAS。所有车型均通过了 ESC 和 LDW 报告审核；SAS 审核通过率最低，13 款车型中仅 5 款车具备该功能；BSD 车对车测试方面，3 款车型未通过报告审核；而 BSD 车对两轮车测试方面，2 款车型未通过报告审核。

四　ADAS 测评发展路线展望

通过分析新旧版 C-NCAP 规程内容差异及 2023 年车型测评结果可以发现，各类 ADAS 功能装配率已显著提高，相关功能技术已逐渐成熟，这就要求对应的测评方案也应该与时俱进，协同发展。结合现有技术的发展趋势，未来 ADAS 测评将围绕增加测试场景真实度、引入异常气候环境场景、聚焦典型事故场景、研发中国特征目标物、构建仿真测评体系、强化系统鲁棒性评价等重点内容迭代发展。

（一）丰富测试场景要素，缩小与真实道路环境差异

目前已在测试场景中设置遮挡车辆和对向近光灯等干扰，但场景要素组成仍较为简单。封闭场地测试过程中传感器感知受到的干扰较少，系统功能始终处于极佳运行状态，无法有效测试系统的运行边界，导致测评结果与车辆在真实道路环境下的表现存在较大差异，同时也引发了少数社会公众对测评结果的质疑。因此，后续 ADAS 测评规程将进一步提高场景复杂度，如丰富遮挡物类型和遮挡形式、增加目标物类型、数量和运动形式等。

（二）引入异常气候模拟，考查恶劣行车条件系统性能

目前考虑的环境因素仅包括光照，分为白天和夜间测试，测评覆盖的场景有限，未考虑较恶劣行车环境下的测试。雨天路面附着系数降低，导致制动距离变长，同时较大降水会影响能见度，使前视摄像头有效感知距离缩短。同时较大降水可能造成摄像头遮挡，导致功能不稳定。以上因素均会导致 AEB 等功能的识别、执行时刻延后，致使事故发生概率升高。雾天行车，特别是团雾等更加恶劣的行车条件，摄像头、激光雷达等传感器的感知能力

将被严重限制，这对多传感器融合方案和执行器控制方案提出了更高要求。近年来，各类恶劣环境下的大型交通事故屡见不鲜，亟须开展相关针对性测试场景深入研究。

（三）提炼典型事故场景，进一步扩大测评场景覆盖度

目前测试场景已对常见事故形式实现了有效覆盖，但仍存在处于测试空白状态的典型事故场景，这类场景在以往数据库中占比较小，但近年来数量呈现逐渐增长的趋势。例如，随着我国社会老龄化程度的加深和汽车普及率的提高，驾驶员由判断失误或经验不足导致的加速踏板误作用、过度避让等危险行为逐渐增多，极易导致严重的交通事故，因此需要增加针对这类典型场景的测评内容。

（四）研发中国特征目标物，强化测评本地化属性

目前 C-NCAP 已实现两轮车目标物的全面中国化替代，用踏板式摩托车和电动自行车替代了 ISO 中摩托车和自行车目标物，使测试场景更加符合中国道路特征。乘用车目标物仍在沿用 ISO 目标物，该目标物用于模拟的车型在国内已极为罕见，考虑后续引入国内常见的 SUV 目标物或大轴距车辆目标物。行人目标物方面，目前广泛采用的 ISO 目标物身体比例与我国情况差异巨大，不具有代表性。另外，关于各类目标物的外观配色，需开展相关数据统计，综合确定合理的、具有代表性的设计方案。

（五）构建仿真测评体系，填补极限场景测评空白

仿真测评的缺失导致目前测评体系始终无法覆盖一些高危险性、高极限性、难以复现的性能边界场景，导致最终评价并不全面。考虑控制部分变量，将系统的运行过程拆分为具体阶段，例如识别阶段、执行阶段等。在评价识别性能时默认硬件配置状态正常，在评价执行性能时默认系统识别能力正常，分别得到对应过程仿真评价结果，最终形成对系统功能的整体评价。

（六）强化系统鲁棒性测试，多维度评价系统性能

目前测评的主要考察指标为碰撞减免程度、报警时刻 TTC 等具体参数指标，未考虑系统功能的稳定性评价。随着 ADAS 系统的产品普及，鲁棒性评价应成为高质量产品的重要评判指标之一。在 C-NCAP 2024 版中加入的 AEB 误作用测试在一定程度上扩展了评价维度，但仍缺少全面的鲁棒性评价。后续应考虑建立单独的评价流程，贯穿目前以目标物类型、冲突方式为区分的测评体系，基于最全量的测试数据，评价单一系统功能的实际表现。

参考文献

［1］《中国公路学报》编辑部：《中国汽车工程学术研究综述·2023》，《中国公路学报》2023 年第 11 期。

［2］中国汽车技术研究中心有限公司：《C-NCAP 管理规则（2021 年版）》，2021。

［3］中国汽车技术研究中心有限公司：《C-NCAP 管理规则（2024 年版）征求意见稿》，2023。

照明安全测评技术现状、数据分析与未来趋势研究

赵准　栗晋杰　赵帅　陈澎*

摘　要：　车辆照明对夜间行车安全至关重要，其照明性能的优劣越来越受到人们的重视。本研究介绍了车辆照明行业对于照明安全的测评方法研究及进展现状，并对 2023 年完成的 13 款 C-NCAP 正式测评车型的照明安全数据进行了深入分析，对 2023 年及 2022 年的正式测评数据进行了对比分析，结果显示自 2021 年照明安全评价被纳入 C-NCAP 正式评价规程以来，各大主机厂及灯具厂商对车辆照明安全性能的重视程度日渐增高，整车灯光的各项性能指标均得到了大幅的提升。最后本研究还介绍了照明安全测评技术的未来趋势以及 C-NCAP 测评路线图规划的研究方向。

关键词：　照明安全　整车灯光　汽车灯具　C-NCAP

一　测评技术现状

汽车照明安全一直以来都是车辆主动安全中的重要组成部分，特别是近年来广大消费者对其重视程度也日益提高，全球各大汽车行业测评机构也正

---

* 赵准，中汽研汽车检验中心（天津）有限公司汽车光学业务主管；栗晋杰，中汽研汽车检验中心（天津）有限公司工程师；赵帅，中汽研汽车检验中心（天津）有限公司工程师；陈澎，中汽研汽车检验中心（天津）有限公司工程师。

在逐步地将汽车照明安全测评纳入各自的评价规程。

从 2003 年开始，欧洲新车评价规程（Euro NCAP）开始主导着手建立系统的前照明性能评价程序，委托国际照明委员会（CIE）成立特别工作组 CIE TC 4-45 与国际汽车照明和信号专家组（GTB）开展此项研究工作，并于 2010 年形成 CIE 系列标准 CIE S021/E：2011 *Vehicle Headlighting Systems Photometric Performance Method of Assessment*，该标准介绍的方法是基于零部件级的静态试验，通过获取零部件光分布的方式计算整车道路照明指标，但该方法并未提出具体的性能评级方法，最终并没有被 Euro NCAP 纳入其正式评价体系。后续研究在 GTB 的主导下进行，其以项目研究的名义联合德国达姆斯塔特大学对这一评价方法进行了升级更新，并在 2021 年形成了 HSPR（Headlamp Safety Performance Rating）评价方法，该方法主要更新在于考虑了智能前照灯的性能评价，且通过建立评价数据库的方法初步建立了照明安全性能评价的具体评分方法。该方法目前还在持续研究更新中，GTB 也有意将最终成熟的评分方法推荐给 Euro NCAP，同时 GTB 也在开展基于硬件在环和虚拟测评的前照灯性能评价测试方法研究。

美国 IIHS 保险工业协会于 2016 年推出了汽车前照灯评价规程，并已开始向社会定期公布其评价结果。该评分方法描述了乘用车辆前照灯系统道路照明的测量及评估程序。该评估程序基于各种不同道路照明场景下（包括直道、左右 150 米弯道和左右 250 米弯道）的照度测量。评估前照灯远、近光的可见照明范围，对具有远近光自动切换装置的前照明系统予以额外加分。同时在近光灯测量时，对于对向来车的眩光也进行测量，限值参考 FMVSS108 法规中定义的阈值。该评价方法的优点在于使用整车作为测试对象，并开展场地动态测试评价，但其照明及眩光的测评项目由于场地环境条件及动态测试不确定性原因，实现难度较大，测试重复性难以得到保证。中国保险汽车安全指数（C-IASI）于 2020 年推出整车前照灯试验规程，其主要技术内容也参考了 IIHS 的评价方法。

美国高速公路安全管理局（NHTSA）于 2015 年 11 月提出了相关 NCAP 照明安全提案，其中加入整车级的前照灯性能测评项目，其方法是在整车静态的情况下开展直道下的可见度和眩光测量。但该提案最终未能被纳入美国 U.S. NCAP 正式规程中。

此外，ASEAN NCAP（2021~2025）版也推出了照明安全的评价项目，该项目旨在针对前照灯 AHB（远近光自动切换）功能开展测评，测评场景也是在整车静态的情况下开展，测试指标为可见度。

C-NCAP 方面，2021 版 C-NCAP 于 2022 年 1 月正式实施，并首次加入了车辆照明安全评价的相关内容，在行业内吸引了大量的关注度。该评价方法测试对象为整车，通过对经过试验室照准的整车灯具进行空间光分布扫描，获取适配车型的离地高度、左右灯间距及近光灯下倾角等参数进行计算并得到车辆的道路照度分布，并基于前期研究形成的测评数据库建立了标准化的评价程序、评价方法、评价指标和评分体系。C-NCAP 照明安全测评在推出两年以来得到了大量的关注度。此外，2024 版 C-NCAP 测评规程也即将发布，新版规程的最大变化是加入了智能前照灯（ADB）功能的正式测评，并将 ADB 功能的测评分为光学性能测评和道路功能测评两个部分，其中光学性能测评考核 ADB 功能对道路的照明能力提升，道路功能测评则开展 ADB 功能在指定跟车和会车情况下的功能激发、响应时间和遮蔽宽度等参数。此外，新版规程加入了近光灯明暗截止线初始位置测评和锐度测评等项目，使得整个测评方法更加合理和完善。

二 测评数据结果分析

2023 年全年，共开展 C-NCAP 照明安全正式测评 13 款车型，测评整体得分及分项结果情况如下。

（一）整体得分情况分析

总体得分在满分 10 分制的情况下，所有 13 款车型平均得分为 7.348 分，其中［0~3）分段 0 款车型，［3~6）分段 2 款车型，6 分及以上分段 11 款车型，其中 3 款车型的评分达到了 8 分以上（见图 1）。从测试车型平均值来看，总体结果比 2022 年有所提高。

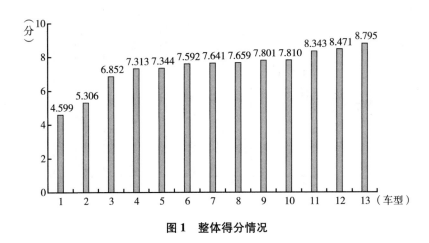

图1　整体得分情况

（二）近光灯测评结果分析

1. 直道引导距离

此评价项目体现了汽车前照灯近光功能最基本的照明能力，描述了近光光束引导前方车道的距离范围，为驾驶员提供充足的照明，使其能够安全地沿道路行驶并且能够识别可能的危险，是重要的性能指标。直道引导距离单项指标满分为1.5分，所有13款车型平均得分为1.20分，其中［0～0.3）分段0款车型，［0.3～1.0）分段4款车型，1.0分及以上分段9款车型，其中有4款车型拿到了满分1.5分的成绩（见图2）。

2. 弯道引导距离

此评价项目为前照灯近光功能对弯道引导距离的评价。弯道引导距离单项指标满分1.0分，13款车型平均得分为0.86分，其中［0～0.3）分段1款车型，［0.3～0.8）分段2款车型，0.8分及以上分段10款车型，其中4款车型的评分拿到了满分1.0分的成绩（见图3）。

3. 左侧行人可见度

此评价项目体现了汽车前照灯近光功能对前方视野中位于远端的行人的探测能力。左侧行人可见度单项指标满分为1.0分，13款车型平均得分为

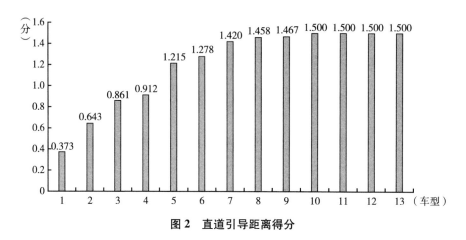

图 2　直道引导距离得分

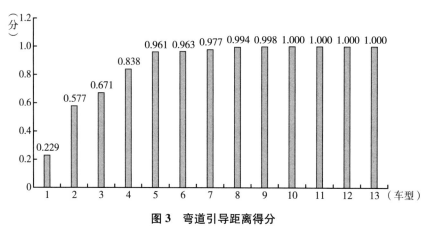

图 3　弯道引导距离得分

0.88 分，其中［0～0.3）分段 0 款车型，［0.3～0.8）分段 3 款车型，0.8 分及以上分段 10 款车型，其中 5 款车型的评分拿到了满分 1.0 分的成绩（见图 4）。

4. 路口行人可见度

此评价项目体现了汽车前照灯近光功能对位于前方交叉路口的行人的探测能力。近光路口行人可见度单项指标满分为 1.5 分。13 款车型平均得分为 1.40 分，其中［0～1.0）分段 1 款车型，1.0 分及以上分段 12 款车型，其中 10 款车型的评分拿到了满分 1.5 分的成绩。本项评分普遍得分较高（见图 5）。

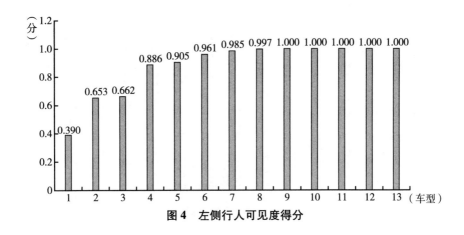

图4　左侧行人可见度得分

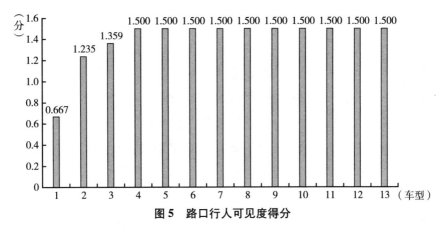

图5　路口行人可见度得分

5.弯道照明宽度

此评价项目体现了汽车前照灯近光功能对前方弯道引导和视野宽度，即在车辆的前方照明需要保证一定的宽度范围，以保证车辆在预转弯时能够对道路两侧情况有所判断。弯道照明宽度单项指标满分为1分。本项评分普遍得分较高，13款车型平均得分为0.93分，其中［0~0.4）分段1款车型，［0.4~1）分段3款车型，9款车型的评分拿到了满分1.5分的成绩（见图6）。2022年本项指标得分两极分化较为严重，在多数车型获得高分的同时，也有多款车型拿到了较差的分数，没有得分处于中等水平的车型。2023年本项指标提升较大，目前本项评分普遍得分较高。

175

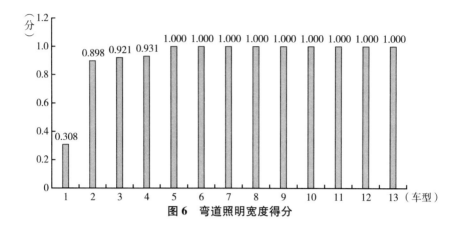

图 6　弯道照明宽度得分

6. 眩光

此评价项目为对前照灯近光功能对对向车道车辆内驾驶员造成眩目影响的眩光量的评价。考虑到车辆前照灯对驾驶员产生眩光是造成夜晚交通事故的主要原因之一，本规程对对向驾驶员的眩光作为扣分项进行处理。

眩光单项指标满分为 1 分。满足限值要求的不予扣分，否则做 -1.0 分的扣分处理。眩光在照明安全评价指标中作为唯一的扣分项，在所有 13 辆车型中，仅 4 款车型未予扣分，其余 9 款车辆均进行了扣分。

7. 近光评价指标结果整体综合分析

从所有车型近光灯功能整体得分来看，直道引导距离的平均得分率为80.1%，弯道引导距离的平均得分率为86.2%，左侧行人可见度的平均得分率为88.0%，路口行人可见度的平均得分率为93.6%，弯道照明宽度的平均得分率为92.8%。2022 年在与前方照明距离相关的前三个指标中得分率基本一致，在照明宽度相关的后两项指标中得分率基本一致，2023 年以上指标均有显著提升。眩光作为扣分项，13 款车型中平均得分率为30.8%，相比于 2022 年有所提升。

（三）远光灯测评结果分析

1. 照明范围

（1）照明范围点 1

点 1 代表车辆远光功能对车辆正前方的照明能力。该单项指标满分为

1.0 分，13 款车型平均得分为 0.79 分，其中［0～0.3）分段 2 款车型，
［0.3～0.8）分段 2 款车型，0.8 分及以上分段 9 款车型，其中 5 款车型的评
分拿到了满分 1.0 分的成绩（见图 7）。

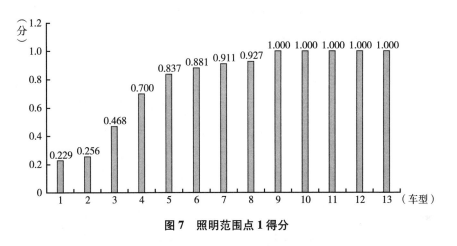

图 7　照明范围点 1 得分

（2）照明范围点 2

点 2 代表车辆远光功能对道路左侧照明宽度的探测能力。该单项指标满
分为 0.4 分，13 款车型平均得分为 0.28 分，其中［0～0.1）分段 2 款车型，
［0.1～0.2）分段 2 款车型，［0.2～0.3）分段 3 款车型，0.3 分及以上分段
6 款车型，其中 5 款车型的评分拿到了满分 0.4 分的成绩（见图 8）。

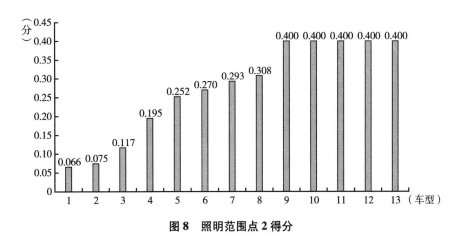

图 8　照明范围点 2 得分

（3）照明范围点3

点3代表车辆中心前上方对路牌标识的照明探测能力。该单项指标满分为0.2分，13款车型平均得分为0.14分，其中［0~0.1）分段5款车型，［0.1~0.2）分段4款车型，4款车型的评分拿到了满分0.2分的成绩。整体得分水平相比于2022年有较大的提升（见图9）。

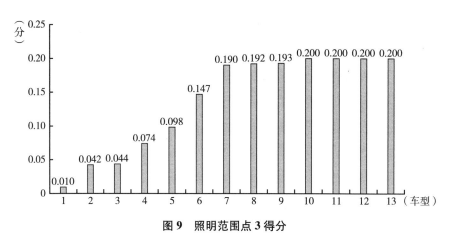

图9　照明范围点3得分

（4）照明范围点4

点4代表车辆远光功能对道路右侧照明宽度的探测能力。该单项指标满分为0.4分，13款车型平均得分为0.35分，其中［0~0.2）分段2款车型，（0.2~0.3］分段0款车型，0.3分及以上分段11款车型，其中9款车型的评分拿到了满分0.4分的成绩（见图10）。

（5）照明范围点5

点5代表车辆远光功能对起伏路等路况的探测能力。该单项指标满分为0.5分，13款车型平均得分为0.34分，其中［0~0.2）分段3款车型，［0.2~0.4）分段4款车型，0.4分及以上分段6款车型，其中5款车型的评分拿到了满分0.5分的成绩（见图11）。

2.路口行人可见度

此评价项目体现了汽车前照灯远光功能对位于前方交叉路口的行人的探测能力。远光路口行人可见度单项指标满分为0.5分。13款车型平均得分

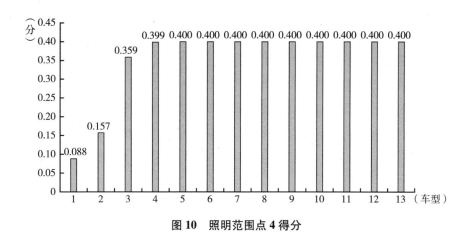

图 10 照明范围点 4 得分

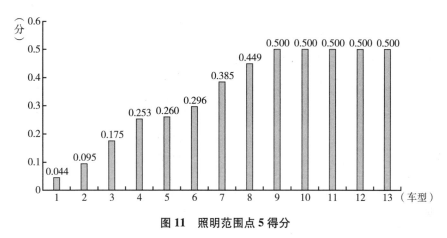

图 11 照明范围点 5 得分

为 0.47 分，其中［0~0.1）分段 2 款车型，0.1 分及以上分段 11 款车型，其中 5 款车型的评分拿到了满分 0.5 分的成绩。本项评分普遍得分较高（见图 12）。

3. 远光评价指标结果整体综合分析

从所有车型远光灯功能整体得分来看，照明范围点 1 的平均得分率达到了 78.5%，照明范围点 2 的平均得分率为 68.8%，照明范围点 3 的平均得分率为 68.8%，照明范围点 4 的平均得分率为 88.5%，照明范围点 5 的平均得分率为 68.6%，远光灯路口行人可见度的平均得分率为 93.8%。总体来看，

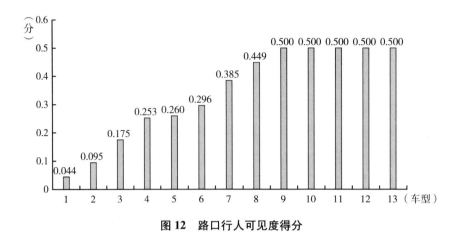

图12 路口行人可见度得分

现行法规覆盖点如照明范围点1，即零部件法规对应的HV点，得分率较高，而现行法规未覆盖的测试点如照明范围点3得分率较2022年有明显提高，但仍需要引起厂家的注意。同时，由于目前前照灯点灯策略大多为远光灯点亮时近光灯也同时点亮，从而使得照明范围点4的得分率远超过照明范围点2，即在远光灯工况下，车辆右侧的照明比左侧偏好。另外，由于远光的照明光型和评价指标都是对称设计，仍会导致结果出现某款车型所有项目得分均高或所有项目得分均低的情况。

（四）智能灯光配置和得分情况分析

1. 近光自动开启功能

13款车型均配置了近光自动开启功能。该项指标设置为加分项，满分为0.1分，当车型配置该功能时得0.1分，未配置时不得分。本加分项13款车型平均得分为0.1分。

2. 自适应近光功能

13款车型中有4款车型配置了自适应近光功能，4款车型的自适应近光功能能有4种基础自适应模式。剩余9款车型未配备自适应近光功能。该项指标设置为加分项，满分为0.3分，具体要求为当车型配置有2个模式的自适应近光功能时，加0.1分；当具有3个模式的自适应近光功能时，加0.2

分；当具有 4 个模式及以上的自适应近光功能时，加 0.3 分。本项指标 13 款车型平均得分为 0.09 分。

3. 自动调平功能

13 款车型中有 3 款车型配置有自动调平功能，另外 10 款车型未配备。该项指标设置为加分项，满分为 0.1 分。本项指标 13 款车型平均得分为 0.04 分。

4. 自适应远光功能

13 款车型中有 8 款车型配置自适应远光功能，其中 8 款车型配置为自动远近光切换功能，2 款车型配置了 ADB 功能。剩余 5 款车型未配备该功能。该项指标设置为加分项，满分为 0.5 分，当车型具有远近光自动切换功能或智能远光功能（ADB）时，加 0.2 分；当同时具备以上功能时，加 0.5 分。本项指标 13 款车型平均得分为 0.17 分。

5. 智能灯光配置结果整体综合分析

从所有车型加分项整体得分来看，近光自动开启配置和得分率最高，13 款车型中配置率达到 100%，已成为所有车型的标配设计。主要原因在于该功能技术门槛和配置成本相对较低，此外按照 GB 4785-2019 灯具安装法规的要求，自 2023 年 7 月 1 日起，装备昼间行驶灯的车辆必须配备近光自动开启功能，从而进一步提升了该功能的配置率。自适应近光功能在 13 款车型中的配置率约为 30.8%，平均得分率为 30.8%。此外，根据行业调研和相关数据分析，自适应近光功能和 ADB 功能主要集中在一些高端车型上，且装备了 ADB 功能的车型均配备了自适应近光功能，因为按目前现行 UN 法规的相关要求执行，但 GB 新整合的灯光法规要求与 UN 法规有所不同，没有强制要求配备 ADB 功能时必须配备自适应近光功能，在 GB 整合灯光法规未来发布实施后，预测 ADB 功能的装备率将会提高。而自动前照灯调平系统在 13 款车型中的配置率约为 46.2%，平均得分率为 38.5%，且配备了 ADB 功能的车型也均配备了自动前照灯调平系统。

（五）历年测评数据整体对比

从 2022 年测试结果和 2023 年测试结果汇总比对分析情况可以看出，总体得分及各分项指标均有了显著的提升，一方面可以看出各大主机厂及灯具厂对 C-NCAP 照明安全测评的重视程度，另一方面 C-NCAP 照明安全的评价和实施也确实对中国车辆照明产品的性能提升起到了巨大的推进作用，从而促进了汽车灯具产品的产业进步，提升了车辆行车安全。此外，从智能灯光配置情况来看，自适应近光、自适应远光等高级灯具装备的配置率也有所提升。

表1 2022 年和 2023 年测试结果对比

评价指标	2022 年度平均数据（%）	2023 年度平均数据（%）	得分变化情况（个百分点）
直道引导距离得分率	63.7	80.1	+16.4
弯道引导距离得分率	67.0	86.2	+19.2
左侧行人可见度得分率	64.4	88.0	+23.6
路口行人可见度得分率（近光灯）	88.9	93.6	+4.7
弯道照明宽度得分率	88.3	92.8	+4.5
近光灯对向眩光得分率	26.1	30.8	+4.7
照明范围点1得分率	70.0	78.5	+8.5
照明范围点2得分率	50.9	68.8	+17.9
照明范围点3得分率	37.8	68.8	+31.0
照明范围点4得分率	82.5	88.5	+6.0
照明范围点5得分率	66.4	68.6	+2.2
路口行人可见度得分率（远光灯）	90.4	93.8	+3.4
总体得分（分）	6.046	7.348	+1.302

注：眩光得分率为未扣分车辆个数与该年全部参与正式测评车辆个数之比。

三 测评未来发展趋势及展望

首先，照明安全的测评必将逐步从零部件级发展为整车级，从行业发展趋势来看，车辆照明安全产品智能化和智慧化将成为必然趋势，而其智能化的实现不单单是通过车灯本身，而是通过车机、雷达、摄像头、传感器、软控等一系列重要部件或系统共同作用实现，由此对照明安全产品的测评也必须在系统和整车级层面开展。测评项目除了灯具本身的光学性能以外，也将更多地考虑智能照化灯具交互时的有效性、响应性等功能指标。从目前各大行业测评机构的研究方向和路线图规划中也可以得出这一结论。

其次，目前测评方法中还存在提升和完善的空间，比如在对向眩光测评项目中，现有版本未考虑灯具发光面面积的影响，主要原因在于受制于发光面面积的准确测量，在行业中仍未形成具有可操作性和统一的测试方法，而实际上眩光的测评和发光面面积也有着直接的影响。另外，对智能前照灯ADB 功能在前方周边景物的视野拓展和道路光分布均匀性测评等项目也会是下一版 C-NCAP 路线图中准备解决的重点问题。

最后，目前对照明安全的测评还只体现在前照明系统及装置上，实际上在整车层面车辆信号灯的功能有效性对车辆行车安全和车辆交互同样重要。例如，目前的评价体系尚未考虑倒车灯的照明和视野范围评价，尚未考虑制动灯及后雾灯等功能的眩目评价，以及即将在车辆上投入使用的驾驶员辅助投影功能、信号投影功能等评价考核等，这些都可以作为 C-NCAP 的未来重点专题研究方向加入未来的路线图中并开展后续相关研究。另外，一些主机厂和测评机构还在研究结合硬件在环的虚拟测评实现方法，该方法在灯具开发前期尤其是针对智能灯光系统而言，可以较早地实现功能和性能的部分指标验证，有较强的实用性，但该方法目前仍停留在部件或系统级，针对商品车辆的第三方测评方法仍存在较大的技术瓶颈，需要行业共同开展研究。

V2X 测评技术现状与未来趋势研究

邹博维　姜国凯　田晓笛　吴飞燕　和福建　冯家煦*

摘　要：　主动安全功能是车辆通过车载智能设备在事故发生前主动避免安全事故的能力，近年来已经成为车辆安全技术领域的重要研究方向。2024版 C-NCAP 中，V2X 技术被引入主动安全板块，为车辆安全性能的提升提供了新的解决方案。本研究综合阐述了 V2X 测试评价现状与未来发展趋势。首先从政策、标准及法规等领域介绍 V2X 发展现状，接着分析 V2X 技术可实现的应用场景，然后介绍 2024 版 C-NCAP 新引入的基于 V2X 技术的测评场景，最后对未来发展趋势进行了展望。

关键词：　V2X 技术　主动安全　辅助驾驶

一　前言

NCAP 旨在以严格、全面的要求对车辆进行全方位的安全性能测试，给予消费者系统、客观的车辆安全信息，促进汽车企业整车安全性能的不断提升。C-NCAP 已经成为中国汽车安全的代名词。2018 年 C-NCAP 首次加入

---

*　邹博维，中汽研汽车检验中心（天津）有限公司智能网联试验研究部部长；姜国凯，中汽研汽车检验中心（天津）有限公司网联终端室主任；田晓笛，中汽研汽车检验中心（天津）有限公司工程师；吴飞燕，中汽研汽车检验中心（天津）有限公司网联与感知测试平台业务主管；和福建，中汽研汽车检验中心（天津）有限公司工程师；冯家煦，中汽研汽车检验中心（天津）有限公司工程师。

主动安全测评板块。主动安全可以在事故发生前主动避免安全事故，极大地减少交通事故，近年来已经逐渐成为车辆安全的重要技术领域及研究方向。主动安全可通过不同的技术路线实现，车联网技术可实现车—车、车—人、车—路、车—网络/云平台等通信连接和高效准确的信息交互，[1] C-V2X 是一种基于蜂窝网络实现车辆与外界通信的车联网技术。

车联网技术结合人工智能、大数据、云计算、视觉和雷达感知、高精度地图和高精度定位等技术，具备"非视距、全天候""上帝视角""可协同"等特点，能有效实现智能交通管理控制、车辆智能化控制和智能动态信息服务一体化，从而降低事故发生率、改善交通管理。《中国新车评价规程》（2024 年版）率先将 C-V2X 技术引入主动安全测评板块，支持和引导新技术促进汽车安全水平提升。

二　V2X 发展现状

V2X 技术标准逐渐成熟，各国都在积极布局智能化网联化融合发展战略。

美国营造创新发展环境，加快 C-V2X 车端和路侧普及。2022 年 12 月，美国智能交通协会（ITS America）等代表智能交通系统生态的十大组织联合宣布将在美国加快推动 C-V2X 部署。2023 年 4 月，美国联邦通信委员会（FCC）允许部分汽车厂商和指定州交通部部署 C-V2X 设备，以防止碰撞事故的发生。同月，ITS America 草拟国家 V2X 部署计划（*National V2X Deployment Plan*），呼吁联盟及地方政府对十字路口进行改造，该计划生效后的 5~10 年完成 25 万个智能化路口改造，覆盖美国 75% 的信号灯交叉路口，并预测未来 8~13 年所有车型将全部搭载 C-V2X 技术。

欧盟立法推动 ITS 部署，出台各国统筹协调的工作方案。2010 年 7 月欧

---

① 陈山枝、葛雨明、时岩：《蜂窝车联网（C-V2X）技术发展、应用及展望》，《电信科学》2022 年第 1 期。

盟委员会发布首个支持统一协调部署智能交通系统（ITS）的立法 2010/40/EU《关于在公路运输领域部署智能运输系统的框架以及与其他运输方式的接口》，并默认该立法延长 10 年至 2027 年结束。[1] 其间，欧盟出台了一系列工作方案和授权法案，以解决实施 ITS 部署时所产生的各地区缺乏统一协调且不注重成本效益等问题。[2] 欧盟持续发布《网联自动驾驶路线图》《网联协作和自动化出行路线图》等路线图，促进跨国、跨行业共识形成，实现自动驾驶出行服务的大规模部署。

韩国推动跨部门协同，注重基础设施建设。2022 年 9 月，韩国产业通商资源部（MTIE）发布《汽车产业全球三强战略》，进一步强调 2027 年发展目标，提出开发基于网联技术的无人驾驶服务内容，挖掘产业新机遇。12 月 12 日，韩联社发布消息称，韩国新一代智能交通系统（C-ITS）决定使用以移动通信技术为基础的"LTE-V2X"作为唯一车联网通信方式。

我国坚持走 C-V2X 技术发展路线，大力支持车路云一体化产业发展。《交通强国建设纲要》《智能汽车创新发展战略》《新能源汽车产业发展规划（2021~2035 年）》《"十四五"信息通信行业发展规划》等政策规划，提出智能网联汽车跨产业融合发展的战略。2017 年，国家制造强国建设领导小组下设车联网产业发展专项委员会（以下简称"专委会"），负责组织制定车联网发展规划、政策和措施，统筹推进车联网产业发展。在专委会的统筹协调下，2018 年，全国汽标委、ITS 标委会、通信标委会、交通管理标委会签署了《关于加强汽车、智能交通、通信及交通管理 C-V2X 标准合作的框架协议》，推进车联网产业跨行业融合。2023 年 1 月，中国公路学会、中国汽车工程学会、中国通信学会联合发布了《车路协同自动驾驶系统（车路云一体化系统）协同发展框架》，协同行业机构支撑政府部门推动车路云一体化融合发展。

随着我国 C-V2X 系列标准的日趋完善，产业逐步从实验室测试发展

---

[1] 《车路协同新应用：绿波车速引导》，赛文交通网微信公众号，https://mp.weixin.qq.com/s/HRTG3qFejl21eGQX-kkX_Q。

[2] 王平：《车联网权威指南标准、技术及应用》，机械工业出版社，2018。

到外场应用实践，各地区结合智能网联汽车发展状况，依托地区优势、特色资源，积极探索和建设示范区，推动各地方向规模化商用落地发展。工业和信息化部已先后批复江苏（无锡）、天津（西青）、湖南（长沙）、重庆（两江新区）、湖北（襄阳）、浙江（德清）、广西（柳州）创建国家级车联网先导区；住建部与工业和信息化部确定北京、上海、广州、武汉、长沙、无锡、重庆、深圳、厦门、南京、济南、成都、合肥、沧州、芜湖、淄博等 16 个城市为智慧城市基础设施与智能网联汽车协同发展试点城市，积极推进车联网基础设施建设，全力打造国内车联网先导性应用示范；自然资源部启动北京、上海、广州、深圳、杭州、重庆 6 个城市作为智能网联汽车高精度地图应用的试点城市，加强自动驾驶相关地图全流程地理信息安全管理。

伴随中信科智联、移远、华为、中兴、广和通、Autotalks 等 5G 车载通信模组、直连通信模组的规模化降本效应，以及 C-NCAP 2024 版规程制定，我国迎来 C-V2X 市场化应用突破，多个车型前装 C-V2X 终端。5G 和 C-V2X 直连通信方案有望在新车中不断提升渗透率，支撑更高速率、低时延需求的车联网应用，以及低时延、高可靠的直连通信安全高效应用。高工智能汽车研究院数据显示，2023 年 1~10 月乘用车（中国市场乘用车，不含进出口）车联网前装标配 1301.24 辆，同比增长 23.69%，搭载率为 77.78%，其中，前装配备 C-V2X 直连通信交付上险 24.19 万辆，同比增长 97.31%。

三　V2X 应用场景

V2X 旨在通过车与外界的实时交互，以获得更准确及时的道路及交通信息，并赋能现有的自动驾驶技术，极大地提升交通系统的效能和安全性。V2X 的应用场景可划分为基于 V2X 的提醒预警类（L0）、基于 V2X 的辅助驾驶类（L1~L2）、基于 V2X 的辅助自动驾驶类（L3~L4）三大类。

（一）基于 V2X 的提醒预警应用场景

基于 V2X 的提醒预警类功能已经在部分乘用车车型上前装量产，如蔚来 ET7、广汽埃安 AION V、高合 HiPhi、上汽通用别克 GL8 等，部分高端车型如蔚来 ET7 直接将 V2X 作为标配搭载，其他多数采用选配的方式。在提醒预警阶段，基于 C-V2X 的智能化网联化场景主要用于弥补单车感知在范围、精度、可靠性、适应性等方面的局限。

本节列举 11 个比较典型的提醒预警阶段功能，并选取闯红灯预警、绿波车速引导等应用场景从功能必要性、功能定义与信息交互要求方面对基于 C-V2X 的提醒预警阶段的典型功能场景进行详细介绍（见表 1）。

表 1　基于 C-V2X 的提醒预警阶段的典型功能场景

序号	场景名称	应用范围	主要应用价值
1	闯红灯预警	城市	交通安全
2	绿波车速引导	城市	交通效率
3	限速预警	城市、高速	交通安全
4	前向碰撞预警	城市、高速	交通安全
5	异常车辆提醒	城市、高速	交通安全
6	道路危险状况提示	城市、高速	交通安全、交通效率
7	前方拥堵提醒	城市、高速	交通效率
8	变道预警	城市、高速	交通安全
9	交叉口碰撞预警（含左转）	城市	交通安全
10	弱势交通参与者碰撞预警	城市	交通安全
11	紧急车辆提醒	城市、高速	交通效率

基于 V2X 的提醒预警场景的应用价值和实现方式都随着应用的不断深入而实现扩展。在应用价值方面，所有提升交通安全的场景，由于减少了交通事故，同步带来由交通事故导致的交通拥堵的大幅减少，也具有了显著的提升交通效率的应用价值。在传输方式方面，V2X 量产应用的早期，由于车辆搭载率偏低，V2I 或 V2N 的传输方式率先发挥作用；但随着车辆搭载率的快速提升，V2V 的传输方式将发挥更大的价值。通过"闯红灯预警"

"绿波车速引导""前方拥堵提醒"等 V2I 或 V2N 场景让用户感受到网联的赋能作用。随着车辆搭载率的提升，车辆出现危险状况需要路边停车检查时，在传统的树立三角牌提醒经过车辆的同时，及时通过 V2V 把自车状况传输给附近将要经过的车辆，能够发挥"超视距三角牌"的作用，显著降低因车速过快或注意力不集中没有及时看到三角牌和事故车辆而产生的二次事故。

（二）基于 V2X 的辅助驾驶应用场景

随着网联信息、多源感知信息进入智驾域，网联信息与单车辅助驾驶功能进一步融合，同时支持更丰富的多车、车路间协同感知、决策功能，发展为基于 V2X 的辅助驾驶阶段功能（见表 2）。本节例举 2 个典型的辅助驾驶阶段功能，从功能必要性、功能定义、信息交互要求与网联化技术等级方面对功能场景进行详细介绍。

表 2　V2X 的辅助驾驶阶段功能测试场景

序号	场景名称
1	网联式自动紧急制动/网联式自动紧急转向
2	协同自适应巡航控制
3	协同交叉口通行
4	高速车道级可变限速控制
5	协同领航辅助驾驶
6	遥控泊车
7	遥控驾驶

1. 网联式自动紧急制动/网联式自动紧急转向

网联式自动紧急制动/网联式自动紧急转向，英文名为 C-AEB/C-AES（Connected Autonomous Emergency Braking/Connected Autonomous Emergency Steering）。AEB/AES 功能具有很大的安全潜力，是 C-NCAP 中的典型测试场景之一，能大幅减少碰撞事故，确保车辆和人员安全。网联式 AEB/AES 提供了他车运动状态的感知信息增量，在原有功能基础上提升交通安全水平。对高速场景可显著减少连续追尾、路边二次事故问题，对城市场景可减少长隧道、地下、桥梁、高大建筑物遮挡等感知长尾带来的碰撞问题。

主车（HV）在车道上行驶，通过接收其他驶向路口的远车（RV）或路侧通信单元广播的车辆信息，与目标车辆存在碰撞危险时，评估碰撞危险程度，在必要时采取自主制动或转向等措施避免或缓解碰撞。本应用适用于城市、郊区、封闭园区等的普通道路及高速公路等车辆追尾碰撞危险的场景，亦适用于无信号灯的交叉路口。

网联式自动紧急制动/网联式自动紧急转向功能应用的主要信息交互如表3所示。

表3 网联式自动紧急制动/网联式自动紧急转向功能应用的主要信息交互

本车发送	本车接收
自车运动状态信息和意图信息	他车（同车道、相邻车道）运动状态信息和意图信息、地图信息、预警信息等

图1所示为典型的C-AEB应用场景。在交叉路口通行时，由于路边违停或排队的车辆遮挡，主车无法感知横穿车辆，造成碰撞风险。通过V2V或V2I，可以提前感知到横穿车辆信息，提前进行风险预判，从而进行安全制动，避免碰撞风险。

2. 协同自适应巡航控制

协同自适应巡航控制，英文名为CACC（Cooperative Adaptive Cruise Control）。车辆ACC功能具有改善车辆行驶安全性、驾乘舒适性及提高交通流量的潜力。基于C-V2X的协同式ACC提供了感知信息增量，在原有功能基础上提高道路通行能力和驾驶舒适性，并合理扩展了原有功能的限制场景。功能定义为主车（HV）在城市道路或高速公路行驶，基于C-V2X的感知增量和局部动态地图实现自适应巡航功能。本应用适用于城市、郊区以及封闭园区等的普通道路及公路。

网联式协同自适应巡航控制的主要信息交互如表4所示。

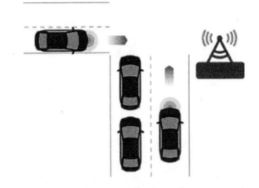

图 1　基于 V2V/V2I 的交叉路口遮挡横穿制动场景

表 4　网联式协同自适应巡航控制的主要信息交互

本车发送	本车接收
自车运动状态信息和意图信息	他车(同车道、相邻车道)、弱势交通参与者运动状态信息和意图信息,信号灯相位信息,道路标牌信息,障碍物信息,地图信息

一种考虑前车与前前车之间碰撞风险的 CACC 算法策略如图 2 所示,[①]本研究基于日常行车场景中常见的高速公路连环追尾场景,设计了基于 C-V2X 的控制策略和算法,经过仿真和实车验证,证明了基于 C-V2X 的控制算法可以很好地提升驾驶安全性。

(三)基于 V2X 的自动驾驶应用场景

随着车路云一体化系统的全面统筹建设,其共性基础能力将结合微观自动驾驶决策控制与宏观智能交通决策控制,支持"渐进式"和"跨越式"发展路线的车路云一体化自动驾驶的普及应用。表 5 所示为典型的基于 V2X

---

① Liu Y., Wang Z., Li Y., et al., "V2X-based forward Collision Avoidance Algorithm Considering Target Multi-front Vehicles Interaction Risk," Second International Conference on Electronic Information Engineering, Big Data, and Computer Technology (EIBDCT 2023). *SPIE*, 2023, 12642:486-494.

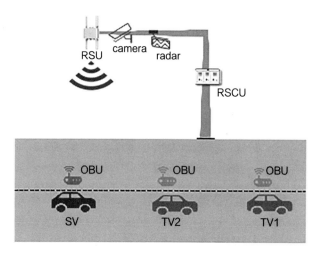

图 2　基于 V2V/V2I 的 CACC 场景示意

的自动驾驶应用场景，本节重点分析基于 C – V2X 的自主代客泊车
（Autonomous Valet Parking，AVP）场景。

表 5　基于 V2X 的自动驾驶应用场景

序号	场景名称
1	自主代客泊车
2	限定场景车路云一体化高度自动驾驶
3	高速公路编队行驶
4	车路云一体化自动驾驶(高速、城市、城郊)

　　自主代客泊车是近年来行业研发的热点，是可以真正解放双手双眼、提
升用户体验，甚至提升城市静态交通管理效率的自动泊车终极产品形态。目
前业内对于 AVP 技术的研发主要采用单车智能技术，但在面向公众停车场
的 AVP 大规模应用时，还存在诸多技术挑战。

　　感知上，受限于车端传感器探测范围和感知能力，在行人突然横穿
（鬼探头）、盲区遮挡、非标物体、地下停车场低照度等场景下，难以对目
标进行及时的检测识别。基于 C-V2X 的车场协同感知技术，可扩展系统的

感知范围，由场端部署的感知系统从"上帝视角"直接对盲区遮挡行人、非标物体等进行识别，并通过 C-V2X 高可靠、实时的通信分享给车端，提高其对周围环境的感知能力；定位上，基于 C-V2X 的车场协同定位技术，可以协助实现跨楼层全局定位；路径规划上，单车智能无法进行群智协同，往往造成路径冲突。基于 C-V2X 的车场协同规划技术，可实现多车协同智能规划；高精度地图更新上，基于 C-V2X 的车场协同高精度地图及时更新技术，通过停车场布设 C-V2X 设施及传感器，在停车场进行改造施工或功能区域调整时，可实现高精度地图的及时更新。

综上，通过 C-V2X 车场协同技术，可以协助解决车端智能在感知、定位、规划以及高精地图更新等技术上的局限性，扩展感知范围，提升场内定位精度，提高路径规划与高精地图更新效率，提升系统可靠性与安全性，推动 AVP 技术规模化量产落地。

四 2024版 C-NCAP 新引入场景分析

V2X 是我国智能网联汽车发展的战略方向，能有效降低交通事故发生率。中国交通事故深度调查（CIDAS）对 2011~2021 年我国 8 个典型城市或区域的近 9000 起交通事故进行了深入调查，交叉路口事故（42.5%）是我国城市或区域的交通事故的主要道路事故形态；高速公路事故占比虽然不高，但是事故伤亡程度较高。综合考虑结合现有事故形态及技术发展现状，2024 版 C-NCAP 引入 3 个典型场景，分别为车辆高速直行与前方静止目标车辆测试场景（High Speed Car to Car Rear，CCRH）、车辆直行与前方被遮挡的横穿目标车辆测试场景（Car-to-Car Straight Crossing Path with Obstruction，C2C SCPO）、交通信号识别（Traffic Sign Recognition，TSR），且 C-NCAP 更多聚焦功能实现且不限制技术路线，鼓励和支持企业采用新技术解决现有场景，允许 C-V2X 技术解决上述 3 个场景。其中 CCRH 和 SCPO 场景为必测项，TSR 场景为可选审核项。

（一）CCRH 场景

CCRH 场景主要解决车辆在高速行驶情况下突然发现前方有静止的车辆，因中间车辆紧急切出导致的后车与前车追尾的事故。CCRH 测试场景下，如图 3 所示，GVT 作为前方静止车辆，可具备 C-V2X 网联通信能力，测试车速分别为 80km/h、120km/h 时车辆的 FCW 报警能力。CCRH 场景中，车辆与静止目标车的速度差较大，且因中间车辆持续遮挡测试车辆的视线并紧急切出，这对单车传感器的识别准确率、反应速度和底盘响应速度都提出了更高的要求，C-V2X 技术的引入可通过接收静止车辆对外广播的信息提前预判前方有静止车辆，一旦判定有碰撞风险会提前对驾驶员进行提醒或预警，能有效避免因中间车辆紧急切出导致驾驶员反应不及时发生的碰撞风险。

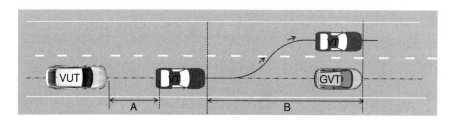

图 3　CCRH 测试场景示意

（二）C2C SCPO 场景

C2C SCPO 场景主要解决在十字路口或交叉路口车辆行驶视野范围内有遮挡的情况下，从交叉路口不同方向驶来的车辆发生冲突的事故。C2C SCPO 测试场景下，GVT 作为前方静止车辆，可具备 C-V2X 网联通信能力，VT1、VT2、VT3 为 3 辆静止车辆，测试车速分别为 50km/h、60km/h 时车辆的 FCW 报警能力。C2C SCPO 场景中，测试车辆和目标车辆的视野都被侧边的车辆遮挡，当测试车辆穿过遮挡，这对单车传感器的识别准确率、反应速度等都提出了更高的要求，C-V2X 技术的引入可通过在有效通信范围内接收目标车辆对外广播的信息，提前预判两车行驶轨迹及碰撞风险，提前对驾驶员进行提醒，避免发生交叉路口冲突事故（见图 4）。

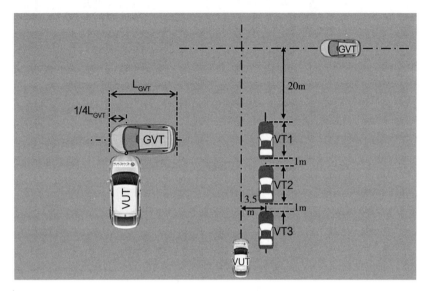

图 4　C2C SCPO 测试场景示意

（三）TSR 场景

TSR 场景主要解决驾驶员因未看到交通信号灯或误判导致的闯红灯，从而引发安全事故的问题。TSR 测试场景下，如图 5 所示，道路交通信号灯置为红灯，测试车辆在 40～60km/h 的速度范围内的闯红灯预警能力，以及测试车辆在右转道以 20km/h 的速度未发生闯红灯误报的能力。TSR 场景中，依靠视觉识别很难判定信号灯的颜色，且无法获取信号灯倒计时信息，C-V2X 技术的引入可通过智能路侧终端设备对外广播红绿灯的状态信息，车辆在有效通信范围内提前得到红绿灯的状态信息，并按照现有速度进行预判，有效避免因闯红灯而发生的交叉路口冲突事故。

图5 闯红灯预警测试场景示意

五 未来发展趋势及展望

随着智能化与网联化技术的不断进步，V2X与单车智能的融合已成为未来智能交通系统的重要发展方向，V2X与单车智能的融合将进一步加深。随着基础设施的扩大部署，V2X将为车辆提供更广泛、更可靠的信息，这将使得智能驾驶系统能够更准确地识别道路状况、障碍物和行人，从而提高驾驶安全性。未来，V2X与单车智能的融合将从单纯的预警向更高级的控车功能发展，使得车辆能够根据实时信息自动做出决策和调整，进一步提高驾驶智能化程度。

综上所述，V2X与单车智能融合是未来智能驾驶的重要发展方向，有助于促进汽车和交通服务的新模式和新业态发展，助力C-NCAP向"零事故"的终极目标不断迈进。

六 总结

本研究旨在分析V2X测评现状与未来发展趋势，首先从政策、标准法规、示范应用及企业量产情况等方面分析和介绍 V2X 发展现状，其次基于现有行业情况及发展形势分析 V2X 典型应用场景，介绍 2024 版 C-NCAP 新引入的 C-V2X 场景，分析 C-V2X 技术的优势和特点，最后对未来的发展趋势进行展望。V2X 与单车智能融合的方式是未来智能网联汽车的发展途径之一，只有两种技术深度融合才能更安全、有效地实现无人驾驶。

参考文献

［1］ 陈山枝、葛雨明、时岩：《蜂窝车联网（C-V2X）技术发展、应用及展望》，《电信科学》2022 年第 1 期。

［2］《车路协同新应用：绿波车速引导》，赛文交通网微信公众号，https：//mp. weixin. qq. com/s/HRTG3qFejl21eGQX-kkX_ Q。

［3］ 王平：《车联网权威指南标准、技术及应用》，机械工业出版社，2018。

［4］ Liu Y., Wang Z., Li Y., et al., "V2X-based forward Collision Avoidance Algorithm Considering Target Multi-front Vehicles Interaction Risk," Second International Conference on Electronic Information Engineering, Big Data, and Computer Technology（EIBDCT 2023）. *SPIE*, 2023，12642：486-494.

虚拟测评技术现状与未来趋势研究

卜晓兵　郭庆祥　李梦琦　李璐江　郑艳婷　谭雯霄*

摘　要：　本研究通过对交通事故伤亡人数统计数据进行分析，揭示了随着交通工况复杂化和智能配置增加，交通事故伤亡人数呈回升趋势，对汽车安全测试技术提出新挑战。虚拟测评技术因其高效和经济的特点成为汽车安全检测的重要手段，并在 2024 版 C-NCAP 中首次应用于正面碰撞离位乘员保护和侧面碰撞远端乘员保护的虚拟测评工况。此外，未来虚拟测评技术将持续关注乘员保护平等性、大角度座椅乘坐姿态、追尾碰撞颈部保护等方面，为车辆安全提供更加全面和综合的测试评价。本研究还分析了虚拟测评技术的优势，包括成本效益、覆盖多样化测试工况和高生物逼真度测试假人模型等，降低了测试和研发成本，缩短了车辆开发周期，推动了汽车安全技术创新。虚拟测评技术未来将在汽车安全领域取得更大突破，通过不断创新和解决挑战，提高汽车的整体安全性能。

关键词：　碰撞安全　虚拟测评　乘员平等性　约束系统鲁棒性

---

* 卜晓兵，中汽研汽车检验中心（天津）有限公司安全虚拟测评室主任，中国汽车工程学会安全虚拟测评技术分会委员；郭庆祥，中汽研汽车检验中心（天津）有限公司虚拟测评主管；李梦琦，中汽研汽车检验中心（天津）有限公司虚拟测评主管；李璐江，中汽研汽车检验中心（天津）有限公司工程师；郑艳婷，中汽研汽车检验中心（天津）有限公司工程师；谭雯霄，中汽研汽车检验中心（天津）有限公司工程师。

一 前言

随着中国安全法规的实施，交通伤亡人数大大降低，并呈现逐年降低的趋势，但随着交通工况的复杂化和智能配置的增加，中国交通事故伤亡人数在 2013 年以来有所回升（见图 1），这给当前的安全试验工况和检测环境带来了新的挑战和机遇。另外，随着汽车产业技术的升级，新的碰撞场景逐渐增加，出现了试验硬件无法满足测试条件的情况，与此同时汽车碰撞试验成本较高，增加较多较复杂的评价工况会增加汽车测评成本。

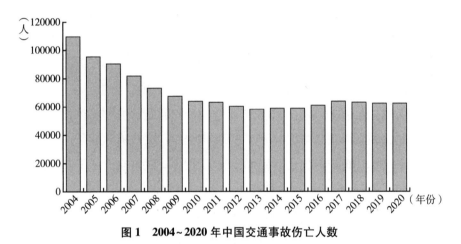

图 1　2004～2020 年中国交通事故伤亡人数

资料来源：《国民经济和社会发展统计公报》及交通数据。

汽车虚拟测评技术是指应用计算机虚拟仿真技术（Computer Aided Engineering，CAE）手段对车辆碰撞场景过程进行模拟，得到仿真结果以评价车辆安全性能。当前计算机仿真技术大量应用于车辆的碰撞安全性能开发中，如乘用车正面碰撞的乘员保护法规 GB11551-2014 及汽车侧面碰撞的乘员保护法规 GB20071-2006 等法规工况，车企在车辆研发过程中会进行大量的计算机仿真分析和优化设计来保证车辆的安全性能。计算机仿真技术在车辆安全方面的应用已经相对成熟，虚拟仿真结果已具备一定的准确性和可靠性。因此，相比于实车的碰撞试验，虚拟测评可以更加方便地测量车辆不同位置的变形情况和乘员损伤情况，还可以模拟更多、更复杂的交通碰撞场景。

虚拟测评技术的一个应用方向是物理试验的补充和扩展，传统的碰撞测试采用的都是标准的实体假人，例如 Hybrid Ⅲ 5F（5 百分位体征女性）、Hybrid Ⅲ 50M（50 百分位体征男性）、Hybrid Ⅲ 95M（95 百分位体征男性）等；有限的实体假人不能代表多样化的人群，例如儿童、肥胖者和老年人等，虚拟测评采用生物力学人体模型可以覆盖更多的测试人群和多样化的碰撞场景。此外，现有的碰撞假人基本都是针对单一特定工况进行开发，对新型的碰撞工况适用性较差，如目前侧碰试验使用的 WorldSID 50th 假人，在远端碰撞中颈部运动、肩部和安全带的相互作用方面与人体运动存在一定差异，不能较好地反映脑部、颈部以及脊柱损伤情况。相比传统物理假人，生物力学的人体模型在运动姿态响应和碰撞损伤方面更具优势，因为人体模型对应的就是真实人体，具有和人体一样的骨骼、大脑、内脏、肌肉等器官，相信随着人体模型的不断完善，测评数据也将更接近于真实人体伤害。

此外，虚拟测评技术的另一个应用方向是解决受现有试验硬件设备限制无法测试工况，如主被动安全结合的测试工况。主动安全介入下的碰撞事故更为复杂，主动安全作用后会对被动安全作用的保护效果带来一定的影响，运用虚拟测评可以实现主被动安全一体化的完整评价。

综上所述，虚拟测评技术已被公认为一种科学的评估方法，各国的车辆研究机构都在进行相关虚拟测评应用研究。引入虚拟测评技术可以减少整车或零部件的试验数量，降低测评成本，更重要的是能够从多维度、多层面扩展和补充碰撞试验评价方式，覆盖更多实际交通工况，将有助于降低交通事故伤亡人数，最终达到零伤亡的终极愿景。

二　汽车安全虚拟测评技术发展现状

（一）国外虚拟测评技术发展现状

2006 年欧洲联盟提出了将车辆虚拟测评技术应用到产品准入法规的设

想，并于 2007 年由欧盟 FP7 资助成立了 IMVITER（Implementation of Virtual Testing in Safety Regulations）项目，项目成员由 15 个机构组成，包括德国、法国、意大利、西班牙、匈牙利、希腊以及其他能够代表欧盟主体认证机构的单位，进行虚拟测评技术研究及体系建设。目前，欧盟已选择了四部法规作为虚拟测评实施试点案例并进行研究，其中两个与碰撞情况下的行人保护有关（头部和小腿），一个用于评估安全带固定点强度，一个用于评估车辆牵引装置。

2022 年初，联合国世界车辆法规协调论坛（UN/WP. 29）第 70 届会议后，被动安全工作组（GRSP）成立了一个特设小组开始研究乘员保护平等性。工作组专家初步达成以下结论：虚拟测评是评估碰撞安全中乘员平等性的最具成本效益的测试方法。

由欧盟资助的 OSCCAR（Future Occupant Safety for Crashes in Cars）项目，成员包括欧洲及北美和亚洲的优秀合作伙伴，2020 年已获得了欧盟虚拟测评技术研究资金，其主要任务是研究未来车辆乘员保护安全的虚拟测评应用技术。

另外，由瑞典国家道路与交通研究所（VTI）牵头的 VIRTUAL 项目，也已成立了 VIRTUAL－OSCCCAR Workshop（Progress in Virtual Testing for Automotive Application）工作组，重点研究自动驾驶车辆的虚拟测评技术应用。

欧洲 Euro NCAP 方面，已在行人保护评价规程中应用了虚拟测评技术，车企需按照规定提交行人保护头型的仿真结果，Euro NCAP 通过抽检试验的方式进行试验验证。而虚拟测评体系建设方面，Euro NCAP 于 2019 年底成立了虚拟测评工作组，成员包括宝马、戴姆勒、丰田等技术研发实力较强的车企及科研机构，工作组的成立旨在 Euro NCAP 规程中应用更多虚拟测评技术，其已经进行了包括鞭打保护、膝部不稳定接触及远端乘员保护（Far Side）等虚拟测评应用可行性研究，目前第一阶段确定对远端碰撞乘员保护工况进行虚拟测评监测，已发布了远端乘员保护虚拟测评评估规则 *Euro-ncap-vtc-simulation-and-assessment-protocol-v1. 0* 及虚拟仿真假人认证规则 *TB-*

043-1-worldsid-model-qualification-procedure-v10，将于 2024 年正式实施。与此同时，Euro NCAP 也发布了 2030 年中长期发展规划，将会在规则中体现更多虚拟测评工况，其中计划 2026 年在正面碰撞乘员多样性及大角度座椅碰撞工况中应用虚拟测评技术并进行评价，最早在 2028 年应用数字人体模型进行虚拟测评。

美国 IIHS 法规中，2023 年已将鞭打保护的虚拟测评作为研究重点并开始研究。

（二）国内虚拟测评技术发展现状

C-NCAP 将在 2024 年通过虚拟测评技术对远端乘员保护和主被动离位乘员保护（监测项）进行评价。远端乘员保护主要是为了测评侧面碰撞交通事故中位于车辆非碰撞侧的驾驶人或副驾在车内发生二次碰撞造成的伤害。主被动离位乘员保护工况主要测评 AEB 产生紧急制动后，人员受惯性前倾而导致的安全带和安全气囊无法有效保护乘员伤害的情况。

C-NCAP 实施远端乘员保护，除了可以考虑男性假人外，还能考虑女性假人以及更多符合实际交通事故的工况。以女性司机为例，中国男女司机的比例在 2020 年已经非常接近 2∶1，且女性假人在远端工况中由于骨密度小于男性，更容易在颈部发生严重的伤害。因此，C-NCAP 远端乘员保护虚拟测评考虑了女性驾驶员。

主被动离位乘员保护方面，由于试验测试环境以及碰撞假人运动学响应的限制，无法通过传统物理碰撞试验进行测试。因此，C-NCAP 采用虚拟测评的方式对主被动安全融合下的乘员保护进行综合测试。

三　汽车安全虚拟测评技术发展趋势

随着汽车功能和应用场景的不断拓展，实际道路交通事故的复杂性也在增加。考虑到乘员平等性和约束系统鲁棒性等问题，对车辆安全性的测试工况和数量大幅增加，传统车辆安全碰撞试验无法覆盖大量的测试矩阵。因此，物理试验结合虚拟测试已成为当下车辆检测的重要手段。

随着仿真计算效率的提升以及生物逼真度更好的有限元假人模型的更新，虚拟测评技术的应用工况不断完善，覆盖汽车主被动安全各种测试工况，包括正面碰撞主被动结合的离位乘员保护虚拟测评，以及侧面碰撞远端乘员保护虚拟测评。未来，会有越来越多的测试工况应用虚拟测评技术实现。

（一）基于乘员保护平等性的虚拟测评技术研究

随着社会对平等性和多样性关注的日益增加，汽车安全领域也在积极响应这一趋势。传统的安全测试主要关注平均体征的成年男性，而对于不同体型、年龄和性别的乘员，车辆安全系统的表现可能存在差异。因此，乘员保护平等性虚拟测评旨在通过模拟多样化的乘员场景，确保车辆的安全系统对各种乘员提供平等的保护水平。

2023 年 4 月 6 日，联合国世界车辆法规协调论坛（UN/WP.29）被动安全工作组（GRSP）乘员保护平等性研究非正式工作组（IWG.EQOP）第一次会议在日本横滨召开，研究并讨论开展乘员保护平等性在法规中的应用问题，评估将虚拟测评技术作为评估乘员保护平等性的重要手段。

（二）大角度座椅乘坐姿态的乘员保护虚拟测评技术研究

随着汽车设计对舒适性的不断追求，具备多维度调节功能的座椅产品应运而生。此外，在实际驾乘中，乘员可能因为多种原因采用非传统的坐姿，这些大角度座椅乘坐姿态可能对传统安全系统的保护性能产生影响。因此，有必要深入研究这些极端情况下的乘员保护问题。

虚拟测评技术能够模拟座椅的不同调整状态和乘员在车内的各种乘坐姿态，包括座椅的高低、前后位置调整和靠背倾角调整等，以及乘员可能采取的各种自然姿势，这使得测试工况可以覆盖更加广泛的用车场景。再利用高逼真度的有限元假人模型，可以对乘员在碰撞中的各个身体部位的受力情况进行深入分析，研究不同姿态下的碰撞损伤风险，为汽车安全设计提供科学依据。综合而言，通过虚拟测评技术的综合运用，能够更全面地评估座椅乘坐姿态对车辆安全性能的影响，为未来汽车设计提供有力支持。

（三）追尾碰撞颈部保护的虚拟测评技术研究

追尾碰撞是常见的交通事故类型之一，其中颈部受伤是一种常见的伤害类型，被称为"鞭打伤害"。然而，传统的鞭打工况测试受到了测试假人工具的局限，存在缺乏对不同性别和体征乘员的全面考核的问题。为解决这一挑战，虚拟测评技术通过引入具备生物仿真度极高的有限元假人模型，为不同人体的追尾碰撞颈部保护测评提供了新的解决方案。

四 虚拟测评技术发展机遇与挑战

随着汽车的电动化、智能化、网联化和共享化的不断发展，汽车的功能越来越多样化和人性化，汽车从传统的交通工具逐渐转变为大型移动智能终端，不仅改变了汽车的驾乘模式，同时对车辆安全性也提出了更高的要求。虚拟测评技术在汽车安全领域的发展为提高效率、降低成本以及更全面地安全评估提供了新的机遇。然而，随着技术的不断进步，也伴随着一系列挑战。

从机遇的角度看，首先，虚拟测评技术能够替代部分传统实际测试，从而降低测试和研发成本。同时，通过在汽车设计早期阶段进行虚拟测试，能够缩短整个车辆开发周期，提高效率。其次，虚拟测评技术使得测试覆盖更加多样化。从不同碰撞类型到各种驾驶场景，虚拟环境能够模拟更广泛的情况，为汽车安全性能提供更全面的评估。随着仿真计算效率的提升和有限元假人模型的更新，虚拟测评技术能更逼真地模拟乘员在事故中的反应，从而提高测试的真实性和准确性。最后，虚拟测评技术的发展推动了汽车安全技术的创新，新的安全技术和设计理念可以更快地通过虚拟测试验证其性能，从而更迅速地应用于实际车辆。

从挑战的角度来看，首先，有限元假人模型和虚拟环境的准确性是关键问题。虚拟模型必须能够准确地反映实际车辆碰撞中乘员伤害和安全系统表现，以确保测试结果的可靠性。其次，目前缺乏针对虚拟测评技术的统一标准和法规，制定具有广泛公信力的行业标准和法规对于确保虚拟测评技术的广泛应用和可靠性至关重要。最后，大规模的虚拟测试产生了海量数据，也带来了数据隐私和安全的问题。确保测试数据的安全性和隐私性，以及防范数据泄露和滥用，是每个车企都关心的核心问题。

综合来看，虚拟测评技术的发展既带来了显著的机遇，也面临一系列挑战。通过不断创新和突破，虚拟测评技术有望在未来推动汽车安全领域取得更大的突破。

参考文献

［1］中国汽车技术研究中心：《C-NCAP 管理规则（2021 年版）》，2021。

［2］*Far Side Test and Assessment Protocol v2. 5*，Euro NCAP，2023.

［3］Euro NCAP Commission. *European New Car Assessment Programme*（*Euro NCAP*）：*Far Side Occupant Test and Assessment Procedure*（*Version 2. 2*）.

［4］Euro-NCAP. *Assessment Protocol and Biomechanical Limits.*

［5］*Euro-ncap-vtc-simulation-and-assessment-protocol-v10*，Euro NCAP，2023.

［6］*TB-043-1-worldsid-model-qualification-procedure-v10*，Euro NCAP，2023.

新车智能网联测评篇

基于前车切入切出场景的组合驾驶辅助系统测试研究

王 鹤　李德润　王 鑫*

摘　要： 为研究组合驾驶辅助系统的跟车能力以及紧急避险能力，本研究选取前车切入和前车切出两个场景，并分别选取了三款具有代表性的车辆的测试数据，对测试结果进行了分析，并提出改进意见。

关键词： 前车切入　前车切出　组合驾驶辅助系统

一　前言

根据工信部数据，2022 年具备组合辅助驾驶功能的 L2 级乘用车新车渗

----

* 王鹤，中汽研汽车检验中心（天津）有限公司智能网联工程师；李德润，中汽研汽车检验中心（天津）有限公司智能网联工程师；王鑫，中国汽车技术研究中心有限公司汽车测评管理中心智能网联测评主办，青年科技骨干，工程师。

透率已经达到了 34.5%。随着北京、上海、广州、深圳等城市高阶自动驾驶政策的落地，组合驾驶辅助技术的成熟，以及蔚来、理想、小鹏、吉利、长城等车企配备领航辅助功能车型的大规模量产，L2+级以上 ADAS 将快速渗透。预计到 2025 年 L2 及 L2+级 ADAS 装配率将超过 50%，这些驾驶辅助系统在降低驾驶员驾驶强度、提高驾驶安全性方面将发挥重要作用，也是新时代各车企品牌竞争的重要方向。

我国复杂的城市交通状况给组合驾驶辅助系统带来了巨大挑战，驾驶员激进的驾驶行为给组合驾驶辅助系统的感知、决策带来了很大的不确定性，受硬件、软件算法的影响，不同车企组合驾驶辅助系统的表现不尽相同。为了给广大消费者提供参考，本研究选取了前车切入和前车切出两个在日常城市道路中常见的驾驶场景，在近 30 款车型的测试数据中选取了三款典型车辆的数据，并分析了组合驾驶辅助系统在上述两种场景中的表现。

二 组合驾驶辅助系统构成

组合驾驶辅助系统整体可分为感知层、决策层和执行层，其中感知层由雷达传感器（毫米波、超声波、激光雷达）、视觉传感器（单双目摄像头、红外热成像传感器）、高精地图等构成；决策层，基于高算力芯片通过算法实现交互决策、路径规划；执行层，执行决策实现车辆的动力转换、制动、转向等操作。因此，组合驾驶辅助系统的表现不仅会受到感知传感器等硬件的影响，也与决策算法息息相关。

三 场景布置

（一）测试场景

为研究装配组合辅助驾驶系统的车辆在城市道路中跟车能力的表现，选取了前车切入和前车切出两个场景进行测试。

1. 前车切入

测试道路为至少包含两条车道的长直道，中间车道线为白色虚线，车道宽度3.75米。试验车辆和目标车辆在各自车道内行驶，在试验车辆接近目标车辆过程中，目标车辆切入试验车辆所在车道（见图1）。

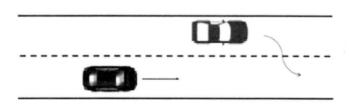

图1 前车切入场景示意

系统激活后，设定车速由低到高依次进行试验。试验车辆在距离目标车辆200米前达到预期车速，并在车道内稳定行驶，目标车辆以某一速度匀速沿相邻车道中间匀速同向行驶并快速切入试验车辆所在车道，并沿车道中间行驶。过程中驾驶员双手握住方向盘，不得干扰系统的正常驾驶。试验车辆设定速度、目标车辆速度、目标车辆切入时与试验车辆的距离、目标车辆切入过程持续时间如表1所示。

表1 前车切入场景测试参数

试验车辆速度（km/h）	目标车辆速度（km/h）	试验车辆最前端与目标车辆最后端时距（s）	切入动作持续时间（s）
40	20	1.5	2.2
80	60		

2. 前车切出

测试道路与前车切入场景相同，在试验过程中，试验车辆在任一车道行驶，试验车辆的前方存在两辆目标车辆（见图2）。

系统激活后，前车切出场景的测试方法与切入相同，试验车辆速度、目

图 2　前车切出场景示意

标车辆速度、目标车辆 VT1 切出时与目标车辆 VT2 的距离、目标车辆 VT1 切出过程持续时间如表 2 所示。

表 2　前车切出场景测试参数

试验车辆速度 （km/h）	VT1 车速 （km/h）	VT2 车速 （km/h）	VT1 与 VT2 的距离（m）	目标车辆切出过程 持续时间(s)
50	40	0	25	2.2
70	60	0	37	2.2

（二）测试设备选择

使用 M_1 类车辆作为目标车辆 VT1，为保证其控制精度，在 VT1 上安装自动驾驶机器人（见图 3）；由于测试过程中存在一定碰撞风险，因此选择 GST（可导航软目标台车）作为目标车辆 VT2（见图 4）；为了保障测试精度，使用惯性 GPS 导航测试系统作为数据测试设备（见图 5），使用 FLEX0 同步控制器作为通讯设备和数据采集设备（见图 6）。

惯性 GPS 导航测试系统将试验车辆和目标车辆的位置信息和运动关系实时传输至同步控制器，通过 TrackLink 通讯将两者之间的数据互传，方便控制换道时机以及后续读取相关数据。基于上述试验方法及试验设备，可以确保车辆的位置精度控制在 2cm 以内，车辆的速度精度控制在 1km/h 以内。开展测试，测试过程如图 7 所示。

图3 自动驾驶机器人测量系统

图4 GST（可导航软目标台车）

图 5　惯性 GPS 导航测试系统

图 6　FLEX0 同步控制器

图 7　测试过程

四　测试结果分析

选取三款车型的数据，分别对前车切入场景和前车切出场景进行数据分析，前车切入场景测试数据如表 3 所示，前车切出场景测试数据如表 4 所示。

表 3　前车切入场景测试数据

测试场景	车辆编号	制动时，目标车辆与其车道中心线之间的距离（m）	碰撞速度（km/h）	最大减速度（m/s²）
低速切入	1#	3.70	0	4.52
	2#	1.80	0	4.17
	3#	0.70	0	9.86
高速切入	1#	2.70	0	2.44
	2#	2.15	0	1.15
	3#	0.15	0	1.90

表 4　前车切出场景测试数据

测试场景	车辆编号	试验车减速时，VT1 向相邻车道运动的距离（m）	稳定跟车距离（m）	碰撞速度（km/h）	最大减速度（m/s²）
低速切出	1#	2.9	25	0	4.24
	2#	3.5	20	0	2.65
	3#	3.7	25	0	10.24

测试场景	车辆编号	试验车减速时，VT1 向相邻车道运动的距离（m）	稳定跟车距离（m）	碰撞速度（km/h）	最大减速度（m/s²）
高速切出	1#	3.5	30	0	7.11
	2#	3.7	31	8.66	9.16
	3#	3.7	50	0	8.08

从测试结果中不难发现，大部分测试车辆在这些场景中都可以避免碰撞，少数车辆最后需要通过触发 AEB 来保证安全性，个别车辆会由于制动距离不够而以较低速度发生碰撞。

对于前车切入场景，由于时距相同，低速切入时车辆之间的纵向距离更短，会比高速切入场景更危险。从表中数据可以看出，对于高速切入场景，三辆测试车均可避免碰撞，且可以稳定跟随切入车辆行驶，制动过程中的最大减速度均小于 $3m/s^2$，制动舒适性较好。对于低速切入场景，三辆测试车的最大制动减速度均大于 $4m/s^2$，甚至 3#车需要通过触发 AEB 才可以避免碰撞，舒适性较差。分析其原因，根据制动时目标车辆与试验车辆所在车道中心线之间的距离，1#车和 2#车在目标车辆完全进入试验车辆车道之前就已开始制动，而 3#车在目标车辆几乎已经进入车道时才开始制动，制动时机较晚导致通过较低的制动力已不能避免碰撞。

对于前车切出场景，在目标车辆 VT1 切出时 VT1 和 VT2 之间的距离相差不大的前提下，由于高速切出场景中试验车的速度更高，因此高速切出场景更加危险。从表中数据可以看出，在低速切出场景下，试验车辆均能避免与目标车辆 VT2 发生碰撞，且除了 3#车辆通过触发 AEB 避免碰撞，减速度较大外，其余车辆减速度较小；在高速切出场景下，除 2#车辆发生碰撞外，其余车辆均可避免碰撞，但减速度均较大，大于 $5m/s^2$，舒适性较差。通过分析数据，目标车辆 VT1 切出时 VT1 和 VT2 之间的距离通过自动驾驶机器人控制，可以保证在规程要求的时机切出，在稳定跟车距离相差不大的情况下，影响最终的制动效果的主要因素为试验车对目标的识别能力以及制动时机的不同。

综上所述，在前车切入切出的各种场景中，车辆是否能发生碰撞与下列因素有关。

一是跟车距离：车辆在激活驾驶辅助系统后，跟车距离越近，越容易发生碰撞。

二是制动时机：车辆识别到前车驶离本车道、识别到前方碰撞风险至采取制动的时间越短，越不容易发生碰撞。

三是制动减速度：制动减速度越低，越容易发生碰撞。

为了在前车切入、前车切出等紧急避险的场景下依然能够保证较好的制动效果，可以从以下方面进行优化。

一是组合驾驶辅助系统的跟车距离：在保证消费者体验的情况下，若车辆本身感知能力较弱，跟车距离应适当加长，以便于给系统留出充足的反应时间。

二是制动时机：当前方或相邻车道的目标车发生较大横向位移时，测试车辆可以适当采取轻微制动动作，避免后续可能发生的碰撞风险。

除此之外，车辆的制动系统性能应尽可能稳定，以保障可以提供稳定减速度，不仅能够提升消费者的驾乘体验，在前车紧急避险的场景下，也能更好地避免与目标车辆发生碰撞。

五　结论

在我国复杂的城市道路环境中，插队的情况十分普遍，前车切入、前车切出的场景经常遇到，通过对大量配备组合驾驶辅助系统车辆的测试，我们发现不同车型的表现具有明显的差异性，绝大部分车型以安全为首要任务可以避免碰撞，但有些车型会由于制动减速度过大而造成乘车舒适性较差。基于测试数据，通过环视雷达等措施更早发现前方或相邻车道其他车辆的换道意图，并提前采取制动措施可以更好地提高安全性和驾乘体验。在系统的设计中，除了目标车辆的位置外，还应将目标车辆的横向速度作为检测对象，以便更早、更准确地判断目标车辆的行为。

参考文献

［1］《2022 年中国乘用车 L2 及 L2+级自动驾驶研究报告》，北京佐思汽车信息咨询有限责任公司。

［2］《C-ICAP 中国智能网联汽车技术规程（1.0 版）》，中国汽车技术研究中心有限公司。

［3］Yang Zhibo, Li Tao, Qin Kongjian and Sun Haipeng, "A Test and Evaluation Method for Autonomous Vehicle Following System", *2021 6th International Conference on Electromechanical Contrl Technology and Transportation（ICECTT）*, 2021.

［4］Li Tao, Yao Zhonghua, Ji Zhao, Ji Hengyi, "Analysis of Braking Effect of Advanced Driver Assistance System in the Scenario of Cut-In," *2021 International Conference on Smart Transp, ortation and City Engineering（STCE 2021）*, 2021.

［5］刘元骞：《考虑驾驶员驾驶风格的换道意图识别与轨迹预测方法研究》，硕士学位论文，广州大学，2023。

基于匝道场景的领航行车辅助（NOA）测试研究

张长禄　季中豪　马志振*

摘　要：　为研究领航辅助驾驶系统在高速匝道分流场景下的表现，本研究选取了匝道口无干扰车辆和匝道口有静止车辆两个场景，分别选取了三款具有代表性的车辆的测试数据进行分析，并对场景差异性、车辆制动时机等数据进行了分析，并提出改进意见。

关键词：　匝道场景　领航辅助驾驶　交通安全

一　前言

领航辅助驾驶系统 NOA（Navigate on Autopilot）是一种高阶驾驶辅助技术，它能使汽车在特定环境下实现完全自动驾驶。根据使用场景的不同，可分为高速 NOA 和城市 NOA，其中，高速高架、城市快速路等场景由于交通参与者种类较少、行驶路线较简单，对硬件算力以及软件算法的要求也相对较低，因此更容易实现商业化落地，从 2021 年陆续推出，如今已进入大规模应用阶段，十几万元售价的乘用车中已开始配备高速 NOA 系统，在高速

*　张长禄，中汽研汽车检验中心（天津）有限公司智能网联工程师；季中豪，中汽研汽车检验中心（天津）有限公司智能网联工程师；马志振，中国汽车技术研究中心有限公司汽车测评管理中心运营主办。

高架路段中，NOA 可以实现自动调节车速、自动变道超车、自动进出匝道。

研究表明，在高速公路发生的事故中，有 90% 的是人为因素引起的，其中又有 41.4% 的事故是由驾驶员没有正确认知外部环境导致的。在高速公路的各种路段中，由于高速公路匝道区域的环境信息复杂、车速较快，容易对驾驶员产生较高的驾驶负荷，从而更容易疲劳驾驶，在判断或操作方面出现失误，导致交通事故的发生。据悉，高速公路交通事故中，有 30% 的发生在匝道区域，公里事故率是其他路段的 4~6 倍。[①]

高速 NOA 的发展，可以有效减轻驾驶员的驾驶压力，保障行车安全，降低交通事故的发生率。[②] 本研究为研究领航辅助驾驶系统在高速分流匝道口场景下的表现，选取了两个常见场景，分别是难度较低的匝道口无干扰车辆和难度较高的匝道口有静止车两个场景。通过近 30 款车型的测试，选取了三款典型车辆的数据，并分析了领航辅助驾驶系统在应对上述两种场景时的不同表现，结合目前行业的技术现状，提出了辅助驾驶系统的改进建议。

二 领航辅助驾驶系统介绍

领航辅助驾驶系统被激活后，它会利用摄像头单元扫描前方车辆的距离以及路面上车道两侧的标线。然后，系统通过自动调节车速来保持与前方车辆的安全距离，同时，转向辅助功能可以帮助车辆保持在车道内或进行换道操作。此外，领航辅助驾驶系统还具有基于导航引导路径、基于限速信息和车流状态等条件进行辅助驾驶的功能。

不同汽车制造商的 NOA 方案可能有所不同，比如特斯拉的 NOA 采用强视觉感知能力的自动驾驶方案，依赖摄像头、毫米波雷达，以及自研的 FSD 芯片，用依靠视觉为主的 Autopilot 系统和导航地图一起工作。其他汽车制造商会偏向于使用激光雷达增强感知能力，使用高精地图辅助车辆的感知、

---

① 李克强：《智能网联汽车现状及发展战略建议》，《经营者（汽车商业评论）》2016 年第 2 期。

② 徐可、徐楠：《全球视角下的智能网联汽车发展路径》，《中国工业评论》2015 年第 9 期。

定位、路径规划与决策控制，让车辆更快、更好地适应道路交通环境。[1]

高速匝道场景中主要依靠车辆的感知系统实时感知周围的其他车辆等环境信息，同时结合自身定位，基于高精地图的路况、限速标识等信息提前规划最优路径，调整自身车速及所在车道，最终以一个较舒适的速度驶入匝道。

三　场景布置

（一）测试场景

为研究装配领航辅助驾驶系统车辆在高速匝道场景下的具体表现，选取了匝道入口无其他干扰车辆和匝道入口有静止车辆两个场景进行测试。

1. 匝道入口无其他干扰车辆

测试道路为至少包含两条车道的长直道，中间车道线为虚线，试验道路前方存在匝道。试验人员根据系统提示设置终点，且确保路径经过下行匝道。试验车辆在领航辅助驾驶系统激活条件下，分别设置车速 80km/h、100km/h、120km/h，当试验车辆速度达到稳定状态，且与匝道距离大于200 米时试验开始（见图 1）。[2]

2. 匝道入口有静止车辆

测试道路为至少包含两条车道的长直道，中间车道线为虚线，试验道路前方存在匝道。试验人员根据系统提示设置终点，且确保路径经过下行匝道。试验车辆在领航辅助驾驶系统激活条件下，分别设置车速 80km/h、100km/h、120km/h，当试验车辆速度达到稳定状态，且与匝道距离大于200 米时试验开始，在匝道入口处存在静止车辆（见图 2）。[3]

---

[1]　齐鲲鹏、隆武强、陈雷：《硬件在环仿真在汽车控制系统开发中的应用及关键技术》，《内燃机》2006 年第 5 期。

[2]　田军辉：《纯电动客车整车控制器硬件在环测试系统开发及驱动控制策略研究》，硕士学位论文，吉林大学，2013。

[3]　田军辉：《纯电动客车整车控制器硬件在环测试系统开发及驱动控制策略研究》，硕士学位论文，吉林大学，2013。

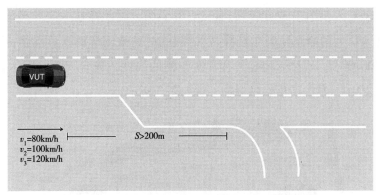

图1 匝道入口无其他干扰车辆测试场景示意

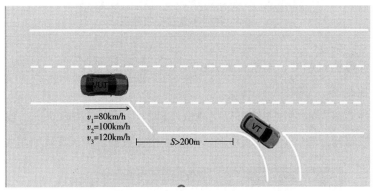

图2 匝道入口有静止车辆测试场景示意

（二）测试场景差异性分析

上述两个场景的主要区别在于匝道入口是否有障碍物。对于匝道入口无干扰的场景，测试车辆可以用较高速度顺畅驶入匝道，可以看作简单的主动换道场景，主要考量测试车辆领航辅助驾驶系统的路线规划、速度控制能力以及乘车舒适性；若匝道口存在静止车辆，匝道为单车道，因为障碍车的存在，测试车辆无法通过，主要考量测试车辆在匝道口拥堵情况下的表现。

（三）测试设备

不同汽车制造商的领航辅助驾驶系统对于汇入匝道速度有不同的要求，

一些车型汇入匝道的速度较高，可达 70km/h，因此存在一定的碰撞风险，在匝道入口处的静止障碍车选择替代实际 M_1 类乘用车的软目标物,[1] 参照 ISO19206 要求，软目标物应具有真实车辆的属性，包含视觉、雷达、激光雷达和 PMD，本次所用软目标物外观如图 3 所示。

图 3　障碍车软目标物外观

为保障测试精度，本次试验用到的设备主要是惯性 GPS 导航测试系统和同步控制器。

惯性 GPS 导航测试系统可以将测试车辆的位置信息和运动状态数据传输至同步控制器，然后通过平板电脑实时读取相关数据。测试场景如图 4 所示。

图 4　测试场景

---

[1]　彭忆强：《基于模型的汽车电控单元仿真测试技术研究》，《中国测试技术》2006 年第 6 期。

四　测试结果分析

选取 3 款车型的数据，分别对匝道入口无干扰车辆场景和匝道入口有静止车辆场景进行数据分析，测试数据如表 1、表 2 所示。

表 1　匝道入口无其他干扰车辆测试数据

车辆编号	测试车速（km/h）	换道起始点距匝道口距离（km）	减速起始点距匝道口距离（km）	汇入匝道时的速度（km/h）	是否压线	最大纵向减速度（m/s²）	最大横向加速度（m/s²）
1#	80	1.4	0.2	70	否	0.47	0.87
	100	1.4	0.5	70	否	0.45	0.84
	120	1.4	1.0	70	否	0.49	0.95
2#	80	1.8	0.3	50	否	0.85	0.67
	100	1.8	0.6	50	否	1.08	0.86
	120	1.8	1.0	50	否	1.19	0.87
3#	80	2.0	0.2	60	否	1.15	0.89
	100	2.0	0.4	60	否	1.11	0.88
	120	2.0	0.5	60	否	1.27	0.84

表 2　匝道入口有静止车辆测试数据

车辆编号	测试车速（km/h）	换道起始点距匝道口距离（km）	减速起始点距匝道口距离（km）	汇入匝道时的速度（km/h）	是否避免碰撞	最大纵向减速度（m/s²）	最大横向加速度（m/s²）
1#	80	1.4	0.2	0	是	2.54	0.85
	100	1.4	0.5	0	是	2.56	0.82
	120	1.4	1.0	0	是	2.41	0.82
2#	80	1.8	0.3	0	是	2.16	0.87
	100	1.8	0.6	0	是	2.16	0.86
	120	1.8	1.0	0	是	2.17	0.87
3#	80	2.0	0.2	0	是	3.42	0.87
	100	2.0	0.4	0	是	3.68	0.85
	120	2.0	0.5	0	是	3.57	0.89

从测试结果中不难发现，一是所有测试车辆在上述两个场景中均可成功汇入匝道，且避免压线、碰撞；二是不同车辆制造商所配备的领航辅助驾驶系统在换道时机、制动时机、汇入匝道速度等方面的参数设计不同，这就导致了汇入匝道过程中纵向减速度、横向加速度的不同，影响乘车舒适性。

在汇入匝道的阶段，减速起始点距离匝道的远近，即制动时机的选择，会导致制动时制动减速度的不同，最终显著影响乘车舒适性。

通过对比表2中三辆车在匝道入口有静止车辆场景下的测试数据我们可以发现，对于同一车速，其减速起始点距离匝道口越远，即越早开始制动，在匝道入口处减速至零所需的制动力越小，制动时便游刃有余，遇到匝道口拥堵等意外情况时，紧急制动的纵向减速度越小，驾乘体验越舒适。

由表1可知，不同车辆制造商在汇入匝道速度的参数设置时选择的车速不同，以图5为例，根据其汇入匝道时的速度，领航辅助驾驶系统会提前开始减速，保障在到达匝道口之前将速度降至设置速度，可以推测到，设置的汇入速度越低，当匝道口出现意外时，紧急制动所需压力就越小，越有利于乘车安全，乘车舒适性也会越好。

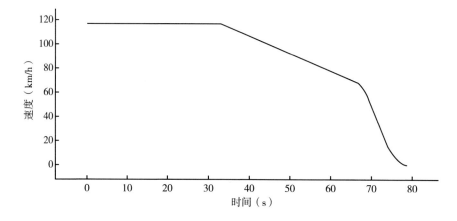

图5　1#车在匝道入口有静止车辆场景下的速度变化情况

五　结论

通过对大量配备领航辅助驾驶系统的车辆进行测试，以及对典型车辆的数据进行深入分析我们发现，不同企业的领航辅助驾驶系统在应对匝道场景时的表现存在一些差异。所有车辆均可成功汇入匝道，面对匝道入口有静止车时也可以成功在本车道刹停以避免碰撞，但不同车辆在匝道中的速度不同，在汇入匝道过程中的横向加速度、纵向减速度也有较大区别。

从数据来看，影响汇入匝道过程中的乘车舒适性的主要因素是车辆在距离匝道入口多大距离时开始换入慢车道和制动减速，以及最低以多大的速度汇入匝道。在实际测试过程中我们发现，出口匝道内一般限速 40km/h，但大多企业考虑到驾驶员的驾驶习惯，一般将速度设为最低 60km/h 左右，[①] 这就导致一旦匝道入口出现拥堵或意外事故，可能造成制动力不足，影响行车安全及乘车舒适性。在后续领航辅助驾驶系统的改进过程中，应适当考虑这种问题，即尽早换入慢车道，尽早开始缓慢降低车速，并适当降低汇入匝道时的最低速度。

参考文献

［1］付强：《高速公路匝道区域驾驶信息负荷对交通安全的影响研究》，硕士学位论文，武汉理工大学，2015。

［2］王少峰：《高级驾驶辅助系统建模与仿真测试研究》，硕士学位论文，南昌大学，2023。

［3］高驰：《为何城市 NOA 都在"弱地图"?》，《汽车与配件》2023 年第 5 期。

［4］《C-ICAP 中国智能网联汽车技术规程（1.0 版）》，中国汽车技术研究中心有限公司。

［5］《C-NCAP 管理规程（2021 年版）》，中国汽车技术研究中心有限公司。

［6］李星月：《匝道分流区智能车路径规划及跟踪研究》，硕士学位论文，重庆理工大学，2022。

---

① 《C-ICAP 中国智能网联汽车技术规程（1.1 版）》，中国汽车技术研究中心有限公司。

模拟仿真技术在 C-ICAP 测评
体系中的应用研究

曹曼曼　孙琪佳　王　强*

摘　要：　本研究对模拟仿真技术在 C-ICAP 测试体系中的应用现状进行了
系统的介绍，对当前测评规程中仿真场景的元素特点、场景运行参数及评价
维度进行了统计分析和总结，探讨了企业在开展模拟仿真测试时面临的挑
战，并对模拟仿真测试在 C-ICAP 测评体系中的深入应用进行了展望。

关键词：　模拟仿真　仿真平台　仿真场景　测评规程

一　前言

随着智能化信息化与汽车的深度融合，汽车正在从传统的交通运输工具
转变为新型的智能出行载体，各企业都在加大在智能网联汽车研发上的投
入，功能开发的方式逐步多元化，功能测试的手段也逐渐多样化。[①] 联合国
WP29 GRVA 工作组提出多支柱法，以道路测试、场地测试、仿真测试、审
核等多种方法来支撑自动驾驶功能的评价。其中仿真测试作为新兴的测试方
式因其限制少、成本低、覆盖度高等优势已成为验证过程中的重要一环。

在此背景下，模拟仿真测试技术被引入测试评价体系中，弥补实车测试

---

*　曹曼曼，中汽数据（天津）有限公司智驾仿真工程师；孙琪佳，中汽数据（天津）有限公
司智驾仿真工程师；王强，中汽数据（天津）有限公司智驾仿真业务主管。

①　李克强：《智能网联汽车现状及发展战略建议》，《经营者（汽车商业评论）》2016 年第 2
期；徐可、徐楠：《全球视角下的智能网联汽车发展路径》，《中国工业评论》2015 年第 9 期。

成本高、极端场景难覆盖等不足，使 C-ICAP 测试评价规程更加全面、灵活、高效和安全。

二 模拟仿真技术在 C-ICAP 中的应用

（一）C-ICAP 分类分级及测评方法概述

C-ICAP 技术规程 1.1 版对辅助驾驶单元和智慧座舱单元进行评价。测试项目分为三部分：行车辅助项目、泊车辅助项目和智慧座舱项目。其中行车辅助项目包括基础行车辅助（必测项）和领航行车辅助（增测项），分别侧重于评价系统安全性、舒适性和系统的智能通行效率；泊车辅助项目包括基础泊车辅助（必测项）和记忆泊车辅助（增测项），分别侧重于评价车辆的自动泊入能力和车辆的寻迹能力；智慧座舱项目包括智能交互（必测项）、智能护航（必测项）、智能服务（必测项），分别侧重于评价座舱的触控语音等交互能力、全景环视抬头显示等护航能力以及在特定场景下的智慧服务水平。

每项评价内逐级分为一级指标、二级指标及三级指标的具体场景，每级指标分设不同权重，最后由每个场景的测试结果加权计算出最终得分和测评星级成绩。C-ICAP 技术规程 1.1 版的辅助驾驶单元测试内容如图 1 所示。

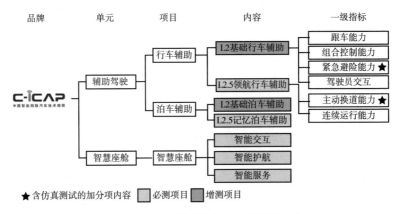

图 1　C-ICAP 技术规程 1.1 版测试内容

（二）模拟仿真技术在 C-ICAP 中的应用介绍

仿真验证技术正成为智能网联技术开发和验证的重要手段，基于联合国 WP.29 自动驾驶系统评估/测试方法（NATM）提出的三级验证体系，从虚拟到现实、从一般场景到边角场景不同程度进行测试，具体包括虚拟仿真测试、封闭道路测试以及真实道路测试。仿真测试技术对于考察智能驾驶系统在复杂多变的道路交通环境中各种长尾场景下的表现具有重要意义。C-ICAP 中在 L2 基础行车辅助（必测项）的一级指标紧急避险能力的模拟危险场景和 L2.5 领航行车辅助（增测项）的一级指标主动换道能力中分别设置了多个仿真测试场景作为加分项，为企业自证智驾行车辅助能力提供通道。仿真测试场景在保证安全的前提下有效提升了测评的全面性，在保证测试重复性的基础上加强了对于典型危险场景的测试评价。虚拟仿真测试的测试对象应为与量产车保持一致的智能驾驶系统，测试方法应结合实际情况进行灵活选择，包括但不仅限于模型在环 MIL、软件在环 SIL、硬件在环 HIL、整车在环 VIL，推荐使用物理级传感器信号仿真设备来提高仿真的测试精度，如视频暗箱、视频注入、毫米波雷达回波模拟器、超声波雷达回波模拟器等。配置环境分为软件和硬件两个部分。其中软件部分主要提供与实车参数保持一致的整车动力学模型、与测试用例描述保持一致的仿真场景以及数据监控和分析管理平台；硬件部分面向所测试的系统功能，应合理地选择台架设备，保证测试的合理性。采用硬件在环仿真测试平台针对域控制器被测件，基于实时系统平台，构建电源仿真以及总线、以太网、数字量模拟量的通道仿真信号，开发物理级的传感器仿真设备，实现感知决策融合验证的 HIL 仿真测试工具链示例如图 2 所示。通过硬件在环仿真系统模拟汽车的各种运行工况，可以对汽车控制系统的性能进行测试和评估，为汽车控制系统的开发提供了方便快捷的途径。[1]

---

[1] 齐鲲鹏、隆武强、陈雷：《硬件在环仿真在汽车控制系统开发中的应用及关键技术》，《内燃机》2006 年第 5 期；田军辉：《纯电动客车整车控制器硬件在环测试系统开发及驱动控制策略研究》，硕士学位论文，吉林大学，2013；彭忆强：《基于模型的汽车电控单元仿真测试技术研究》，《中国测试技术》2006 年第 6 期。

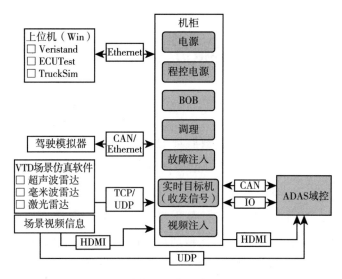

图 2　硬件在环仿真测试工具链示例

（三）仿真场景测评方法

仿真测试实施由企业自主完成或委托第三方检测认证机构去开展，具体实施形式由企业结合自身情况合理选择。为保证结果的公平、公正，无论企业选择何种方式，均需由试验人员对实施测试的环境进行现场或远程审核。作为评分前提，若发现提交的报告与实际测试环境不符，则取消此次车型的仿真评分资格。① 仿真测评部分的评分内容由企业自测后提供测试报告，需要提供《模拟危险场景测试流程审核报告》和《模拟危险场景测试结果通过性报告》。仿真测试流程合规报告主要考察实际的测试环境是否满足仿真的基本要求，认定是否能够实现仿真场景的构建以及整体的闭环测试。审查重点为核心软硬件、车辆动力学标定、被测设备、信号流示意图四大部分；场景测试结果通过性报告则是提供企业在执行仿真测试过程中记录的测试数据及测试结果，审查重点为数据的真实性核查并依据评分规则对照记录数据对测试结果进行评分。

---

① 《C-ICAP 中国智能网联汽车技术规程（1.1 版）》，中国汽车技术研究中心有限公司。

三 模拟仿真场景特点

（一）仿真场景元素

为了让自动驾驶功能能够被验证通过进入市场，需要各个研究领域和工业领域合作制定新的质量标准和方法，这也就是 PEGASUS 项目产生的目的。PEGASUS 项目专注于基于场景的方法对自动驾驶系统进行虚拟测试和验证，该项目的重要成果是定义了场景的六层模型。它用于构建配备 ADS 的车辆的周围环境。这种结构可以定义场景和影响因素的变化。使用六层模型从系统外部组织设计 ODD 的整体理念。在第一层和第二层，根据高速公路建设的指导原则，对道路网络进行描述。第三层描述第一层和第二层的临时状况（如道路建设站点，需要持续时间大于 1 天）。在第四层，交通参与者之间的交互通过操控来表现。在第五层，定义天气条件。第六层是与道路基础设施、其他交通参与者或无线服务的数据交换模型。

针对 C-ICAP 技术规程 1.1 版逐个分析仿真场景元素特征，比较仿真场景中对于各层级元素的应用程度如表 1 所示，分析可知当前测评规程中的仿真场景对于第一层级的道路类型及第四层级的交通参与者考察相对最为全面，对于场景中交通设施及天气条件的影响也纳入了考察范围，而对于临时交通设施及 V2X 等数字信息场景元素则在当前技术规程中并未体现。从对于 PEGASUS 场景六层模型的交叉覆盖度方面来看，除道路类型是基本的场景元素外，大部分仿真场景仅覆盖了"交通设施""交通参与者""天气条件"中的一层，其中"隧道入口前车切入"与"中雨—直道—前方追尾乘用车并出现打伞行人"两个仿真场景同时覆盖了三个层级，属于多元素重叠的复杂度较高的场景。对于这类复杂场景，仿真测试可以极大地降低对测试环境的依赖性，且有效地保证测试边界一致性，提升测试效率。

表 1　仿真测试场景元素特征分析

一级指标	PEGASUS层级					
	道路类型	交通设施	临时交通设施	交通参与者	天气条件	数字信息
车辆限速标志识别	●	●	•	●	•	•
模糊弯道并线行驶	●	•	•	●	•	•
隧道入口前车切入	●	●	•	●	•	•
低速重卡走走停停	●	•	•	●	•	•
高速前车紧急避障	●	•	•	●	•	•
弯道-缓行卡车	●	•	•	●	•	•
双车道拥堵变为相邻车道顺畅	●	•	•	●	•	•
白天-斜置货车侵占车道	●	•	•	●	•	•
中雨-直道-前方追尾乘用车并出现打伞行人	●	•	•	●	●	•
主路最右侧车道有连续快速行驶车流	●	•	•	●	•	•
白天-左侧邻车道后方有非连续行驶车流	●	•	•	●	•	•

注：圆点的大小代表了场景所覆盖的元素与 PEGASUS 模拟层级的相关性，最小的圆点代表没有相关性。

（二）场景运行参数分析

对 C-ICAP 技术规程中的 14 个仿真场景所用到的测试方法进行统计，分析关键参数的分布情况，总结如图 3 所示。

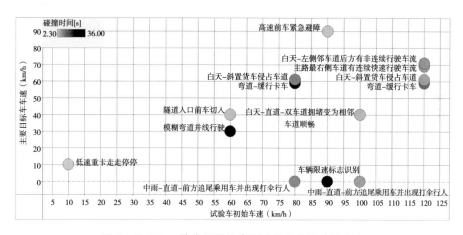

图 3　C-ICAP 技术规程仿真测试运行参数统计分布

其中横轴代表试验车辆的初始车速，纵轴代表对试验车辆有主要影响的目标车初始车速，试验车车速与目标车车速交叉点的颜色深浅代表仿真场景中试验车距离目标车的碰撞时间（部分场景的碰撞时间与试验车辆行车辅助系统的车头时距设置有关，碰撞时间为估计值）。由图 3 可知，技术规程中的试验车辆车速分布在 10~120km/h 内，除"低速重卡走走停停"场景外，其余场景试验车速均大于等于 60km/h。由此可知，仿真场景的设计可有效地补充实车测试中较为危险的中高速场景，保障测试场景对于辅助驾驶系统车速设计运行域的有效覆盖。碰撞时间是表征汽车安全性能的重要指标[1]，分析仿真场景的碰撞时间分布情况可知，在不同的试验车速分布下，仿真场景对于碰撞时间的设计具有一定的差异性，当前的仿真场景参数分布保障了在每个试验车速段下都存在一些较为危险的测试场景。

（三）仿真场景评价

相对于试验车速，主要目标车的车速基本都低于试验车速，可有效地考察试验车辆在周围缓慢的交通流环境下的安全性（是否发生碰撞）以及驾乘体验性能表现（横纵向加速度最大值）。分析仿真场景测试结果的得分说明可知，规程会首先考察试验车辆是否成功避撞，其次考察试验车辆是否通过能够提升通行效率的变道方式进行避撞，最终考察试验车辆在避撞过程中的加速度峰值，综合评判得到仿真测试结果的最终评分。除此之外，部分场景还需要判定辅助驾驶系统是否发出警示信息、车辆轮胎外沿是否超越阈值、与前后干扰车的安全时间域是否满足规定等内容。整体而言，仿真场景的评价内容包含了安全性、智能性和驾乘体验，并对其中的关键指标进行定量分级评分。

四　模拟仿真测试难点

（一）仿真平台搭建

模拟仿真测试实施过程中从模型构建、仿真平台搭建到仿真场景测试面临

---

[1]　裴晓飞、刘昭度、马国成等：《汽车主动避撞系统的安全距离模型和目标检测算法》，《汽车安全与节能学报》2012 年第 1 期。

一系列的挑战，最难的环节之一就是传感器的建模。规程推荐使用物理级传感器信号仿真设备来提高仿真的测试精度，如视频暗箱、视频注入、毫米波雷达回波模拟器、超声波雷达回波模拟器等。而构建全物理级建模需要获取传感器元器件（如 CMOS 芯片、ISP）的底层参数，对这些参数做建模。而且还需要知道传感器的底层物理原理，并对激光雷达的激光波、毫米波雷达的电磁波做建模。然而，传感器厂商一般不愿意开放底层数据，甚至拿到接口协议也会有困难，这是当前主机厂在构建智能驾驶系统仿真时普遍面临的挑战。

（二）仿真测试场景

完成仿真平台搭建后，具体到每个仿真场景的测试执行、运行参数的设计会对仿真测试结果有较大影响，如对于 L2 基础行车辅助中的"高速前车紧急避撞"场景，试验车车速较高，且碰撞时间很短，属于危险场景的范畴，对于智能驾驶系统的决策及控制都有很高的要求，这类场景可以有效地考察车辆对于紧急危险场景的功能边界，如何安全应对智能驾驶系统面对此类紧急危险场景是车企需要攻克的难题。

（三）仿真可信度

在智能驾驶仿真测试过程中，仿真测试手段因其可以克服部分实车测试限制条件，增加测试场景数量的优势，在确保自动驾驶系统安全方面的应用越来越广泛。尽管如此，仿真试验也可能产生不正确的结果，对于没有得到稳健实践充分支持的复杂仿真尤其如此。只有保证了仿真的正确性和可信度，最终得到的仿真结果才有实际应用的价值和意义。当前技术规程在测评仿真结果时还未将仿真可信度纳入考察范围。如何评估仿真平台的可信度，是企业在应用仿真技术过程中一个迫在眉睫需要解决的问题。

五 总结与展望

基于以上研究可得，当前模拟仿真技术在测评规程中的应用集中在加分项部分，在整个规程中占比较小，仿真场景元素覆盖范围较为有限，同时对于仿真的测试评价主要通过企业提交的流程审核报告及测试结果来进行，对于考察企业所应用仿真工具链的正确性和可信度有待提升。

随着智能驾驶技术的不断发展，模拟仿真技术在测评规程中的应用将更加广泛和深入。未来，C-ICAP测试评价规程中模拟仿真测试部分将在以下几个方面进行新版本的更新迭代。

（一）增加模拟仿真测试占比

在规程的完善和实施过程中，模拟仿真测试的重要性日益凸显。从行车辅助规程中的加分项，到高快速路自动驾驶规程中的必测项，模拟仿真测试的比重日益增大。未来，模拟仿真测试作为必测项，其占比还将进一步提升。

（二）提升仿真场景覆盖度

随着技术和需求的变化，场景覆盖度也需要持续更新和拓展。通过不断扩大场景覆盖范围，可以更准确地预测和评估系统在不同情况下的行为表现，进而深入了解其性能特点和局限性。这将为用户提供更全面、更准确的评估结果。在后续的规程制定中，将考虑模拟罕见与极端场景、多模态交通场景，并考虑交通设施与信号等多个方面的因素，以进一步完善场景覆盖度。

（三）强化仿真可信度的验证

仿真测试平台的可信度将决定仿真试验能否为智能驾驶技术的研发提供准确、可靠的试验结果。因此，在测评规程中涉及的仿真测试应强化仿真可信度的验证。目前，在《C-ICAP高快速路测试评价规程（征求意见稿）》中已经增加了实车仿真对比一致性测试报告作为仿真测试的前提。在后续的测评规程中将进一步考虑审核企业仿真平台的可信度，以确保仿真测试的准确性和可靠性。其主要内容，一是数据来源和准确性，确保用于仿真的数据来源可靠，数据质量高，没有误差或偏差。二是模型验证与校准，确保仿真模型能够准确反映实际系统的行为和性能。通过将仿真结果与已知的实验数据或实际数据进行比较，验证模型的准确性和有效性。三是敏感性分析和不确定性量化，评估仿真结果对不同参数的敏感性，以及参数不确定性对结果的影响。这有助于理解仿真结果的不确定性范围，并提供更有针对性的优化方向。

通过不断地技术创新和应用拓展，模拟仿真测试将在推动智能驾驶技术的发展、提高测评规程的科学性和准确性方面发挥越来越重要的作用。随着各领域的交叉融合和创新发展，未来的智能驾驶技术将在更多维度上得到全面评估和优化，为人们带来更加安全、高效、可持续的出行体验，为消费者提供更为精细化、智能化的选车服务。

参考文献

［1］李克强：《智能网联汽车现状及发展战略建议》，《经营者（汽车商业评论）》2016 年第 2 期。

［2］徐可、徐楠：《全球视角下的智能网联汽车发展路径》，《中国工业评论》2015 年第 9 期。

［3］齐鲲鹏、隆武强、陈雷：《硬件在环仿真在汽车控制系统开发中的应用及关键技术》，《内燃机》2006 年第 5 期。

［4］田军辉：《纯电动客车整车控制器硬件在环测试系统开发及驱动控制策略研究》，硕士学位论文，吉林大学，2013。

［5］彭忆强：《基于模型的汽车电控单元仿真测试技术研究》，《中国测试技术》2006 年第 6 期。

［6］《C-ICAP 中国智能网联汽车技术规程（1.1 版）》，中国汽车技术研究中心有限公司。

［7］裴晓飞、刘昭度、马国成等：《汽车主动避撞系统的安全距离模型和目标检测算法》，《汽车安全与节能学报》2012 年第 1 期。

基于空间车位场景的泊车辅助
系统测试研究

吉恒毅　王喜连　姜　山*

摘　要：　为研究自动泊车辅助系统在空间车位场景下的表现，本研究选取了平行空间车位和垂直空间车位两种典型的车位类型，选取 3 款典型车辆进行测试，分析了常见的测试方法，对车辆的车位识别、揉库次数、车身姿态等进行了分析，并提出改进意见。

关键词：　自动泊车　辅助系统　空间车位

一　前言

随着汽车辅助驾驶系统的搭载率不断提高以及"行泊一体"的发展趋势，越来越多的车型搭载自动泊车辅助系统（Automatic Parking Assistant System，APA）。与此同时，交通拥堵成为许多大城市的常见现象，城市的停车位数量有限且空间狭小，驾驶员往往需要更多的时间泊车入位，停车入位也成了棘手问题。自动泊车辅助系统也伴随着用户使用需求的发展，经历了倒车雷达、360 环视、搜索车位并控制车辆横向运动以及搜索车位并控制车辆横向和纵向运动的发展历程。

停车位类型可分为空间车位和车位线车位。空间车位是指由车辆和其他

---

* 吉恒毅，中汽研汽车检验中心（天津）有限公司智能网联工程师；王喜连，中国汽车技术研究中心有限公司汽车测评管理中心品牌主管；姜山，中国汽车技术研究中心有限公司汽车测评管理中心品牌主办。

道路设施围成的可供车辆泊入的车位，车位线车位是指由地面标线组成可供车辆泊入的车位。

优秀的自动泊车辅助系统可以协助用户完成泊车入位，解决用户的泊车难题，特别是对于新手司机而言，顺利地完成泊车存在困难；同时，良好的停车姿态也极其重要，一方面便于整个停车场管理，另一方面也可避免本车辆被剐蹭，保护用户的财产安全。

本研究首先分析泊车辅助的常规测试方法，选取空间车位的泊入测试场景，具体为狭小的空间平行车位和狭小的空间垂直车位，选取 3 款典型车型作为测试对象，对泊入姿态进行对比分析，结合行业的发展现状，对泊车的测试方法和系统改进提出建议。

二 自动泊车辅助系统原理

自动泊车辅助系统最初指的是倒车雷达或者倒车影像，借助图像展示或者雷达报警声音，对用户进行倒车提示，整体安装较为简单，在一定程度上降低了倒车引发的交通事故。随着用户需求的提高以及行业技术的发展，新车型大多数可选配自动泊车辅助系统。

泊车辅助系统大致可分为三个模块：环境识别模块、路径规划模块和车辆控制模块。[1] 环境识别模块主要依靠车辆本身的传感器对车辆周边的信息进行识别，包括车位的尺寸以及车位内是否存在障碍物等。超声波雷达与摄像头的融合感知更加适合车位识别。[2] 路径规划模块主要功能是根据获取的环境识别模块获取的感知信息，建立起泊车的本地坐标系，确认本车的位置以及规划合理的泊车路径。预瞄 PID 的路径规划方法可生产曲率连续的全

---

① 钱炎：《自动泊车辅助系统（APA）的路径规划与实现》，硕士学位论文，上海工程技术大学，2021。

② 汪永旺、汪石农、姜灏等：《多工况下自动泊车系统停车位识别方法研究》，《电子测量与仪器学报》2022 年第 9 期。

局路径。① 车辆控制模块主要是对车辆进行控制，使得车辆的参考点始终处于规划路径的合理范围内（见图1）。自动泊车辅助系统依靠良好的电动助力转向进行平稳的转向输出，才能营造出舒适的泊车体验。②

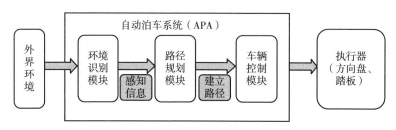

图1 自动泊车辅助系统示意

三 场景布置及测试方法

（一）场景布置

为了研究自动泊车辅助系统对于空间车位的泊车能力，选择平行空间车位和垂直空间车位进行场景布置。③ 选取的静止车辆为大规模生产的乘用车，长度在4100~5000毫米，宽度在1700~2000毫米，测试车辆的长度为X，宽度为Y。所有的场景重复进行三次测试，选取车辆表现最好的一次进行结果分析。

1. 平行空间车位

测试场景由静止车辆和路缘石构成，静止车辆一侧与参考线对齐，车位尺寸由测试车辆的尺寸确定。测试车辆的起始位置应满足表1的规定，场景布置如图2所示。试验完成后，记录车辆的揉库次数，记录车辆的前、后轮

---

① 喻东、代琦、隗鹏：《基于电动助力转向系统自动泊车功能调试的研究》，《汽车实用技术》2023年第13期。

② 骆嫚、熊胜健、隋立洋等：《基于预瞄PID的自动泊车路径跟踪分析》，《汽车实用技术》2023年第11期。

③ 《C-ICAP中国智能网联汽车技术规程（1.1版）》，中国汽车技术研究中心有限公司。

接地点与路缘石的距离 D_f、D_r，记录车辆最前端和最后端与静止车辆的最小距离 $\Delta1$，同时需要计算车身姿态 α（见图3）。

表1　平行空间车位场景布置要求

车位名称	车位长 X_0	车位宽 Y_0	横向间距 d1、d2
标准尺寸	$X_0 = X+1.0, X \leqslant 4m$; $X_0 = 1.25X, 4m < X < 6m$; $X_0 = X+1.5, X \geqslant 6m$	$Y+0.2m$	$1.2 \pm 0.2m$
狭小尺寸	$X_0 = X + \max(0.7m, 0.15X)$	$Y+0.2m$	$1.2 \pm 0.2m$

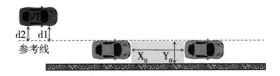

图2　平行空间车位测试示意

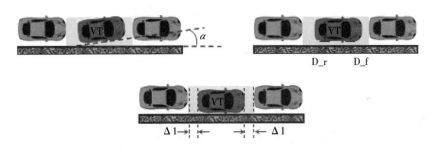

图3　平行空间车位主要测量参数

2. 垂直空间车位

测试场景由静止车辆构成，静止车辆一侧与参考线对齐，车位尺寸由测试车辆的尺寸确定，在车位前5.5米处设置一静止车辆，限制泊车可用空间。测试车辆的起始位置应满足表2的规定，场景布置如图4所示。试验完成后，记录车辆的揉库次数，横向记录车辆的前、后轮接地点与静止车辆边缘的最小距离 Δd，纵向记录车辆最前端与参考线的距离 Δx，同时需要计算车身姿态 β（见图5）。

表 2　垂直空间车位场景布置要求

车位名称	车位长 X_0	车位宽 Y_0	横向间距 d1、d2
标准尺寸	X	Y+1.0m	1.2±0.2m
狭小尺寸	X	Y+0.8m	1.2±0.2m

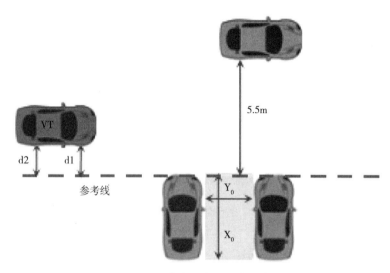

图 4　垂直空间车位测试示意

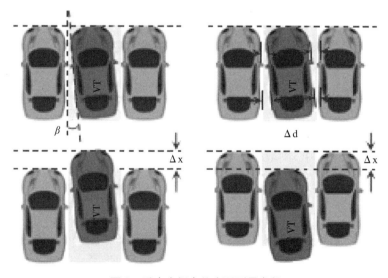

图 5　垂直空间车位主要测量参数

（二）测试方法

目前有两种方法可以对泊入后的姿态进行测量，一种方法是基于惯性导航系统的测量方法，其基本原理为，采集车位库角点的经纬度信息，然后根据车位的朝向（heading）值，模拟车位周边存在障碍物，同时，考虑车辆参考点（如前轮接地点等）与车上惯导的相对距离，通过惯导或其他计算软件计算参考点与模拟障碍物的垂直距离（见图6）。此方法在惯导进行差分状态下，误差优于2厘米，但是，由于需要库位点的经纬度信息和方向，该方法在空间车位上的使用受限，且需要精准地测量车辆参考点与车上惯导的相对位置，结果输出存在偏差。

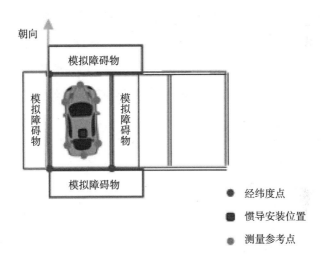

图6 基于惯导系统的泊入参数测量原理

另一种方法是通过卷尺来测量，并通过式（1）计算车身姿态角，忽略轮距偏差带来的影响。卷尺的精度为1毫米，且测量方式简单，测试过程中切换场景方便，所得数据可靠，本研究下述场景的数据来源均通过此方法得出。

$$\alpha = \arcsin\left(\frac{|D\_r - D\_f|}{L}\right) \times \frac{180°}{\pi} \tag{1}$$

式中，L 为测试车辆轴距（m），D_ r 和 D_ f 为测试车辆轮胎接地点与静止车辆外边缘的距离（m）。

四　测试结果分析

选取 3 款车型的数据，对平行空间车位和垂直空间车位测试结果进行分析。

（一）平行空间车位测试结果

表 3 为平行空间车位（标准尺寸）的测试结果，从测试结果可以看出，3 辆测试车辆的车位识别次数相差不大，均能识别并泊入空间车位内；2#、3#车辆揉库次数较 1#车辆多一次，车身姿态表现优于 1#车辆；在纵向距离上，3 辆测试车辆距离前后静止车辆均留有足够的距离，但在横向距离上，2#车辆离路缘石的距离远，自动泊车辅助系统未能规划更好的泊车区域。

表 3　平行空间车位（标准尺寸）测试结果

测试车辆编号		1#	2#	3#
车位识别次数		3	3	2
揉库次数		4	5	5
车身姿态（°）		1. 18	0. 00	0. 00
横向距离	前轮接地点距离（m）	0. 29	0. 56	0. 33
	后轮接地点距离（m）	0. 23	0. 56	0. 33
纵向距离（m）		0. 50	0. 43	0. 63

表 4 为平行空间车位（狭小尺寸）的测试结果，从测试结果可以看出，平行空间狭小车位识别困难，3#车辆未能识别出狭小空间车位，且 1#车辆和 2#车辆的结果表明，自动泊车辅助系统需要多次调整才能泊入狭小车位；测试车辆在平行空间狭小车位的车身姿态角度较大，主要取决于车辆本身的路径规划以及车位内的可移动空间不足，特别是 1#车辆，即使多次揉库也

未能获得更好的车身姿态；2#车辆同标准尺寸表现相似，泊车辅助系统未能更好地规划泊车区域，车身离路缘石距离较远。

表4　平行空间车位（狭小尺寸）测试结果

测试车辆编号		1#	2#	3#
车位识别次数		2	3	0
揉库次数		11	7	——
车身姿态(°)		2.95	1.58	——
横向距离	前轮接地点距离(m)	0.38	0.67	——
	后轮接地点距离(m)	0.23	0.59	——
纵向距离(m)		0.37	0.30	——

（二）垂直空间车位测试结果

表5为垂直空间车位（标准尺寸）的测试结果，从测试结果可以看出，3辆测试车辆均能识别并泊入垂直空间车位（标准尺寸），识别测试相差不大；2#车辆的揉库次数较其他两辆测试车辆多，但车身姿态并未出现较大差别，整体泊车用时更长；从横向距离可以看出，3辆测试车辆均处于车位中间附近；从纵向距离来看，2#车辆与参考线距离较远，另外两辆车几乎与静止车辆平齐。

表5　垂直空间车位（标准尺寸）测试结果

测试车辆编号	1#	2#	3#
车位识别次数	3	2	2
揉库次数	3	5	3
车身姿态(°)	0.59	0.20	0.55
横向距离(m)	0.54	0.56	0.48
纵向距离(m)	0.08	0.17	0.03

表6为垂直空间车位（狭小尺寸）的测试结果，从测试结果可以看出，仅1#车辆能识别并泊入垂直空间车位（狭小尺寸），2#车辆和3#车辆并未

释放空间车位供用户选择；1#车辆的揉库次数和车身姿态与垂直空间车位（标准尺寸）结果相差不大；从横向距离来看，1#车辆位于车位中间，且车辆前沿与静止车辆参考线距离小于10厘米，几乎对齐。

表6　垂直空间车位（狭小尺寸）测试结果

测试车辆编号	1#	2#	3#
车位识别次数	3	0	0
揉库次数	3	—	—
车身姿态(°)	0.39	—	—
横向距离(m)	0.41	—	—
纵向距离(m)	0.03	—	—

（三）总结

基于上一小节的分析，具备空间车位识别能力的自动泊车辅助系统，其平行空间车位的表现优于垂直空间车位的表现，且环境感知模块对于车位的识别结果影响车辆的路径规划，进而影响最终的车身姿态。

从测试结果也可看出，对于狭小尺寸的空间车位，1#车辆也是能够很好地应对。结合其他车辆的测试表现，综合分析来看，自动泊车辅助系统可以从以下方面进行提升。

一是在自动泊车辅助系统的车位搜索阶段，环境感知模块应尽可能合理地规划泊车空间，以便能识别狭小的车位，更好地服务用户。

二是自动泊车辅助系统可调用行车辅助系统的摄像头来感知泊车空间，特别是对于车位旁路缘石的感知，增加车位识别率。

三是环境感知模块、路径规划模块和车辆控制模块应有良好的配合，泊车辅助系统运行速度虽然较低，用户能够及时接管，但也应考虑尽可能地减少挡位切换次数和急刹次数，泊车过程尽可能平稳。

同时根据大量的测试车型和测试数据表现来看，自动泊车辅助系统还是能够较好地应对狭小的空间车位，但是在大量的测试过程中，存在环境感知异常致系统中断，或者泊车的路径规划与环境感知发生冲突，又或者车辆控制超出路径规划安全范围，造成车辆在泊入过程中刹停交由用户接管的现象，需要企业更好地优化自动泊车辅助系统。后续自动泊车辅助系统的测试评价除了关注泊入后的车辆表现，也应关注泊入过程中系统的表现，对自动泊车辅助系统进行更加客观的评价。

参考文献

［1］钱炎：《自动泊车辅助系统（APA）的路径规划与实现》，硕士学位论文，上海工程技术大学，2021。

［2］汪永旺、汪石农、姜灏等：《多工况下自动泊车系统停车位识别方法研究》，《电子测量与仪器学报》2022 年第 9 期。

［3］喻东、代琦、隗鹏：《基于电动助力转向系统自动泊车功能调试的研究》，《汽车实用技术》2023 年第 13 期。

［4］骆嫚、熊胜健、隋立洋等：《基于预瞄 PID 的自动泊车路径跟踪分析》，《汽车实用技术》2023 年第 11 期。

［5］《C-ICAP 中国智能网联汽车技术规程（1.1 版）》，中国汽车技术研究中心有限公司。

高速路自动驾驶系统测试
与评价方法研究

李鸿飞　俞彦辉　王　虹*

摘　要：　随着国内外自动驾驶相关政策逐步明确并放开，企业逐步推出更多的具备自动驾驶功能的车辆。为应对未来几年内可能的自动驾驶产品的大量落地，急需一个测评体系对产品能力进行区分。基于大量辅助驾驶测评数据分析，形成以"三支柱"为测试方法的测试框架。同时，对于自动驾驶测评，传统评价指标难以对测试场景车辆表现进行连续综合的评价，因此引入时间差指标，并根据时间差、减速度等指标阈值进行研究，形成安全、舒适、效率三维度的评价方法。

关键词：　高速路　自动驾驶　测试方法　评价方法

一　前言

近年来，汽车智能化技术发展迅速，产品技术不断推进。国家开始大力支持智能网联汽车的发展，并多次提出要建立健全车联网测试评价体系并提升测试验证能力，从国家政策层面为智能网联行业的测评发展提供有力保障。同时，各大车企也高度重视驾驶自动化技术的落地应用，L2+级辅助驾驶功能的装车率已达到40%以上并在持续上升，奔驰等企业已有部分搭载

---

* 李鸿飞，中汽研汽车检验中心（天津）有限公司智能网联工程师；俞彦辉，中汽研汽车检验中心（天津）有限公司智能网联工程师；王虹，中国汽车技术研究中心有限公司汽车测评管理中心品牌主办。

自动驾驶系统的车型在欧洲、美国通过型式认证。消费者也越发重视车辆智能化的相关功能。因此，针对自动驾驶系统的测试评价需求变得更为迫切。

本研究以高速自动驾驶系统作为研究对象，基于国内外自动驾驶相关法规政策的分析，提出自动驾驶产品的测评需求。以"三支柱"测试方法为基础，建立面向高速自动驾驶系统的测试体系，并分解得到测试方法等。根据自动驾驶评价需要，提出一种时间差指标，并以此为基础判定各场景下车辆的安全舒适效率指标。

二　高速自动驾驶系统测评体系

（一）高速自动驾驶测评需求

1.国内外自动驾驶政策

（1）UN R157

2020年6月25日，联合国欧洲经济委员会（UNECE）通过了有关自动车道保持系统（Automated Lane Keeping System，以下简称ALKS）的型式批准统一规定（以下简称UN R157），成为国际上首个针对L3级别自动驾驶功能车辆有约束力的法规，并于2021年1月22日正式生效。UN R157适用于M1类乘用车，最大行驶速度不超过60km/h。该法规下，ALKS系统应在结构化道路（如高速公路/快速路）单车道内，自动控制车辆的横纵向运动。

2021年5月，基于UN R157，德国通过了新《自动驾驶法（草案）》，并于同年7月28日正式生效。同年12月10日，德国联邦汽车运输管理局允许L3级自动驾驶汽车上路，车辆可以在德国高速公路上行驶，速度不高于60km/h。

2022年6月，UN R157通过01版修正案决议，该修正案在保持ALKS功能定义的前提下，将ALKS最大行驶速度提升至130km/h，并允许ALKS进行变道。

（2）智能网联汽车准入

为加强智能网联汽车生产企业及产品准入管理，维护公民生命、财产安全和公共安全，促进智能网联汽车产业健康可持续发展，2021年4月7日，工信部发布《智能网联汽车生产企业及产品准入管理指南（试行）》征求意见稿。同年8月，工信部正式发布《关于加强智能网联汽车生产企业及产品准入管理的意见》。该政策的发布，进一步完善了国内智能网联汽车标准体系建设，加快推动汽车辅助、自动驾驶等标准规范制修订。鼓励第三方服务机构和企业加强相关测试验证和检验检测能力建设，不断提升智能网联汽车相关技术水平。2022年11月，工信部发布《关于开展智能网联汽车准入和上路通行试点工作的通知（征求意见稿）》，引导开展智能网联汽车产品准入试点和上路通行试点，加快形成智能网联汽车安全可信的解决方案和标准体系，形成一批基础支撑能力强、技术水平高、安全可靠、成本竞争力强的智能网联汽车企业。

与此同时，各省市也在积极开展智能网联汽车的研发和测试工作，并出台了一系列相关政策，支持智能网联汽车的研发和推广应用。2022年6月，深圳市人大常委会表决通过《深圳经济特区智能网联汽车管理条例》，对智能网联汽车的道路测试和示范应用、准入和登记、使用管理等作了全面规定。2023年8月，深圳市市场监督管理局正式批准发布智能网联汽车相关系列标准，并于9月1日开始实施，推动了智能网联相关产业的高质量可持续发展。

2. 自动驾驶产品测评需求

目前，针对自动驾驶产品，国内外已逐步确立了相关准入措施。自动驾驶产品准入的实施，能够确立产品应至少具备的底线，满足最基本的安全性要求。随着未来几年内可能的面向消费者的自动驾驶产品的逐步落地，产品仅通过准入要求已不能满足消费者及市场的预期。因此，基于自动驾驶功能中最容易落地的高速自动驾驶系统，应建立相关的测评体系。通过由第三方机构对自动驾驶产品进行全面或特定的评估和测试，以得分的形式体现出不同产品间区分度，以供消费者和市场更了解相关产品的性能、质量、安全性和可靠性等方面的表现。

（二）测评体系设计

1."三支柱"测试方法

为保障自动驾驶汽车在实际应用中的安全性，对其进行科学而充分的测试显得愈发重要。国际汽车制造商协会（OICA）提出采用由审核/评估（包含模拟仿真测试）、封闭场地测试和实际道路测试的"三支柱"方法对自动驾驶汽车进行测试认证，联合国自动驾驶验证方法非正式工作组（VMAD IWG）提出包含场景目录以及模拟仿真测试、封闭场地测试、实际道路测试、审核评估和在用检测报告等手段的测试方法。

综合利用各种测试手段的特点，采用包含模拟仿真测试、封闭场地测试和实际道路测试等手段在内的"多支柱"方法对自动驾驶系统进行测试，已经逐渐成为行业共识。[①]

2.高速路自动驾驶系统测评体系

C-ICAP 自动驾驶测评，基于较为容易落地的高速自动驾驶功能，采用封闭场地测试、模拟仿真测试以及实际道路测试结合的方式进行测评。自动驾驶系统应对的驾驶工况，与当前辅助驾驶工况较为相近。

依托 C-ICAP 辅助驾驶大量测试数据，统计分析各工况得分率，形成以前车缓行、前车降速、前车切出、前车加塞、前车走走停停、摩托车识别及响应等得分率较高场景为代表的常规场景进行封闭场地测试。该类场景下，目标物类型及动态较为基础，系统应通过执行动态驾驶任务的形式进行应对。对于得分率不高工况以及部分可能出现的高速公路工况，形成以遇行人、遇隧道、遇交通事故、遇施工区域等作为特殊场景进行封闭场地测试，允许车辆向驾驶员提出接管请求。封闭场地通过构建各类可控、可重复的测试场景，能够最大限度保证被测自动驾驶系统性能评价结果的一致性（见图1）。

另外，特殊场景下，选取特殊目标物（如卡车等）、特殊环境（雨天、

---

① 刘法旺、曹建永、张志强等：《基于场景的智能网联汽车"三支柱"安全测试评估方法研究》，《汽车工程学报》2023 年第 1 期。

夜间）等可能超出目前大部分自动驾驶系统设计运行范围元素，组合形成难以在封闭场地测试环境下进行测试的危险场景。该类场景下，允许通过仿真测试方法对自动驾驶系统进行测试，在允许系统向驾驶员提出接管请求的同时，引导企业未来产品设计运行范围向此类边角元素进行开发。

同时，由于开放道路测试可利用实际道路各种事件随机化的特点，可验证自动驾驶车辆在实际道路连续运行的安全性、对于不同的随机动态事件的应对方式、对于实际道路上经常出现的典型动态事件响应是否符合预期等。因此，在高速自动驾驶测评中，引入开放道路测试。

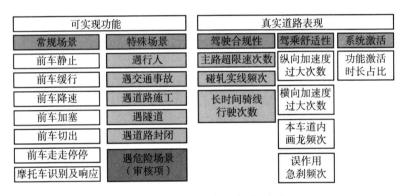

图1　高速自动驾驶系统测评框架

测评体系通过"三支柱"测试方法相互融合、补充和验证，支撑实现对高速自动驾驶系统性能的综合测试与评估。

三　高速自动驾驶测试方法研究

（一）封闭场地测试

1.封闭场地测试设备

封闭场地测试设备主要由试验车数采、目标物及通信设备组成。试验车部分，设备包括惯导、控制器等设备，用于记录试验车自身速度、加速度等参数用于后续评价。目标物部分，主要分为静止、运动两类目标，两类目标外观及反射特性皆尽可能模拟真实目标，运动目标内额外配备通信、控制装置，使运动目标按预设轨迹执行动作。通信设备用于建立试验车与目标物之间的联系，能够根据试验车位置等信息触发目标物运动，并记录两者间相对运动信息用于后续评价。

2.封闭场地测试方法

选取符合高速/快速路特征的封闭场地测试区域（如高环等）进行测试。因自动驾驶系统对目标的响应是一个连续（识别—反应—应对）的过程，在自动驾驶测试中，目标物的初始位置应确保在试验车辆开启自动驾驶功能、保持稳定行驶状态后 150 米①处。同时按照不同测试场景要求，选取对应目标物并设定运动轨迹。

（二）开放道路测试

1.开放道路测试设备

开放道路测试设备主要由定位系统、真值系统、记录系统以及监控系统组成，设备测试工具链架构如图 2 所示。设备主要工作原理是集成高精度数据采集系统，以 GPS 和惯性导航测试系统、场景感知系统、数据记录系统等组成，采集的道路环境、天气环境、场景环境的数据作为数据分析和处理的主要基础，作为测评高速自动驾驶系统车辆的主要功能和性能基础。目前该套开放道路测试工具链已成熟应用于 C-ICAP 领航辅助相关测试中。

2.开放道路测试路线选择

根据国标《智能网联汽车　自动驾驶功能道路试验方法及要求》附录A 内容，测试路线内的道路静态、动态要素应符合相应要求，同时尽可能覆盖更多道路要素。同时单段测试路线单程应不超过 4 小时，并能够在不同时段覆盖拥堵或低密度交通流。②

---

① *Proposal for the 01 Series of Amendments to UN Regulation No. 157（Automated Lane Keeping Systems）*，Regulation，2022.

② 《智能网联汽车　自动驾驶功能道路试验方法及要求》。

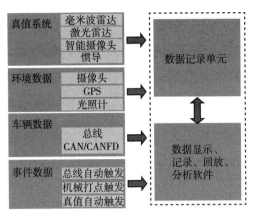

图 2　开放道路测试工具链架构

3.开放道路测试方法

选定测试路线并安装测试设备后，开展开放道路测试，试验由安全员及测评人员共同参与完成。试验过程中，安全员应负责控制车辆按照路线行驶，全程开启功能行驶，在系统提示接管时接管车辆；测评人员负责操控试验设备，并记录车辆功能异常时的时刻及场景。

四　高速自动驾驶评价指标研究

（一）时间差

传统用于评价与目标车辆碰撞风险的指标，主要为 TTC、THW 指标。TTC 指标：如果自车速度与目标车辆的速度保持不变并考虑其沿着当前路径运动，则它们之间发生碰撞之前的时间。对于同车道跟车场景，TTC＝相对距离/相对速度。THW 指标：如果自车速度保持不变并考虑其沿着当前路径运动，则车辆到达前车当前位置点的时间。对于同车道跟车场景，THW＝相对距离/自车速度。

以上两指标，多适用于同车道跟车场景。当目标车辆与试验车辆仅存在部分或一个路径交集时，上述指标无法刻画在非交集路径时的潜在风险状态。同时，对于跟车等工况，使用 TTC 指标进行评价时，当试验车辆与目标车保持稳定跟车状态时，无论跟车远近 TTC 始终为+∞，无法以此指标对车辆行为进行安全性判定；在前车由匀速行驶转为制动状态后，两车距离减小，但在反应时间内试验车车速不变，THW 会由一稳定值减小至某一值再逐步回升，该指标临界值会受初始车速及车辆响应时间影响，难以确定一通用评价指标。

考虑到对自动驾驶的评价是一个连续的过程，需要综合判断车辆跟车、执行动态驾驶任务的性能。对于自动驾驶系统在不同场景下的表现评价，使用 TTC、THW 指标会有一定局限性，因此提出事后轨迹时间差指标：根据试验车辆与目标车测试完成后的事后轨迹，计算两条轨迹在空间重叠区域处的时间差。选取 C-ICAP 自动驾驶规程内前车缓慢制动场景，结合摸底测试结果，对时间差指标及 TTC、THW 指标分别进行分析。

试验车辆在目标车制动后，也采取制动措施进行响应，与目标车辆未发生碰撞。根据车辆表现输出时间差、TTC、THW 曲线如图 3 所示。

基于以上结果，不难发现以下几点。

一是跟车至制动整个过程中，时间差指标变化趋势整体较为平稳，基本稳定于 1.2~1.5s 时间区间内。

二是跟车过程中，TTC 始终为+∞；同时在制动行为发生后，TTC 由+∞突变至 1~35s 区间，波动较大。

三是跟车过程中，THW 稳定在 1.35~1.4s 区间内；制动行为发生后，THW 发生波动，由稳定值下降至 1.14s，再逐步增大至 2s 以上。

传统指标如 TTC、THW 等用于自动驾驶评价时有一定局限：TTC 只能评估有确定碰撞风险场景下的安全性，对于相同速度下近距离跟车/切入等场景下的安全性评估能力不足；THW 按照匀速假设评估安全性，未充分考虑自动驾驶汽车在危险发生后会做出正确的处置措施从而保证安全。时间差指标的提出，弥补了以上指标的不足，更为适用于自动驾驶测试。

（二）评价指标

针对高速自动驾驶系统功能，以安全、舒适、效率为指标进行评价。应确保系统在应对各场景时的安全性能。在保证安全的情况下，进一步考虑

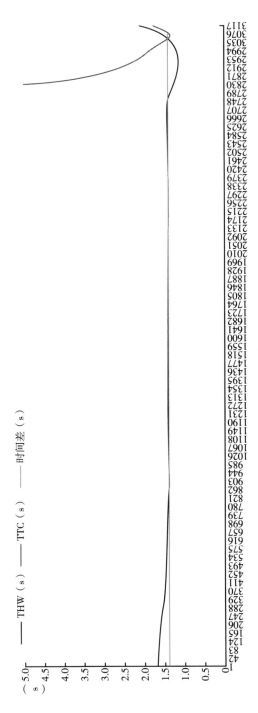

图 3　前车制动场景下的时间差、TTC、THW 指标曲线

系统控制车辆执行动作时的驾乘舒适体验，同时考虑车辆执行的动作是否最有效率。

1. 安全

安全指标下，应首先确定车辆能够避免与目标物发生碰撞。在此前提下，以时间差作为指标进一步进行评价。从目标被探测到，到执行器真正开始执行，当前典型辅助/自动驾驶功能的时长在 1s～1.5s。[1] 因此，选取 1s 作为时间差指标的下限评价自动驾驶安全性。

2. 舒适

基于国标课题 3.2 课题 5 "自动驾驶电动汽车测试评价体系研究与标准制订"相关研究，选取 $-2m/s^2$ 加速度作为舒适性阈值进行评价。

3. 效率

大多数中国人类驾驶员跟车时距为 1～2s 左右[2]，如果与前车时间间隔在 5s 以上，会导致相同空间距离下能支撑的可通行车辆减少一半，交通整体通行效率低。因此选取 5s 作为时间差指标的上限进行评价。

五　结语

整体上，本高速自动驾驶测评方法的研究，主要以中汽中心智能网联领域前期的成果为理论基础，同时结合测试数据分析，形成更加适用于自动驾驶测评的测试场景及评价指标。相信在不远的未来，能够通过本测评的实施，进一步推动我国自动驾驶产业高质量发展，使消费者体验、购买到更安全、高效、舒适的自动驾驶产品。

---

[1] *Proposal for the 01 Series of Amendments to UN Regulation No. 157（Automated Lane Keeping Systems）*，Annex，2022.

[2] 王雪松、孙平、张晓春等：《基于自然驾驶数据的高速公路跟驰模型参数标定》，《中国公路学报》2020 年第 5 期。

参考文献

［1］刘法旺、曹建永、张志强等：《基于场景的智能网联汽车"三支柱"安全测试评估方法研究》，《汽车工程学报》2023 年第 1 期。

［2］*Proposal for the 01 Series of Amendments to UN Regulation No. 157（Automated Lane Keeping Systems）*，Regulation，2022.

［3］《智能网联汽车　自动驾驶功能道路试验方法及要求》。

［4］*Proposal for the 01 Series of Amendments to UN Regulation No. 157（Automated Lane Keeping Systems）*，Annex，2022.

［5］王雪松、孙平、张晓春等：《基于自然驾驶数据的高速公路跟驰模型参数标定》，《中国公路学报》2020 年第 5 期。

新一代智能座舱发展趋势及测评技术研究

刘丽萍　田喆　张起朋　于晓倩*

摘　要：　智能座舱作为智能网联汽车快速发展的新兴领域，已成为汽车产品竞争优胜的关键因素之一。本研究对新一代智能座舱产品发展趋势及测评技术进行分析，座舱新型功能不断涌现，交互界面将趋向场景化、人性化、个性化设计，交互形式逐渐多元化，传统功能需适应更加复杂的用车场景，构建典型使用场景库，建立新一代智能座舱测评体系对引导智能座舱健康发展具有重要意义。

关键词：　智能网联汽车　智能座舱　场景库　测评体系

一　前言

当下，汽车智能座舱技术发展方兴未艾，智能座舱领域相关功能产品正在快速迭代，加紧上车，极大地丰富了座舱的功能应用，提升了用户体验。同时，智能座舱产品直接关系用户体验，已成为汽车产品竞争优胜的关键因素之一。

智能座舱的核心内涵是通过支撑功能实现的硬件终端及技术，具备以人的感知为核心的智能化功能（非智能驾驶功能），实现"自学习、自进化、

---

* 刘丽萍，中汽研汽车检验中心（天津）有限公司智能网联试验研究部智能座舱室工程师，青年科技骨干；田喆，中汽研汽车检验中心（天津）有限公司智能网联试验研究部智能座舱室工程师，青年科技骨干；张起朋，中汽研汽车检验中心（天津）有限公司智能网联试验研究部智能座舱室网联交互项目经理，工程师；于晓倩，中汽研汽车检验中心（天津）有限公司智能网联试验研究部智能座舱室工程师。

自成长"的软硬兼备的智能化终端。根据 2022 年发布的《智能座舱标准体系研究报告》，智能座舱是指配备传感器、控制器、显示终端、通信终端、环境终端等设备，并运用云服务、网络传输、操作系统、芯片等基础技术，实现人车智能交互，具备信息娱乐、人机交互、安全提醒、网联服务、万物互联、舒适性智能体验等功能，打造"安全、舒适、便捷、个性"的智慧空间。[①] 根据汽车工程学会于 2023 年发布的《汽车智能座舱分级与综合评价白皮书》，智能座舱是指搭载先进的软硬件系统，具备人机交互、网联服务、场景拓展的人—机—环融合能力，为驾乘人员提供安全、智能、高效、愉悦等综合体验的移动空间。[②]

在智能座舱中，涉及多种技术的发展，包括基础技术类、硬件终端类和功能类，其中基础技术类主要包括芯片、座舱域控制器、操作系统、云服务平台、通信等，硬件终端类包括传感器、控制器、交互终端等，功能类包括识别及监测类、语音交互系统、手势交互系统、车机互联、显示类交互、环境类、多模交互等。

二 智能座舱行业发展背景

纵观汽车产业的发展历史与汽车产品的演化历程可以看到，智能座舱的发展主要经历以下三个阶段。2000 年以前为机械时代，其主要由机械式仪表盘及简单的音频播放设备构成，物理按键功能单一，集成度较低，无智能化；2000~2015 年为电子时代，此时期仍多为物理按键，极少数为触屏，且集成度较低，智能化程度较低；2015 年至今为智能时代，智能座舱正朝着以驾乘需求、用户情感为中心，以场景为驱动，满足驾乘人员不同需求的方向发展。其主要由更为丰富的大型全液晶仪表盘、全面触控的中控设备、先进的车载信息娱乐系统、便利的生物识别系统等为驾驶员及乘客在座舱内营

---

① 汽标委智能网联汽车分标委资源管理与信息服务标准工作组：《智能座舱标准体系研究报告》，2022。
② 中国汽车工程学会：《汽车智能座舱分级与综合评价白皮书》，2023。

造出全新的用户体验。①

　　随着新能源汽车产业的蓬勃发展，智能座舱软硬件产业链迎来需求爆发期。数据显示，目前国内座舱智能配置水平的渗透率约为48.8%，② 到2025年中国智能座舱新车市场渗透率预计将超过75%，到2030年市场规模将超过1600亿元。③ 智能座舱领域起步晚、爆发快，由于新技术的快速融入，智能座舱不可逆转地出现越来越多不同的产品形态，人机交互也呈现多样化的发展趋势，诸多相关技术仍在发展进步中。

　　当前，智能座舱已成为智能网联汽车快速发展的新兴领域，国家出台政策指引技术发展，工业和信息化部、国家标准化管理委员会印发的《国家车联网产业标准体系建设指南（智能网联汽车）（2023版）》指出，需加快座舱交互标准体系建设，尽快形成针对新形态智能化交互技术在车辆上的应用要求标准。④ 企业重点打造座舱"卖点"，全球市场和中国市场新车智慧座舱渗透率均快速上升（见图1），新一代购车用户群体对智慧座舱功能广泛关注，智慧座舱功能丰富性逐渐成为年轻群体购车首选（见图2）。

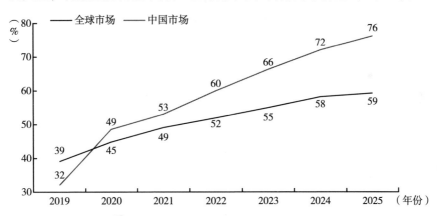

图1　2019～2025年全球和中国智慧座舱新车渗透率及预测

---

① 蔡萌亚、王文丽：《汽车智能座舱交互设计研究综述》，《包装工程》2023年第6期。
② 冯远洋、孙锐、王洪艳等：《汽车智能座舱发展现状及未来趋势》，《汽车实用技术》2021年第17期。
③ 彭思雨：《智能座舱赛道前景广阔》，《中国证券报》2022年7月19日。
④ 《工业和信息化部 国家标准化管理委员会关于印发〈国家车联网产业标准体系建设指南（智能网联汽车）（2023版）〉的通知》，2023年7月18日。

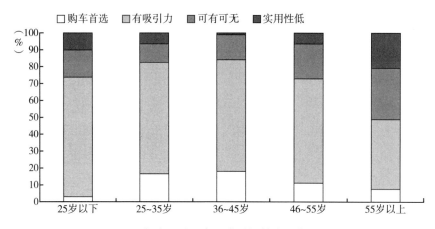

图2　2022年中国乘用车用户对智慧座舱的需求统计

　　智能座舱是智能网联汽车的重要组成部分，在全球汽车产业"新四化"不断深入发展的今天，座舱的智能化程度和差异化不仅是现阶段各主机厂竞争的新卖点，也是消费者购车的重要考虑因素。未来随着智能化技术的不断普及，用户对驾乘体验要求更高，汽车将不再仅仅是交通工具，如何使人与车辆之间更加方便、智能地沟通交互，在满足驾驶与安全需求的基础上，成为个性化的第三生活空间，既是智能座舱的使命，也是未来重要的发展方向。[①]

三　智能座舱产品发展趋势

　　未来智能人机交互的发展是智能网联汽车发展的三大要素之一，它将是实现人与车、人与生态联通的重要纽带。人机交互的方式从之前基于物理按键、语音交互的被动式交互到现在的基于生物识别、摄像头识别的主动式交互，再到未来基于数据的个性化交互，人机交互的发展将从独立式交互转型为融合式多模态交互，在保证驾驶安全的基础上最大限度地为用户提供更好的体验。[②] 具体而言，人机交互的发展趋势可以从场景化、人性化、个性化进行总结。

---

① J. D. Power：《2023年智能座舱十大前瞻趋势》，《汽车与配件》2023年第24期。
② 《中国汽车工程学术研究综述·2023》，《中国公路学报》2023年第11期。

（一）交互界面趋向场景化设计

该趋势是通过挖掘"人—车生态系统"的完整价值体验，全方位分析用户在不同使用场景下的体验需求，在服务及交互体验上有所突破创新，真正黏住用户。但目前的 HMI 功能设计存在大量同质化功能的堆砌，没有充分挖掘用户实际的出行场景需求。未来 HMI 将向着如下几个方向实现场景化设计的发展。

1. 最大化挖掘用户使用场景

用户的使用场景涵盖在"人—车"互动的全生命周期，我们要挖掘老人、新手等不同用户的不同潜在场景，还要在车辆购买、使用、社交、保养等流程中挖掘需求价值点。

2. 基于使用场景的功能互通及技术应用

目前很多车内 HMI 都具备看似非常丰富的各种功能模块，如娱乐、新闻、生活服务等，同时很多车厂也成功研究出指纹识别、人脸识别、自驾技术、手势交互等功能技术，但当这些技术和功能被放到实际的用户使用场景中后，有时候却一文不值，完全不是用户需要的。优质体验的 HMI 提供的功能，将不再是简单孤立的、无关联的功能模块堆砌。未来的 HMI 设计更多的应该是依据用户场景，建立车内各功能之间的相互联动互通，依据用户场景提供合理的功能跳转，同时基于场景需求，选择利用合适的技术和交互方式，实现完整的场景化设计。

3. 高度场景化的信息及任务提供

随着技术的发展，汽车上的科技配置以及功能越来越多，结果过多功能的操作和信息反馈很容易给驾驶员造成"信息过量"的现象，增加驾驶员的认知负荷。HMI 的信息及任务提供应该是高度基于用户场景和驾驶数据的，因此未来汽车的 HMI 设计需要在尽可能的情况下，用智能的、可适应的方式，把有限的、最重要的信息，根据不同的使用场景和驾驶状况提供给驾驶者；而且要基于当前驾驶数据及路况信息，将对行车安全构成威胁的道路信息（例如障碍物、行人等）经过加工，以更加简洁、方便的方式主动提供给用户，并进行提醒及选择性的引导。

（二）交互界面趋向个性化设计

人性化的 HMI 体验，要能够最小化驾驶者分心程度、最大化 HMI 输入输出数据的信息效用，同时使用最恰当的交互方式让用户高效、轻松、愉悦地完成操作任务。其主要包括以下几个方面的内容。

1. 最大限度降低用户的视觉停留

未来 HMI 设计的核心是尽量减少不必要的视觉内容，尽量弱化视觉形式，减少驾驶员在开车过程中的信息负荷和干扰。车内环境下的视觉交互，必须以用户（驾驶员和乘客）而不是设计师的角度去考虑设计，视觉体验的首要目的是安全和高效，而不是创新和新颖，必须保证驾驶员要花尽量少的时间在这些视觉信息上，要保证用户的目光集中在前方道路上。

2. 多通道交互的配合

把驾驶者的眼睛和耳朵作为系统交互的主要途径，交互途径过于单一是目前车内交互普遍存在的问题。利用多通道交互方式，减轻驾驶过程中视觉和听觉过多的信息处理负担，把信息平衡到所有感知器官中。未来的 HMI 交互操控设计，将会基于场景任务的特性，综合考虑不同交互通道的应用和配合使用。任务操控过程中，以某一交互通道为主，同时辅助以其他交互通道的方案，将会是未来多通道交互设计的趋势，例如语音+手势、语音+按钮。手势控制搭配简单的语音命令组合，可以发挥两者的交互优势，流畅地完成离散控制类任务和连续控制类任务。

3. 提升 HMI 可视化设计

未来的车内 HMI 设计应该尽量从用户认知角度出发，对于车辆状态等信息，更多地使用视觉化设计，更多地采用图像化/拟物化风格，提供更加简化易懂高效的提示，尽量避免或减少使用复杂的、过于专业的、技术性的图标和术语，从而避免让用户长时间盯着屏幕，尽量减少用户思维理解时间，要保证用户的目光集中在前方道路上。

4.融入情感化设计

对于驾驶者来说，未来的 HMI 将会更多地去机器化、去技术化，人和 HMI 之间不再是冷冰冰的人和机器的关系。HMI 将融入更多的情感化设计，体现出行过程中的人性关怀和情感互动，增加用户信赖感，同时赋予用户更多的驾驶乐趣和情感体验。

（三）交互界面趋向人性化设计

基于不同人群/汽车品牌/使用场景的考虑，车内 HMI 从功能服务到交互操作未来需要体现更多个性化及差异化设计，其主要包括以下几个方面。

1.针对不同用户群的差异化设计

目前已经有针对不同用户人群的车型及硬件配置设计，但是车内 HMI 从功能服务到交互操作，仍然缺少针对不同用户群的差异化设计。HMI 设计需要对用户进行细分，从而定位想要覆盖的主要人群，更多挖掘不同的用户群特征、消费观念、地域差异、生活方式、行为习惯等，为汽车用户提供多元化、个性化、差异化的产品。

2.个性化操作模式

对于家庭用车，以及未来越来越多的共享出行场景下，车内 HMI 设计需要更多关注"个性化交互操控"的应用。不同家庭成员在使用家庭共用车辆时，都能够记忆和形成适合自己的交互操控模式及界面，满足不同家庭成员的体验需求和驾驶行为习惯。

针对共享出行，通过车中装配的面部识别摄像头，识别驾驶者面部特征，判断是否开启汽车，以及自动选择驾驶者的个性化驾驶方式及 HMI 界面，按照用户本身习惯的方式来操作。这个功能在未来共享出行或分时租赁时，可以有更大的想象空间。

3.通过设计体现品牌 DNA

目前行业内的车内 HMI 设计趋于同质化，缺少能够体现品牌形象的差异化设计。HMI 设计过程中需尽量挖掘不同品牌的自身特色，提炼品牌 DNA、创建品牌故事线并将其贯穿整个 HMI 设计中，从而实现差异化设计，提高 HMI 的品牌识别度。汽车 HMI 的设计，其最终目的无非在于更好地集成信息，提供良好用户体验的出行服务，增强用户的驾驶乐趣或驾驶过程中的操作体验。但相比于互联网的用户体验，HMI 的设计最为不同的是其独特的环境，这个环境更加注重驾驶的安全性。因此，未来 HMI 设计无论如何发展创新，都必须在好的用户体验和安全之间做平衡，很大程度上安全始终是第一位的。

四　新一代智能座舱测评技术研究

现阶段座舱主要基于用户指令开展机械式交互，且可适用环境简单，产品系统更新（OTA）周期长，新一代产品正在向多模态融合交互方向发展，新型功能频出，且满足用户在复杂环境下的使用需求，更新频率显著提高，以契合用户多元需求。因此，对于测评技术而言，拓展复杂环境、覆盖新型功能、提升测评效率尤为必要。

（一）复杂环境场景库研究

新一代智能座舱对环境适应性提出了更高的要求，需适应更加复杂的环境场景，因此，复杂环境场景库构建是开展智能座舱测评的前提。基于用户座舱使用场景，开展典型复杂环境场景研究，在试验室模拟复现复杂场景，建立涵盖典型热环境（如高低温场景）、光环境（如刺眼场景、昏暗场景）、声环境（如噪声场景、背景音场景）、网络环境（如地下停车场、隧道场景）在内的测试场景库，为座舱应用影响机理研究提供基础。

（二）复杂环境对高频应用影响机理研究

基于复杂环境场景库，聚焦极限温度、复杂光照、复杂噪声、弱网环境 4 类典型复杂用车环境，筛选典型耦合功能，包括语音交互、触控交互、数字钥匙、HUD、CMS、AVM 等，进行交叉组合，研究复杂环境对高频应用的影响机理，构建测试体系（见表 1）。

表1 复杂环境对高频应用耦合关系

高频应用 复杂环境	热环境 （极限温度）	光环境 （复杂光照）	噪声环境 （复杂噪声）	网络环境 （弱网环境）
语音交互	√	—	√	√
触控交互	√	—	—	√
数字钥匙	√	—	—	√
HUD	√	√	—	—
CMS	√	√	—	—
AVM	√	√	—	—

（三）智能座舱关键新型功能测试方法研究

随着技术的发展，智能座舱新型功能频出，当前语音交互智慧程度偏低，人工智能的发展催生了 AI 语音交互，为用户带来了更加智能化的体验，融合交互技术的发展带来了多模态交互体验，车联万物则为智能终端互联提供了更多可能性，增强现实技术则为座舱视觉显示提供了更加沉浸化的体验模式。基于上述面向消费者的智能座舱新型功能，开展 Al 语音交互测试技术、语音融合/视觉融合的主动交互测试技术、多模态交互安全研究测试技术、"人—车—家"互联测试技术、基于场景在环的 AR-HUD 测试技术、车载增强现实场地测试技术等研究，开发测试用例库，建立面向消费者的测试评价体系，解决新型功能测试评价难题。

五 总结

本研究对新一代智能座舱产品发展趋势及测评技术进行分析研究，未来座舱新型功能将不断涌现，交互界面将趋向场景化、人性化、个性化设计，交互形式逐渐多元化，传统功能需适应更加复杂的用车场景，因此，对测试评价技术也提出了更高的要求，典型使用场景库是未来智能座舱测试评价的前提，同时对新功能的测试评价技术仍需进一步研究。

参考文献

［1］汽标委智能网联汽车分标委资源管理与信息服务标准工作组：《智能座舱标准体系研究报告》，2022。

［2］中国汽车工程学会：《汽车智能座舱分级与综合评价白皮书》，2023。

［3］蔡萌亚、王文丽：《汽车智能座舱交互设计研究综述》，《包装工程》2023年第6期。

［4］冯远洋、孙锐、王洪艳、孙靖、孙佳宁：《汽车智能座舱发展现状及未来趋势》，《汽车实用技术》2021年第17期。

［5］彭思雨：《智能座舱赛道前景广阔》，《中国证券报》2022年7月19日。

［6］《工业和信息化部 国家标准化管理委员会关于印发〈国家车联网产业标准体系建设指南（智能网联汽车）（2023版）〉的通知》，2023年7月18日。

［7］J. D. Power：《2023年智能座舱十大前瞻趋势》，《汽车与配件》2023年第24期。

［8］《中国汽车工程学术研究综述·2023》，《中国公路学报》2023年第11期。

以用户体验为导向的汽车智慧座舱
智能交互测试评价技术研究

王诗萌　赵　猛　赵　斌　王　鑫*

摘　要：　随着智能化、网联化的发展，汽车座舱功能不断丰富，交互方式逐渐向多元化方向发展。作为用户感知最为强烈且最能体现智能化和多样化的技术手段，交互的好坏影响着驾乘安全和驾乘体验。当前行业主流交互方式主要有语音交互、触控交互和车机手机互联，本研究根据不同车型的交互表现提出了一套客观的汽车座舱智能交互测试评价方法，旨在对交互功能进行全面分析，为消费者购车提供参考。

关键词：　智慧座舱　语音交互　触控交互　车机手机互联

一　前言

随着汽车智能化、网联化的高速发展，汽车已逐渐成为智能移动出行空间。汽车座舱作为人与车的直接交互窗口，是用户感知最为强烈且最能体现个性化、智能化和多样化的服务体验。[①] 智慧座舱领域起步晚、爆发快，由

---

* 王诗萌，中汽研汽车检验中心（天津）有限公司智能网联试验研究部智能座舱室工程师，青年科技骨干；赵猛，中汽研汽车检验中心（天津）有限公司智能网联试验研究部智能座舱室工程师，青年科技骨干；赵斌，中汽研汽车检验中心（天津）有限公司智能网联试验研究部项目总监，高级工程师；王鑫，中国汽车技术研究中心有限公司汽车测评管理中心智能网联测评主办，青年科技骨干，工程师。

① 凌闻：《智能座舱再探成熟市场》，《产城》2022 年第 5 期；蔡萌亚、王文丽：《汽车智能座舱交互设计研究综述》，《包装工程》2023 年第 6 期。

于新技术的快速融入，智慧座舱不可逆转地出现越来越多不同的产品形态，座舱交互也呈现多样化的发展趋势。[①]

座舱内的交互主要是指车内非驾驶类交互功能的实现，包括基于血压、心电、脑电、虹膜、肢体行为等生物信息识别的无感交互功能，基于眼动、手势、语音、触控等有感交互类功能，使用手机等智能移动终端进行交互的功能以及座舱内声场、空气质量（温湿度、气味）等环境交互类功能。

当前行业主流交互方式主要有语音交互、触控交互和车机手机互联，通过这三种交互方式可以满足消费者舒适和娱乐等方面的需求。

语音交互作为目前普及率和认知度最高的生物识别技术，能够实现在不同场景下语音控制车内的诸多功能，提升了驾驶的安全性。针对座舱的语音控制功能，目前可以通过语音进行控制的座舱领域包括娱乐领域、空调领域以及车身领域。

触控交互作为用户与汽车交互的高频方式之一，可以对汽车中控屏进行一系列操作，如车辆定速巡航、地图导航、音乐切换、调节空调、设置座舱氛围灯、接打电话、视频切换等。[②]

手机在车内的连接映射以及手机在车内的使用便利性，是智慧座舱的重要功能体现，也是满足用户需求的关键指标，既可以通过智能手机的高速运算性能和丰富的功能接口提升用户体验，又符合车规要求。[③] 通过车机手机互联实现导航、播放音乐视频、接听电话等操作。

由于芯片、操作系统、应用设计逻辑等差异，不同车型在语音交互、触控交互以及车机手机互联方面表现不同，产品力表现与用户需求存在偏差。

[①] 王忠文、郭倩：《新一代智能座舱国产化交互式系统研究》，《科技创新与应用》2023年第33期。

[②] 刘文龙：《基于触控交互和视觉交互的汽车HMI中控屏位置评价研究》，硕士学位论文，吉林大学，2023。

[③] 温泉、赵猛、田喆等：《车机手机互联产品测试方法研究综述》，《中国汽车》2021年第11期。

二　研究现状

随着智慧座舱的发展，用户对座舱系统关注度、要求逐渐提高，车企也将智慧座舱的配置作为自己的宣传亮点。相关专家学者展开了针对智慧座舱测评方法的研究。

张雷等人通过专家访谈、定量测试、随车深访、小组座谈会等用户研究手段，从使用场景、用户感知维度出发建立用户主观测试方案。[①] 郭欣等人通过专家量化调查，深入探讨了用户感知维度，对智慧座舱主观测试方案进行了研究。[②] 郁淑聪等人基于用车情景细分座舱功能点，根据功能点将主观指标、车辆指标、眼动指标等多维度指标体系相结合，搭建了基于主客观测评方式相结合的座舱交互体验综合评价模型，并通过层次分析法对逐级指标权重进行确定，最终确立基于驾驶员的智慧座舱人机工效测评模型。[③] 张文镝等人为综合评估智慧座舱的用户体验，基于层次分析法构建三维智慧座舱的用户体验综合模型，定量描述模型的影响因素，包括乘驾人在用车过程中的体验层次及测评方法。[④]

座舱测试和评价的目的是确保智慧座舱产品在保证安全性和舒适性的前提下，满足用户对于智能性、便利性的需求和期望。目前，座舱测试和评价方法得到了长足进步，基于用户体验、用户关注点的座舱测评越来越受到关注，这体现了一种以人为本的理念。

但目前针对智慧座舱的测评方法以主观人工测试为主，辅以功能检查，缺少客观测试数据支撑。因此，如何构建一套客观、量化的智慧座舱评价方法，是当前智慧座舱领域的重点、难点。

---

① 张雷、郭欣、张乐乐：《智能座舱用户偏好研究》，《时代汽车》2022 年第 9 期。

② 郭欣、孙露、杨靖：《智能座舱主观测试方案研究》，《内燃机与配件》2022 年第 1 期。

③ 郁淑聪、孟健、郝斌：《基于驾驶员的智能座舱人机工效测评研究》，《汽车工程》2022 年第 1 期。

④ 张文镝、苏宇航、吕彬等：《面向智能座舱的用户体验评价指标体系的建立》，《北京汽车》2023 年第 4 期。

三 座舱语音交互测试评价

（一）测试方法

随着智能网联汽车的兴起，语音作为最便捷的交互入口，车载语音交互系统的装配率正逐年提升。一方面，车载语音交互系统提高了广大驾驶者的操作便利性；另一方面，也带来了逐步提高的消费者投诉率。车载语音交互质量与性能已经成为影响消费者驾乘体验甚至购车决策的关键因素之一。现有的车载语音交互系统存在识别距离近、对话不智能，高噪声条件下识别率低、响应速度慢等问题，容易使驾驶员分神，增加了交通事故发生的风险。语音交互全部过程包括语音增强、语音识别、语义理解等多个环节，任何一个环节的错误都会导致整体交互失败。此外，车辆的行驶噪声、风噪、车内混响等声学因素也会影响语音识别的效果。能否在真实环境中克服这些制约因素，是车载语音交互系统体验好坏的关键。目前，车载语音交互系统相关测试以人工测试为主。人工测试中，不同人员甚至同一人员在不同时刻发出的语音指令的声学特性差异很大，测试可重复性低，无法准确定位问题点。

为满足主机厂语音交互系统的研发测试需求，合理进行语音交互系统设计，搭建了车载语音交互性能测试的自动化测试系统（见图1）。该平台建立了符合 NC20 标准的测试环境，避免了无关噪声对测试结果的影响。并且该平台配备有用于模拟驾乘人员声学特征的声学假人系统，用于模拟车辆行驶状态下真实噪声的扬声器均衡系统，用于记录试验数据的高帧相机。

（二）评价方法

本研究根据摸底测试结果，建立了唤醒能力和交互能力的语音交互测试评价方法，其权重如表1所示。

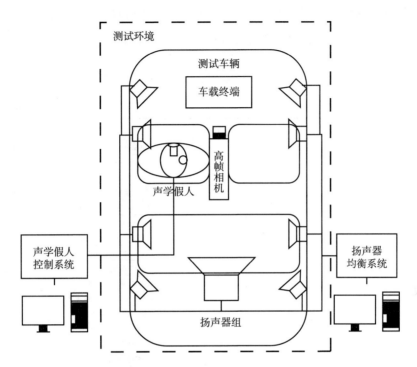

图 1　车载语音交互性能测试的自动化测试系统示意

表 1　语音交互测试评价方法权重

单位：%

一级指标	一级权重	二级指标	二级权重	三级指标	三级权重
唤醒能力	30	语音唤醒	80	无噪声唤醒	35
				有噪声唤醒	40
				有噪声及背景音唤醒	20
				免唤醒	5
				车外唤醒（扣分项）	5
		按键唤醒	20	按键唤醒	100
交互能力	70	主驾位	90	无噪声—基础语料交互	45
				噪声—基础语料交互	45
				无噪声—高阶语料交互	5
				断网—基础语料交互	5
		乘员位	10	无噪声—基础语料交互	100

打分规则包括唤醒能力打分规则和交互能力打分规则，其中，唤醒能力打分规则如表 2 所示，交互能力打分规则如表 3 所示。

表 2 唤醒能力打分规则

单位：分

测试项目			得分说明		项目得分
唤醒能力	语音唤醒	无噪声唤醒	唤醒成功率	唤醒成功率≥98%	100
				96%≤唤醒成功率<98%	80
				94%≤唤醒成功率<96%	60
				92%≤唤醒成功率<94%	40
				90%≤唤醒成功率<92%	20
				唤醒成功率<90%	0
			唤醒时间	唤醒时间<0.80s	100
				0.80s≤唤醒时间<1.00s	80
				1.00s≤唤醒时间<1.20s	60
				1.20s≤唤醒时间<1.40s	40
				1.40s≤唤醒时间<1.60s	20
				唤醒时间≥1.60s	0
		有噪声唤醒	典型噪声场景（60km/h）	唤醒成功率≥94%	50
				92%≤唤醒成功率<94%	40
				90%≤唤醒成功率<92%	30
				88%≤唤醒成功率<90%	20
				86%≤唤醒成功率<88%	10
				唤醒成功率<86%	0
			典型噪声场景（120km/h或车辆最高设计时速）	唤醒成功率≥91%	50
				89%≤唤醒成功率<91%	40
				87%≤唤醒成功率<89%	30
				85%≤唤醒成功率<87%	20
				83%≤唤醒成功率<85%	10
				唤醒成功率<83%	0
		有噪声及背景音唤醒	典型噪声场景（60km/h）	唤醒成功率≥94%	50
				92%≤唤醒成功率<94%	40
				90%≤唤醒成功率<92%	30
				88%≤唤醒成功率<90%	20
				86%≤唤醒成功率<88%	10
				唤醒成功率<86%	0
			典型噪声场景（120km/h或车辆最高设计时速）	唤醒成功率≥91%	50
				89%≤唤醒成功率<91%	40
				87%≤唤醒成功率<89%	30
				85%≤唤醒成功率<87%	20
				83%≤唤醒成功率<85%	10
				唤醒成功率<83%	0

测试项目	得分说明				项目得分
唤醒能力	语音唤醒	免唤醒		唤醒成功率≥60%	100
				唤醒成功率<60%	0
		车外唤醒		唤醒成功率=0%	0
				唤醒成功率>0%	−100
	按键唤醒	按键唤醒		唤醒成功率=100%	100
				95%≤唤醒成功率<100%	50
				唤醒成功率<95%	0

表3　交互能力打分规则

单位：分

测试项目	得分说明						项目得分
交互能力	主驾位	无噪声—基础语料交互	交互成功率	标准普通话		交互成功率≥98%	85
						93%≤交互成功率<98%	70
						88%≤交互成功率<93%	55
						83%≤交互成功率<88%	40
						78%≤交互成功率<83%	25
						交互成功率<78%	0
				方言	粤语	交互成功率≥80%	2.5
						交互成功率<80%	0
					四川方言	交互成功率≥80%	2.5
						交互成功率<80%	0
				地方口音	重庆口音	交互成功率≥90%	2.5
						交互成功率<90%	0
					广州口音	交互成功率≥90%	2.5
						交互成功率<90%	0
					上海口音	交互成功率≥90%	2.5
						交互成功率<90%	0
					武汉口音	交互成功率≥90%	2.5
						交互成功率<90%	0
			交互响应时间			交互响应时间<1.00s	100
						1.00s≤交互响应时间<1.50s	80
						1.50s≤交互响应时间<2.00s	60
						2.00s≤交互响应时间<2.50s	40
						2.50s≤交互响应时间<3.00s	20
						交互响应时间≥3.00s	0

续表

测试项目			得分说明		项目得分
交互能力	主驾位	噪声—基础语料交互	典型噪声场景（60km/h）	交互成功率≥92%	50
				87%≤交互成功率<92%	40
				82%≤交互成功率<87%	30
				77%≤交互成功率<82%	20
				72%≤交互成功率<77%	10
				交互成功率<72%	0
			典型噪声场景（120km/h或车辆最高设计时速）	交互成功率≥88%	50
				83%≤交互成功率<88%	40
				78%≤交互成功率<83%	30
				73%≤交互成功率<78%	20
				68%≤交互成功率<73%	10
				交互成功率<68%	0
		无噪声—高阶语料交互	一句多意图	交互成功率≥60%	25
				交互成功率<60%	0
			多轮交互	交互成功率≥60%	25
				交互成功率<60%	0
			语义理解	交互成功率≥60%	25
				交互成功率<60%	0
			可见即可说	交互成功率≥60%	25
				交互成功率<60%	0
		断网—基础语料交互	交互成功率≥80%		100
			60%≤交互成功率<80%		70
			40%≤交互成功率<60%		40
			交互成功率<40%		0
	乘员位	无噪声—基础语料交互	副驾位	支持车窗控制和空调控制两个功能的声源定位	50
				支持车窗控制和空调控制中一个功能的声源定位	25
				不支持车窗控制和空调控制功能的声源定位	0
			后排位	两个及以上座位支持车窗控制功能的声源定位	50
				一个座位支持车窗控制功能的声源定位	25
				不支持车窗控制和空调控制功能的声源定位	0

（三）测试评价结果

本研究使用前面的测试方法和评价方法，选取了市面上 7 款车型的语音交互部分进行测试评价，测试评价结果如表 4 所示。

表 4　语音交互测试结果

单位：分

车型	唤醒能力得分	交互能力得分	总得分
1#	90.96	72.43	77.99
2#	94.96	79.65	84.24
3#	94.32	96.44	95.90
4#	96.64	94.33	95.02
5#	96.00	78.62	83.83
6#	100.00	70.32	79.22
7#	94.32	90.28	91.49

注：1#、2#、6#为燃油车，3#、4#、5#、7#为新能源车。

四　座舱触控交互测试评价

（一）测试方法

随着智能化的发展，中控屏的装载率逐年攀升，触控交互成为用户与汽车交互的高频方式之一。

随着中控屏功能的愈加丰富，用户在使用过程中系统频繁出现卡顿、死机、响应延迟等现象，这一系列问题引起了用户的抱怨和投诉，极大地影响了驾乘安全和驾乘体验。大量摸底数据显示，由于芯片、操作系统等差异，不同车型的中控屏响应性和流畅性表现参差不齐，易出现响应延时、流转卡顿等问题，如第三方 App 加载慢、通讯录画面滑动卡顿，用户体验较差。

因此，通过采用实车自动化性能测试系统，基于图像识别算法可对响应性、流畅性进行客观化测试，量化指标，从而为产品品质提升提供参考依据。

实车自动化性能测试系统的技术路线如下：利用智能触控笔仿真人手对车机屏幕进行操作，然后利用高帧摄像头替代普通摄像机进行拍摄，最后利用机器视觉识别算法替代人眼进行界面识别。实车自动化性能测试系统如图 2 所示。

图 2　实车自动化性能测试系统

实车自动化性能测试系统主要由智能触控笔、图像识别设备、上位机作为测试工具。

智能触控笔：通过压力传感器自动标记起始和结束点，适应触控类、图像类、状态类等场景响应时间测试，通过配置不同压力可以实现车机屏幕点击响应性能和方向盘按键点击响应性能的起始点标记。

图像识别设备：采用高帧摄像头获取车机测试过程中逐帧过程图像，并配合图像处理算法通过上位机进行自动分析计算响应时间及进行流畅性分析。

上位机：安装车载终端交互测试软件，通过测试软件完成测试用例编写，响应时间起始点、结束点标记，测试任务下发以及结果的可视化和输出。

其可以满足不同场景响应时间和流畅性测试。比如，针对应用启动类的点击响应时长，系统记录智能触控笔点击完屏幕 App 后抬起的那一刻为 t_1，高帧摄像头拍摄到中控显示图像静止画面，记录时间 t_2，点击响应时长 $t = t_2 - t_1$。又如，滑动流畅性，系统逐帧提取不同标识元素，每个标识元素逐帧计算位移量，当两帧之间标识元素综合位移量趋于零即判断为卡帧，综合位移量相当即为流畅。

（二）评价方法

本研究根据摸底测试结果，建立了涵盖响应性和流畅性的触控交互测试评价方法，其权重如表5所示。

表5 触控交互测试评价方法权重

单位：%

一级指标	一级权重	二级指标	二级权重	三级指标	三级权重
点击响应时长	65	打开本地功能	40	接听电话	50
				进入空调界面	50
		打开联网功能	60	开始导航	40
				打开音乐	30
				打开视频	30
滑动流畅性	35	滑动本地功能	100	滑动通讯录列表	100

打分规则包括点击响应时长打分规则和滑动流畅性打分规则，其中，点击响应时长打分规则如表6所示，滑动流畅性打分规则如表7所示。

表6 点击响应时长打分规则

单位：分

测试项目	得分说明		项目得分
点击响应时长	接听电话	点击响应时长≤0.9s	50
		0.9s<点击响应时长≤1.6s	40
		1.6s<点击响应时长≤2.3s	30
		2.3s<点击响应时长≤3.0s	20
		点击响应时长>3.0s	0

续表

测试项目	得分说明		项目得分
点击响应时长	进入空调界面	点击响应时长≤0.5s	50
		0.5s<点击响应时长≤0.7s	35
		0.7s<点击响应时长≤0.9s	20
		点击响应时长>0.9s	0
	开始导航	点击响应时长≤1.8s	40
		1.8s<点击响应时长≤2.4s	30
		2.4s<点击响应时长≤3.0s	20
		3.0s<点击响应时长≤3.6s	10
		点击响应时长>3.6s	0
	打开音乐	点击响应时长≤1.0s	30
		1.0s<点击响应时长≤2.0s	25
		2.0s<点击响应时长≤3.0s	20
		3.0s<点击响应时长≤4.0s	15
		点击响应时长>4.0s	0
	打开视频	点击响应时长≤2.0s	30
		2.0s<点击响应时长≤3.0s	25
		3.0s<点击响应时长≤4.0s	20
		4.0s<点击响应时长≤5.0s	15
		点击响应时长>5.0s	0

表 7　滑动流畅性打分规则

单位：分

测试项目	得分说明			项目得分
滑动流畅性	滑动通讯录列表	最大连续卡顿帧数<3	平均帧率≥95%·N	100
			85%·N≤平均帧率<95%·N	50
			平均帧率<85%·N	0
		最大连续卡顿帧数≥3		0

注：N 为中控屏的预设刷新频率。

（三）测试评价结果

本研究使用上面的测试方法和评价方法，选取了市面上 7 款车型的触控交互部分进行测试评价，测试评价结果如表 8 所示。

表8 触控交互测试结果

单位：分

车型	点击响应时长得分	滑动流畅性得分	总得分
1#	60	0	39.00
2#	71	100	81.15
3#	82	100	88.30
4#	94	100	96.10
5#	84	100	89.60
6#	41	100	61.65
7#	76.5	100	84.73

注：1#、2#、6#为燃油车，3#、4#、5#、7#为新能源车。

五 座舱车机手机互联测试评价

车机手机互联产品如 CarPlay、Android Auto 等在上车前需要通过多轮次严格测试，测试项目包括产品的连接稳定性、连接性能表现等。在对已上市车辆进行座舱车机手机互联方面的评价时，考虑到车企对车机生态的不同看法，本研究主要从车机手机互联产品覆盖种类，以及最基本的车机手机蓝牙互联两方面进行测试评价。此外，近两年整车厂商和手机厂商合作加速，如华为智选车、上汽—OPPO 生态域联合实验室、吉利收购魅族等，出现了汽车手机跨界融合、无缝互联的生态新模式，本研究也相应地增加了跨屏互联评价指标。

（一）测试方法

车机手机蓝牙互联主要考察在车机和手机蓝牙已经进行过配对的情况下，车辆熄火再次开火后二者蓝牙是否会自动回连。测试时首先将车机手机蓝牙进行配对，然后将车辆熄火（新能源车辆挂至 P 挡），测试人员下车锁车，一段时间后（等待车机休眠），测试人员上车使车机上电，观察车机和手机蓝牙是否会自动回连。此项测试完全模拟用户真实用车场景，二者蓝牙需要在指定时间内（如30秒）进行回连，超时会影响用车体验，视为回连失败。测试时需进行重复测试以计算整体蓝牙回连成功率。

车机手机互联产品覆盖种类和跨屏互联主要为功能检查项。中国大陆主流的车机手机互联产品有 Apple CarPlay、百度 CarLife+、HUAWEI HiCar、ICCOA Carlink 等。车机手机互联产品大多与手机深度绑定，如 CarPlay 只能苹果手机用户使用、HiCar 只能华为手机用户使用。车机如果能够同时搭载两种或两种以上的车机手机互联产品，将会最大限度地为用户提供便利。

本研究中跨屏互联是指车机与手机能够软硬件协同，手机应用（导航、音乐、视频等）可以无缝切换或流转到车机中控屏，并且车机交互界面针对手机应用进行优化，支持应用分屏、窗口调整等操作，实现车机与手机生态资源共享。目前仅少数同手机厂商深度合作的车型支持跨屏互联。

（二）评价方法

本研究综合上述三项评价指标，并结合实际测试数据，充分考虑主机厂座舱开发方向，构建了智慧座舱车机手机互联评价方法，具体得分规则如表9所示。

表9　车机手机互联评价规则

评价指标	权重（%）	得分说明	项目得分（分）
蓝牙回连	60	回连成功率≥98%	100
		94%≤回连成功率<98%	50
		回连成功率<94%	0
车机手机互联产品覆盖种类	30	支持互联产品数≥2种	100
		支持一种互联产品	50
		不支持互联产品	0
跨屏互联	10	支持跨屏互联	100
		不支持跨屏互联	0

（三）测试评价结果

依据上述测试评价方法，对选取的 7 款车型进行智慧座舱车机手机互联测试评价，具体结果如表 10 所示。

表 10　车机手机互联测试结果

单位：分

车型	蓝牙回连	车机手机互联产品覆盖种类	跨屏互联	总得分
1#	100	100	0	90
2#	100	100	0	90
3#	100	0	0	60
4#	100	50	100	85
5#	100	0	0	60
6#	100	0	0	60
7#	100	50	0	75

注：1#、2#、6#为燃油车，3#、4#、5#、7#为新能源车。

从测试结果可以看出，无论是传统燃油车还是新能源车，在蓝牙回连方面表现都很好，差距主要体现在车机手机互联产品覆盖种类。所选新能源车辆多为造车新势力厂家生产，车机本身智能化程度较高，没有搭载 CarPlay 等车机手机互联产品，整体表现反而不如传统燃油车辆。

六　智慧座舱智能交互评价方法

语音交互能够在用户行驶过程中最大限度地解放用户双手，提高驾驶安全性。大屏化是用户对汽车座舱智能化的最直观体现。触屏交互越来越多地替代了传统的按键、旋钮交互，甚至正在取代换挡手柄。车机手机互联是对汽车智慧座舱的补充，整体上将长期存在，但不是主机厂、用户的主要考虑因素。综合以上方面，本研究构建并制定了智慧座舱智能交互评价规则（见表 11），并依据相关规则对选取的 7 款车型进行评价，具体结果如表 12 所示。

表11 智慧座舱智能交互评价规则

单位：%

智慧座舱智能交互	评价项目	权重
	语音交互	50
	触控交互	45
	车机手机互联	5

表12 智慧座舱智能交互评价结果

单位：分

车型	语音交互得分	触控交互得分	车机手机互联得分	总得分
1#	77.99	39.00	90	61.04
2#	84.24	81.15	90	83.14
3#	95.90	88.30	60	90.68
4#	95.02	96.10	85	95.00
5#	83.83	89.60	60	85.24
6#	79.22	61.65	60	70.35
7#	91.49	84.73	75	87.62

注：1#、2#、6#为燃油车，3#、4#、5#、7#为新能源车。

七 结束语

未来随着智能化技术的不断普及，用户对驾乘体验要求更高，如何使人与车辆之间更加方便、智能地沟通交互，既是智慧座舱的使命，也是未来重要的发展方向。本研究从语音交互、触控交互、车机手机互联三种交互方式的测试评价方法出发，建立了一套客观的汽车座舱智慧交互测试评价方法，为汽车座舱的交互设计改善提供参考，也为消费者购车提供参考。

参考文献

［1］凌阑：《智能座舱再探成熟市场》，《产城》2022年第5期。

［2］蔡萌亚、王文丽：《汽车智能座舱交互设计研究综述》，《包装工程》2023 年第 6 期。

［3］王忠文、郭倩：《新一代智能座舱国产化交互式系统研究》，《科技创新与应用》2023 年第 33 期。

［4］刘文龙：《基于触控交互和视觉交互的汽车 HMI 中控屏位置评价研究》，硕士学位论文，吉林大学，2023。

［5］温泉、赵猛、田喆等：《车机手机互联产品测试方法研究综述》，《中国汽车》2021 年第 11 期。

［6］张雷、郭欣、张乐乐：《智能座舱用户偏好研究》，《时代汽车》2022 年第 9 期。

［7］郭欣、孙露、杨靖：《智能座舱主观测试方案研究》，《内燃机与配件》2022 年第 1 期。

［8］郁淑聪、孟健、郝斌：《基于驾驶员的智能座舱人机工效测评研究》，《汽车工程》2022 年第 1 期。

［9］张文镝、苏宇航、吕彬等：《面向智能座舱的用户体验评价指标体系的建立》，《北京汽车》2023 年第 4 期。

多源光场下的智能座舱防眩目测评
技术研究与应用

赵准 赵帅 陈澎*

摘 要： 随着汽车智能化、网联化、交互化的发展，人们对于第三空间的家居化光环境需求逐渐提升，多元屏幕及智能氛围灯的使用已然成为发展趋势。然而适度的光亮可以带给我们照明和愉悦，但过度的光照元素堆叠，势必会带来眩光的危害。过强的眩光不仅会使驾驶员在生理上产生不适，还会对驾驶员的视觉产生干扰，进而诱发交通事故。因此，本研究从前方视野区域亮度、左/右后视镜区域亮度、中控屏幕视野区域亮度、假影四个方面系统性、综合性分析了多源光场下的座舱环境光对于驾驶员眩目的影响，提出了相应的测评方法及数据总结，并将其纳入新车智能网联测评规程中，为汽车智能座舱光环境的设计及发展提供依据，从而推进汽车座舱光环境向着更安全的方向发展。

关键词： 智能座舱 光环境 防眩目 新车智能网联测评

一 前言

眩光是指视野中亮度分布不均匀，存在极端亮度对比而引起的视觉不舒适感觉。其主要决定于视野中光源和环境光的亮度对比，对比度越

---

* 赵准，中汽研汽车检验中心（天津）有限公司汽车光学业务主管；赵帅，中汽研汽车检验中心（天津）有限公司工程师；陈澎，中汽研汽车检验中心（天津）有限公司工程师。

高，对人们眼睛的伤害越大。Holladay 于 1926 年首次提出了眩光的概念，认为眩光是由人眼视网膜后的感光神经细胞感知到过于强烈的光线而引发的。[1] 而在 1995 年，国际照明委员会（CIE）同样提出了室内照明环境不舒适眩光指标，欧盟也早已将眩光值数作为一个强制性指标进行考察。而在进行汽车内部光源场设计的时候，预防眩光已经成为一个很重要的任务。

随着我国智能网联汽车的飞速成长，集成化、交互化的发展方向促使车内光学元素的数量成倍增加，车载智能大屏、氛围灯、HUD 等使用增加了座舱照明环境及光饰环境，同时也带来了不同程度的眩光和驾驶员视线干扰，如大屏亮度过高带来的视线不适，以及前风挡玻璃及后视镜等反射带来的视线干扰（见图 1）。目前国内外对座舱内环境光的亮度及安装要求并没有统一的标准法规依据，因此制定相应的汽车座舱环境光技术规程，通过优化光源场本身的设计及布置位置来抑制眩光，已经成为座舱光环境安全的当务之急。

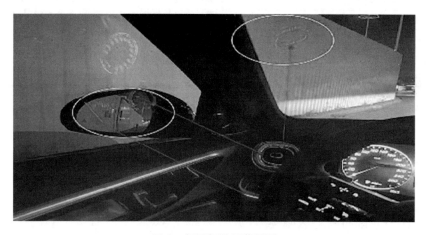

图 1 氛围灯及屏幕倒影

① Holladay L. L. , "The Fundamentals of Glare and Visibility," *Journal of the Optical Society of America*, 1926, 12（4）: 271-319.

二　智慧座舱视野防干扰（防眩目）简介

目前无论是国内还是国外，对于汽车座舱内光环境设计的参数和性能都没有统一的标准，造成行业内座舱光环境技术方向不明确，对光源产品的性能和对驾乘安全影响的无统一评判。中国汽车技术研究中心有限公司在科技部课题的支持与指导下，联合行业内专业人士及企业成员，深入研究智能网联汽车的用车场景与技术特点，制定了中国智能网联汽车技术规程，其智能护航部分包含了视野防干扰（防眩目）测试，其几个主要场景如表1所示。

表1　防眩目测试场景

中控屏状态	氛围灯状态	备注
中控屏—主页界面	氛围灯关闭	1. 中控屏和氛围灯如有环境自适应亮度调节功能,则应打开;如车辆显示大屏或氛围灯不具备环境自适应亮度调节功能,则应调节至最亮进行测试;
中控屏—导航界面	氛围灯关闭	
中控屏—音乐界面	氛围灯关闭	
中控屏—主页界面	氛围灯打开	2. 氛围灯如有炫彩功能,应关闭;
中控屏—导航界面	氛围灯打开	3. 如车辆配备有氛围灯颜色及中控屏主题调节模式,则应使用默认颜色或默认主题
中控屏—音乐界面	氛围灯打开	

在表1场景下，使用特定的测试设备对不同视野范围内的区域进行光场的扫描。为了覆盖驾驶员人眼的视度范围，在充分研究前方视野标准、人眼聚焦程度以及眩光指数的基础上，[1] 制定了以下测试区域。

（一）前方视野区域亮度

确定驾驶员眼点正前方为视野方向，即以已确定的驾驶员眼点位置为基

---

[1] 潘玲玲：《飞机座舱光环境对视觉工效的影响研究》，硕士学位论文，南京航空航天大学，2017。

准，向左/右各 17°、向上 7°、向下 5°的 4 个空间平面合围的空间立体角，[①]
该立体角内的区域即为前方视野区域。将光学测量仪器光学镜头的轴线方向
调整至车辆正前方向，完成前方视野区域的亮度采集，测试区域为上述定义
的空间立体角的发光区域投影。此区域内亮度小于等于 5cd/m² 不予以扣分，
大于 5cd/m² 时，则根据不同程度进行分层次扣分。

（二）左/右后视镜区域亮度

根据已确定的驾驶员眼点位置和左/右侧后视镜面中心确定左/右侧后视
镜视野观察的视线方向，调整光学测量仪器的水平转角和俯仰角，使光学测
量仪器的观察方向与上述视线方向重合，完成左/右侧后视镜视野区域的亮
度采集，测试区域为左/右侧后视镜外轮廓以内的反射发光区域。此区域内
亮度小于等于 20cd/m² 不予以扣分，大于 20cd/m² 时，则根据不同程度进行
分层次扣分。

（三）中控屏视野区域亮度

测试区域为 A、B 两个区域（见图 2）。车辆中控屏下边缘水平面以上
的前方视野区域定义为 A 区域，测试应以中控屏几何中心为视线方向，测
试区域应包含整个中控屏幕。中控屏下边缘水平面以下的前方视野区域定义
为 B 区域，测试区域应包含 B 区域内存在的所有氛围灯。A 区域内亮度小
于等于 75cd/m² 不予以扣分，大于 75cd/m² 时，扣除 70 分；B 区域内亮度
小于等于 30cd/m² 不予以扣分，大于 30cd/m² 时，扣除 30 分。

（四）假影

在进行前方视野区域、左后视镜视野区域、右后视镜视野区域的测试
时，检查上述视野范围内以及前、侧挡风玻璃区域内是否出现氛围灯或者车
载显示屏幕产生的倒影。假影得分说明如表 2 所示。

---

① 《汽车驾驶员前方视野要求及测量方法》（GB 11562-2014）。

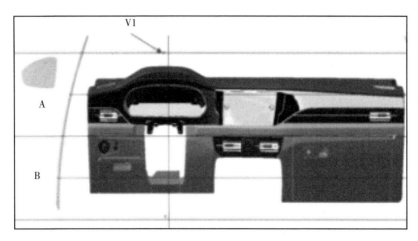

图 2   座舱前方区域划分示意

表 2   假影得分说明

单位：分

五级指标	得分说明		项目得分
假影	前方视野区域	无屏幕假影	25
		有屏幕假影	0
	前挡风玻璃（除前方视野）区域	无屏幕假影	10
		有屏幕假影	0
	左后视镜区域	无屏幕假影	20
		有屏幕假影	0
	右后视镜区域	无屏幕假影	20
		有屏幕假影	0
	左侧风窗玻璃（除后视镜）区域	无屏幕假影	12.5
		有屏幕假影	0
	右侧风窗玻璃（除后视镜）区域	无屏幕假影	12.5
		有屏幕假影	0

三   测试现状及数据分析

汽车座舱内视野可以分为三个等级，根据注意力范围从高到低划分为一级视度、二级视度、三级视度（见图3）。用户在驾驶汽车时，注意力等级最高级别在一级视度中。

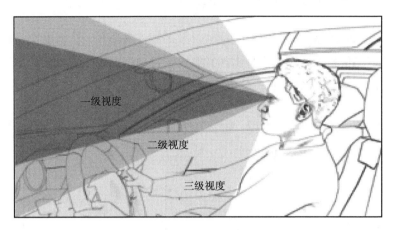

图3 座舱内注意力视度范围示意

因此，测试时需首先寻找到驾驶员眼点位置，使用眼点复现装置，通过双目相机、红外定位等手段，精准定位人体坐姿下的理论眼点位置，并模拟人体头部的转向、俯仰等动作，结合成像式亮度计完成指定视线方向下的光学数据的采集（见图4）。

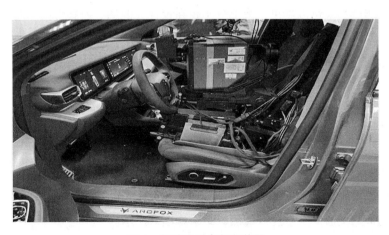

图4 驾驶员眼点复现装置

根据目前测试的结果，随机抽取 5 款车型进行针对性分析，结果如下。

（一）前方视野区域亮度测试结果

前方视野区域是驾驶员最关键的视野区域，囊括在一级视度中，涵盖了大部分道路信息。此区域内若出现光源场眩目的情况，则直接影响道路交通安全。此区域根据防眩目测试，结果如图 5 所示。

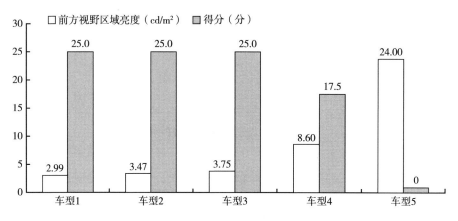

图 5　前方视野区域亮度测试结果

从测试结果可以看出，大部分车企在设计光源场时兼顾考虑了对于前方视野的影响，保持在 $5cd/m^2$ 以下，但是仍有部分车辆在前方视野区域的光源场较强，尤其是具备前方屏幕的车辆，屏幕亮度设计过高容易对驾驶员造成眩目。

（二）左/右后视镜区域亮度测试结果

左/右后视镜视野区域是驾驶员判断后方及侧后方车辆状态的重要区域，此处区域若出现眩光，会对驾驶员转弯、并道等驾驶动作产生较大影响，从而影响道路交通安全。此区域测试结果如图 6 所示。

从测试结果来看，驾驶员侧后视镜亮度高于右侧后视镜亮度，且驾驶员侧后视镜更容易通过反射对驾驶员造成眩目，尤其是驾驶员侧后视镜附近设

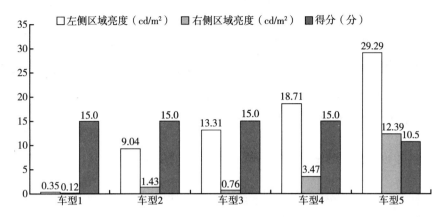

图6　左/右后视镜视野区域测试结果

置冷色高亮度氛围灯及驾驶员侧设置高亮度液晶仪表的车辆，更容易将光源的光线通过后视镜反射至驾驶员眼睛，从而对驾驶安全造成影响。

（三）中控屏视野区域亮度测试结果

随着智能化汽车的发展，大屏化已经成为新车型的主流趋势，越来越多的车型出现巨屏、联屏、可旋转中控屏的设计元素，而这些屏幕也成为座舱内除照明光源外贡献光强最多且最常见的光学元素。因此，测试中控视野区域对于驾驶员的眩光影响同样重要，其测试结果如图7所示。

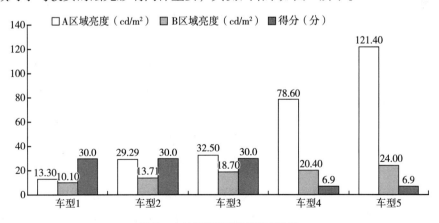

图7　中控屏视野区域测试结果

从结果中可以看出，中控屏幕的亮度较高，最高达到了 $121.4cd/m^2$，在市场中的车辆甚至可以达到 $200cd/m^2$ 以上，对人眼造成一定量的眩目。而设置了根据周边光学环境自动切换屏幕亮度的车型表现较好，可以使得屏幕在暗环境下自动调节至较低的亮度（如夜间模式），减少视野中光源和环境光的亮度对比，保证了驾驶员视野不受大屏亮度的干扰。

（四）假影测试结果

如图 1 所示，假影影响驾驶员对于视野中环境的判断，从而干扰驾驶安全，对于假影的测试结果如图 8 所示。

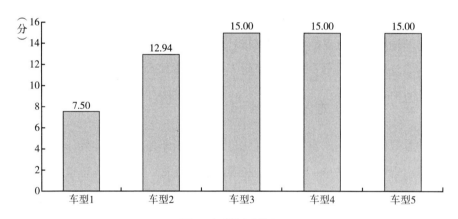

图 8　假影测试结果

从结果中可以看出部分车辆存在假影现象，如左/右后视镜区域，驾驶员侧后视镜附近设置氛围灯，以及靠近前风挡玻璃设置装饰光源，很容易造成后视镜及前风挡玻璃假影，从而影响驾驶员视野判断。

四　总结与展望

本研究论述了汽车内座舱环境光防眩目的重要性，介绍了视野防眩目的测试方法，并通过测试现状，总结分析了部分测试数据，最终得出将多源光场下的座舱环境光对于驾驶员眩目的影响纳入新车智能网联测评规程中的必要性。

目前来看，多光源场下的汽车座舱环境光眩目是一个现实存在的普遍问题，尽管许多汽车制造商已经采取了一些措施来解决这个问题，但仍然有改进的空间。随着智能化汽车的技术发展与进步，汽车座舱光源的亮度和色温控制能力逐步提升，目前许多汽车座舱内自适应光源系统可以通过感应器检测前方来车或周围环境亮度变化，自动调节光源亮度，减少对驾驶员和乘客的眩目影响。一些汽车制造商正在采用特殊的抗眩目涂层来减少玻璃和后视镜的反射，从而降低眩目风险。

未来的汽车座舱光源可能会集成智能算法，通过分析驾驶员的眼部运动和疲劳程度等指标，精确调节光源亮度和颜色，提供更加个性化和舒适的照明体验，并结合座舱照明和车内显示屏，通过灵活变化的光线和色彩来提供更加直观和友好的人机界面，帮助驾驶员更快速、准确地获取所需信息。相信随着科技的不断进步，座舱环境光会为乘客打造出一个舒适、智能的第三空间。

参考文献

［1］ Holladay L. L. , "The Fundamentals of Glare and Visibility," *Journal of the Optical Society of America*, 1926, 12（4）：271-319。

［2］ 潘玲玲:《飞机座舱光环境对视觉工效的影响研究》，硕士学位论文，南京航空航天大学，2017。

［3］《汽车驾驶员前方视野要求及测量方法》（GB 11562-2014）。

智能汽车抬头显示测评技术研究与应用

张世琦　董　帅　毕腾飞*

摘　要：　作为汽车座舱视觉显示的重要智能化配置，抬头显示系统（HUD）近年来发展迅猛，应用愈加广泛，消费者普遍关注。本研究对 HUD 的发展历程、工作原理、类型、优势与痛点进行分析，并阐述一种 HUD 整车级客观测试方案，方案以模拟驾驶员直观视觉感受为核心，突出解决了实车座舱视觉测试评价中出现眼点位置与视线角度复现不准确、实施不便捷和座舱本身光学环境被破坏等痛点问题，可有效评估 HUD 的实车显示效果，具有较高的应用价值。

关键词：　抬头显示　虚像　眼点装置

一　前言

随着智能网联技术的不断跃迁，汽车座舱逐渐转变为以驾乘人员为中心的第三生活空间。除行车状态信息以外，车辆与驾乘人员间的交互内容亦扩展包括了智能驾驶、舒适娱乐等方面，传统仪表显示已然不能满足用户对于安全、智能和沉浸式体验的需求。作为智能座舱最具代表性的功能之一，抬头显示系统（HUD）成为越来越多整车企业竞争的技术重点，也成为很多

---

* 张世琦，中汽研汽车检验中心（天津）有限公司智能网联试验研究部智能座舱室工程师，青年科技骨干；董帅，中汽研汽车检验中心（天津）有限公司智能网联试验研究部智能座舱室工程师，青年科技骨干；毕腾飞，中汽研汽车检验中心（天津）有限公司碰撞试验研究部副部长，学科带头人，高级工程师。

消费者购车时考虑的一个重要因素。HUD 将车速、导航指示、驾驶辅助等关键驾驶信息以虚像形式直接投射到驾驶者视界中，驾驶者在视线不离开前方道路的前提下完成信息获取与交互，有效解决了现阶段行车安全与信息交互的注意力分配矛盾问题以及智能驾驶时代驾驶者对自动驾驶系统感知识别作用的信任问题，最大化体现了整车企业的技术实力，极大提升了驾驶者的驾驶体验。故 HUD 虚像显示质量至关重要，亟需科学先进的测试评价方案对其进行客观化分析。

二 抬头显示系统简介

（一）HUD 发展历程

HUD 技术的历史可以追溯到二战期间，HUD 让飞行员可以通过直接抬头观察驾驶信息和外界环境信息而无须分神低头查看仪表盘，降低了事故发生率。[①] 随着汽车技术的发展，HUD 应用逐渐渗透至汽车产业。1988 年，通用汽车首次将 HUD 技术应用于汽车。2012 年，先锋公司首次将导航信息引入车载 HUD，首个应用 HUD 技术的车载导航系统就此诞生。近年来，随着汽车智能技术的发展，汽车驾驶安全问题日益受到各方重视，伴随着技术逐渐成熟和成本下降，HUD 在汽车中的前装装配率逐渐提高，HUD 进入快速发展阶段。

（二）HUD 工作原理

HUD 系统通常由抬头显示器和成像介质两部分组成。抬头显示器用来生产需要显示的信息，比如仪表盘数据、路况信息等。然后这些信息通过成像介质进行折射、反射等处理，最终投射到前风窗玻璃或者专门用于接收信息的半透明玻璃材质上。驾驶员可以透过前风窗玻璃直接看到抬头显示器产

---

① 王立伟、汪健甄：《国外军用飞机平视显示器的发展》，《红外与激光工程》2007 年第 S2 期。

生的图像，而无须偏移视线。HUD 使驾驶员能够保持目光集中在前方道路上，同时仍然能够获取所需的行车信息，而无须转移视线去看仪表盘。这样一来，驾驶员就不需要时不时地调整焦距或分散注意力，从而减轻驾驶员的负担。HUD 的工作原理示意如图 1 所示。

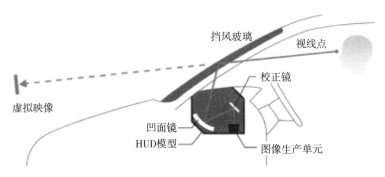

图 1　HUD 的工作原理示意

（三）HUD 主要类型

目前，HUD 系统主要分为三种类型：组合型（C-HUD）、风挡型（W-HUD）和增强现实型（AR-HUD）。其中，组合型 HUD 通常是后装产品，而风挡型和增强现实型 HUD 则属于前装类型。这三种类型的 HUD 在市场上都有出现，但它们的实现难度和成像效果各有差异。C-HUD 由透明树脂玻璃作为视觉显示区域，由于成像效果差、成像尺寸有限、存在安全隐患等缺点，正在逐步被淘汰。W-HUD 是由前风窗玻璃作为视觉显示区域，成像效果和成像尺寸相比 C-HUD 有了明显提升，是目前主流的 HUD 方案。AR-HUD 利用增强现实技术，将虚拟信息与真实道路场景融合，为驾驶员提供更丰富的环境感知和导航信息。这种类型的 HUD 通常采用复杂的光学技术和计算技术，实现难度较大，但能够提供更为高级的驾驶辅助功能。[1] 三种类型 HUD 的示意如图 2 所示。

---

[1]　龚海燕：《浅谈车载抬头显示系统及其应用》，《上海汽车》2023 年第 8 期。

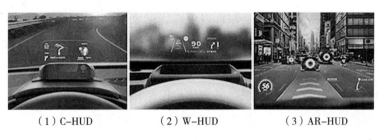

（1）C-HUD　　　　　（2）W-HUD　　　　　（3）AR-HUD

图 2　HUD 的主要类型

（四）HUD 优势与痛点分析

如前文所述，HUD 可以将车速、油量、转速等关键行车信息，如导航转向箭头，地图信息等导航辅助信息，如交通标识识别、车道偏离预警、前碰撞预警等辅助驾驶信息，直接投影到驾驶员的视野范围内，提醒驾驶员注意道路情况。这样，驾驶员无须低头或移开目光，就能获取所需信息，预防潜在的危险和事故发生，提高驾驶安全性和便捷性。所有这些优势都是基于 HUD 可以让驾驶员看到清晰可读易读的视觉信息。

但是这类虚像显示产品天然地容易存在一些问题或恶劣的显示状态，比如夜间亮度过高、显示信息尺寸不足、存在重影、虚像距离过近、下视角过大等。驾驶员在观察 HUD 图像的过程中需要不断调节眼睛焦距和角度，如果虚像距离较近、下视角过大容易造成驾驶员疲劳。HUD 的夜间亮度过高，信息会过于突出，容易带来不适感；信息尺寸不足，会导致呈现的信息量有限且可读性差、沉浸式体验不佳等。低质量的 HUD 产品可能给行车安全带来严重的潜在风险。在国内，HUD 产品的质量参差不齐，有些产品在不同的外界光照条件下显示效果不清晰，难以辨认，而且一些车辆在安装 HUD 后，其布置位置可能不合理，导致 HUD 的可视性受到严重影响。

三　HUD 测试方案研究

HUD 作为一个成像系统，需要考察视觉输出表现，这就要求我们使用成像的方式来进行测试，设备层面以可采集记录光学图像参数的成像式亮度计为核心。成像式亮度计测试系统是一种高度自动化的测量系统，可以测量物体的亮度、色度，并且能够确定物体的位置、尺寸、形状和距离，具有非常高的精度和准确性，能够满足各种质量控制和检测要求。[①] 另外，HUD作为目视系统，所有的测试项目都应基于实际人眼的位置和观察角度进行，因此在HUD的光学测试中，确定测试基准眼点的位置是关键环节，微小的位置变化就可能导致测试结果出现较大差异。因此，在座舱内如何将成像式亮度计的成像位置精准复现至眼点位置是非常重要的。

现有HUD的测试大多在台架上进行零部件级别的测试，然而每个车型的HUD位置、前风窗玻璃位置以及理论成像位置均不同，针对每款不同车型制作一套专用台架不仅效率低下，而且产品的适配性差，这种模式还可能导致制造周期长，无法满足快速应用的需求。与此同时，HUD被安装到整车后，布置位置和装配工艺等因素会导致HUD在整车级别的性能与在零部件级别的性能产生差异。

目前的整车级别测试方案也存在一些天然弊端。传统方法包括将成像设备通过简易支架放置在主驾驶位座椅上，或通过工业机器人放置在拆除的主驾驶位座椅上来支撑成像设备，[②] 还有通过主驾驶风窗空位伸入座舱内来支撑成像设备的外置工业机器人。然而，这些方法在便利性、座舱光环境的保持以及精确复现眼点位置等方面存在问题，无法满足对HUD测试的根本评价目的，导致测试结果不准确且可信度较低。因此，研究一种在整车级别上进行的通用测试方法至关重要。

为此开发了一种HUD测试用眼点装置进行测试布置辅助，该装置通过将成像设备成像点复现至设计眼点位置，并控制成像设备绕眼点姿态旋转形成HUD虚像观察"视线"，测试场景示意如图3所示。

---

① 鲁宇、张靖、冉舒文等：《抬头显示系统成像参数测量技术现状分析》，《激光杂志》2020年第2期。

② 张好运、郝剑虹：《车载抬头显示器的整车级别客观测试方法》，《中国科技信息》2020年第15期。

图 3　HUD 测试场景示意

试验参数选择显示信息亮度、显示信息尺寸、显示信息重影、虚像距离、下视角、视场角这些用户使用 HUD 过程中的痛点项目。

显示信息亮度：采集并记录被测车辆虚像的全部亮度参数，取常态显示信息（车速—数字、导航指示符号—方向箭头）中不小于 5 个取样点的亮度，计算取样点亮度均值。

显示信息尺寸：测量自虚像采集基准位置至虚像的实际观测距离 a_{eye}，采集并记录虚像，计算虚像中常态显示信息（车速—数字、导航指示符号—方向箭头）的单向高度角分，计算公式如下：

$$\theta_i = 60\sin^{-1}\left(\frac{d}{a_{eye}}\right)$$

其中 d 为虚像中常态显示信息（车速—数字、导航指示符号—方向箭头）的单向线性尺寸。

显示信息重影：采集并输出被测车辆虚像图像，目视找到虚像常态显示信息（车速—数字、导航指示符号—方向箭头）显示内容中的重影部分，计算重影部分与对应显示内容的偏离角度，计算公式如下：

$$\theta_i = 60\sin^{-1}\left(\frac{d}{a_{eye}}\right)$$

其中 d 为虚像中重影部分线性尺寸。

虚像距离：调整成像式亮度计的成像距离直至被测车辆虚像清晰可见，此时的成像距离即为虚像距离a_{eye}。

下视角：成像式亮度计初始处于水平姿态，以 0.1° 为调整步长逐步使测试仪器呈下视（俯角）姿态，直至被测车辆虚像背景矩形框处于测试仪器成像中心区域，记录此时的下视角度（俯角）。

视场角：测试设备处于试验姿态，观测被测车辆虚像背景矩形框的平均横向与平均纵向尺寸分别记为 x 和 y，视场角计算公式如下：

$$HFOV = 2arctan\frac{x}{2\,a_{eye}}$$

$$VFOV = 2arctan\frac{y}{2\,a_{eye}}$$

四　测试结果

测试车辆选择搭载了 HUD 的样车共 5 辆，测试在光学暗室内进行，暗室无漏光，室内环境照度值不大于 0.01lx。如 HUD 具有手动调节功能，其高度调节至中间档位，亮度调至最低档位。获取的 HUD 图像示例如图 4 所示，测试结果如表 1 所示。

图 4　获取的 HUD 图像示例

表 1 HUD 测试结果

试验参数		车型 1	车型 2	车型 3	车型 4	车型 5
亮度（cd/m²）	车速	33.0	17.2	49.2	83.4	61.5
	导航箭头	15.4	17.1	65.6	79.6	53.9
尺寸（角分）	车速	38.5	32.6	35.4	30.5	35.8
	导航箭头	51.0	22.1	32.3	21.8	38.1
重影（角分）	车速	0	2.6	0	0	0
	导航箭头	0	2.6	0	0	0
虚像距离（m）		2.5	2.0	2.2	2.2	2.4
下视角（°）		4	4	3	2	3
视场角（°）		7.0×2.9	5.5×2.7	8.4×3.6	5.6×2.4	4.8×2.2

五　结语

出于针对 HUD 开展准确符合人眼位置与视线角度、可客观数值化分析且重复性高、易于实施、不破坏座舱光学环境的测试评价工作来保障视觉质量试验结果与驾驶员主观视觉感受一致性的根源需求，开发了一种 HUD 测试用眼点装置，结合成像设备实施 HUD 虚像显示质量整车级评价，保证了在汽车座舱封闭状态下进行高精度眼点与视线复现后图像采集分析的可行性、有效性与重复性，进而保证了测试评价的数据结果真实可靠；且眼点装置所有运动系统置于座舱内，操作人员及控制系统置于座舱外，人机分离，极大地保障了测试人员安全与测试环境稳定。根据驾驶员接收 HUD 虚像的视觉特征，测试项目设置包括显示信息亮度、显示信息尺寸、显示信息重影、虚像距离、下视角和视场角，结合多车型测试结果分析，测试方案方法及眼点装置能力达到预期。未来，伴随 HUD 成为更多信息的显示载体，本方案在智能汽车 HUD 的开发和测试评价领域具有良好的实际应用前景。

参考文献

［1］王立伟、汪健甄：《国外军用飞机平视显示器的发展》，《红外与激光工程》2007年第S2期。

［2］龚海燕：《浅谈车载抬头显示系统及其应用》，《上海汽车》2023年第8期。

［3］鲁宇、张靖、冉舒文等：《抬头显示系统成像参数测量技术现状分析》，《激光杂志》2020年第2期。

［4］张好运、郝剑虹：《车载抬头显示器的整车级别客观测试方法》，《中国科技信息》2020年第15期。

通信安全隐私保护测评技术研究与应用

张 强　王柏征　贺可勋　王越优*

摘　要：　在"智能决策""智慧协同""智慧城市"的新浪潮下，智能网
联汽车融合了大数据、云计算、AI 等诸多新颖技术，正在深刻影响着交通
系统，而新技术的发展也会使得智能网联汽车变得愈加复杂，所遭受到的安
全风险也愈加严重。本研究从智能网联车通信安全隐私保护入手，综合分析
了 Wi-Fi 安全、蓝牙安全、无线数字钥匙安全和蜂窝网络安全等测评技术，
旨在建立系统的通信安全隐私保护测评体系，发现智能网联汽车内部及其配
套基础设施中潜在的风险点，对于保障车辆安全、提升出行体验、保护消费
者个人敏感信息具有重要意义。

关键词：　智能网联汽车　通信安全　隐私保护　测评技术

一　前言

近年来，随着全球汽车产业朝着电动化、网联化、智能化、共享化的方
向发展，各种先进技术与汽车高度融合，特别是智能网联新技术在车端的规
模化部署，已经使得汽车由传统的机械产品转变为智能出行终端，成为智慧
交通系统的重要枢纽。我国制定了智能网联汽车发展的总体目标，计划于

* 张强，中汽研汽车检验中心（天津）有限公司智能网联部信息安全测试室工程师，青年科技
骨干；王柏征，中汽研汽车检验中心（天津）有限公司智能网联部信息安全测试室工程师，
青年科技骨干；贺可勋，中汽研汽车检验中心（天津）有限公司智能网联部信息安全测试室
高级工程师，学科带头人；王越优，中汽研汽车检验中心（天津）有限公司智能网联部信息
安全测试室工程师，青年科技骨干。

2035 年建成智能网联汽车技术和产业体系，将推动产业生态链不断完善和世界汽车产业飞速革新。[①]

　　智能网联汽车在给用户带来更多便利的同时，也给汽车带来了更多的攻击面和攻击路径，使得汽车所面临的安全问题更加严重。Upstream《2023年全球汽车行业网络安全报告》数据显示，在过去 5 年中，全球汽车行业因为网络攻击造成的损失超过 5000 亿美元，而近 70% 的汽车安全威胁都是由远距离的网络攻击行为引发的。因此，随着"车—路—网—云"一体化建设的推进，解决智能网联汽车所面临的安全问题显得极为重要。

　　智能网联汽车的信息安全防护不只是保障车辆本身的信息安全，而是一个包含了由通信、云平台和外部的新兴生态系统组成的整体性生态安全预警和防护。因此，智能网联汽车的信息安全检测范围不仅要考虑车端自身内部的硬件、固件、操作系统、应用及数据安全，还需要考虑与云、周边单元等外部生态在通信交互等各类驾驶场景下的安全风险。

　　"云"是指云服务平台，肩负着控制指令的下达、信息汇集和存储等重要职责。一般有两个 APN（Access Point Name，网络接入点），[②] 一个负责接入公网域，另一个负责接入私网域。公网域负责文件存储、云计算等应用，私网域负责车辆数据交互及车控、FOTA 等业务。云端信息安全风险主要考虑云平台在进行远程控车时服务平台安全以及数据存储安全两个层面。

　　"管"是指车—X（人、车、路、车联网等）通过 Wi-Fi、移动蜂窝、蓝牙等无线通信手段与其他车辆、交通专网、互联网进行连接。通信过程的安全风险主要是远程通信及近场通信时的访问控制、通信加密和异常流量等方面。

　　"端"是指车载终端，内置 4G/5G 通信模块具备网联功能，其对外通过蜂窝网络、短距离通信，以及车车/车路通信协议与互联网、车际网建立连

---

① 张海涛：《智能网联汽车网络安全关键技术研究与应用》，博士学位论文，电子科技大学，2023。

② 周时莹、梁贵友、王德平等：《智能网联汽车操作系统发展趋势及国产化生态建设》，《汽车技术》2023 年第 11 期。

接，进行数据交换，对内与汽车总线及电子电气系统进行信息采集和指令下发。车载终端的主要任务是感知车辆内外的各类信息，在车联网中各类前端传感设备大多采用无线通信方式传输数据，在传输过程中被非法拦截和获取的风险很高。同时，通过对前端传感设备的非授权控制，可以向车辆驾驶者传输恶意信息，造成驾驶员的误判。基于这样的通信和数据交换需求，结合相应的安全威胁分析，智能网联汽车车载终端的信息安全测试内容包括构成车载终端本身的硬件、操作系统、应用三个层面的安全，对外通信和对内通信的安全，以及贯穿这几个环节的数据安全。

"路测单元"需要实现 RSU 主体业务并维护其日常运行，包括交通信息收发、设备接入、定时授时等，需要进行安全管理、配置管理、升级管理等操作。[①] 其安全风险主要考虑 RSU 的专用硬件加密实现通信加密保障设备安全，以及 PC5 接口上 C-V2X 消息认证鉴权保障业务功能安全。

本研究从智能网联汽车自身出发，围绕智能网联汽车所面临的通信信息安全风险，研究信息安全威胁特征提取方法以及脆弱性机理，并设计相应的测试用例。

二 通信安全测试评估

智能网联汽车的通信方式主要包括 Wi-Fi、蓝牙、无线数字钥匙和蜂窝网络等。其中，Wi-Fi、蓝牙都具有较高宽带，Wi-Fi 通常用于车内的无线互联和娱乐系，蓝牙通常用于车内设备之间的短距离通信；无线数字钥匙用于车辆的远程开锁和启动功能；蜂窝网络用于车辆与互联网的远程通信。基于对无线协议特点的分析、无线安全风险的评估以及安全策略技术的研究和开发经验，发现通信安全风险主要表现在远程攻击、非授权访问、数据安全和隐私泄露以及恶意软件等方面。

---

① 张应辉、钱佳乐、曹进等：《5G-V2X 中基于轨迹预测的安全高效群组切换认证协议》，《通信学报》2023 年第 8 期。

（一）Wi-Fi 安全检测

Wi-Fi 安全检测主要针对汽车 Wi-Fi 无线接口的 AP 端、Client 端以及 WPA/WPA2 加密端进行模糊测试和风险挖掘测试，可以挖掘出已知风险和潜在的未知隐患。

针对 Wi-Fi 协议的 Fuzzing 测试算法均以随机 Fuzzing 测试为基础，生成独立的测试用例，以提高 Fuzzing 测试效率。大多数漏洞是由多个关联用例使得被测系统处于异常状态下并注入异常数据而导致的，而且无线协议大多运行于车联网的 SoC，很难实现实时状态监控。因此，在 Fuzzing 测试中，考虑被测对象运行状态与模糊用例关联有助于提高漏洞触发概率，监测系统运行过程。

车联网中的无线状态机相对场景比较明确，在汽车无线模块中，一般包含 AP 与 STA 两部分。[①] 其中，AP 负责发射 Wi-Fi 热点，STA 负责接收无线热点，无线协议栈的状态分为未认证未连接、已认证未连接和已认证已连接三种形式。AP 多数情况下是协议请求的发起者，因此不需要通过任何状态就可以进行漏洞检测。但是 STA 多数情况下是协议请求的响应者，需要通过多层状态交互才可以进行漏洞检测，即 STA 需要工作在状态机模式下才能实现漏洞检测，若在非状态机模式下向 STA 发送漏洞检测用例，STA 会丢弃全部检测数据包，无法完成漏洞检测。对于无线协议来讲，大部分数据帧只会在状态机模式下出现，只有当 STA 处于状态机模式下，才会出现多种形式的数据包，通过模糊测试，对数据包进行智能变异，进而对无线模块进行漏洞检测。

该算法大致分为以下 5 个步骤：构造有限状态机，生成并输入前置序列，生成并输入模糊测试用例，验证系统状态，生成并输入回归序列。在测试过程中，根据协议规定人工或自动构建状态转移模型，进而依据系统状态

---

① 段宗涛、郑西彬、李莹等：《车联网环境下的 Wi Fi 网络实验床》，《微电子学与计算机》2015 年第 7 期。

转移过程生成测试序列,验证协议实现是否正确,同时使用一系列用例来判定有限状态机的中止状态、初始状态,并以此判断系统运行状态以及生成下一轮测试用例。

(二)蓝牙安全检测

蓝牙安全测试集成蓝牙协议、频谱分析和蓝牙数据分析于一体,可以发送和接收 2.4GHz 信号,并在监视模式下进行实时监控蓝牙流量,同时能够支持 USB2.0 连接,支持系统编程串行连接器。蓝牙协议频谱分析则具有同时捕获 2.4GHz 频谱、HCI(UART,SPI)、WCI-2 等信号的能力,同步精度达到亚微秒级别,可以利用 USB 接口进行供电并通过其与 PC 端连接,方便进行频谱分析。蓝牙数据分析能够实现采集和显示通过无线电传输的数据包,并将捕获到的相应数据通过 USB 传输至 PC,可满足 IEEE 802.15.4、ZigBee、Thread、IEEE 802.15.4ge(TI 15.4 Stack)、TI EasyLink 等协议的网络数据包监听。

蓝牙安全检测主要针对汽车车载信息交互系统的蓝牙接口进行配对模式测试、已知漏洞测试、控车指令重放测试等,可以挖掘出潜在的安全隐患如驱动和内核溢出、Crash、命令执行、拒绝服务等。

(三)无线数字钥匙安全检测

市场上除了传统的机械钥匙外,新款汽车大多采用能方便快捷开启车辆的"智能钥匙",主要包含蓝牙钥匙、手机 App 钥匙、NFC 钥匙、UWB 钥匙等。[①] 其中,无线数字钥匙面临的安全风险主要表现为密钥窃取和数据篡改等。为了保证无线数字钥匙通信的安全,主要开展密码强度测试、防篡改测试、安全传输测试、中间人攻击测试、非法控车测试等方面的测试。

密码强度测试是通过模拟各种攻击方式,如暴力破解、字典攻击等,来测试无线数字钥匙的密码强度,评估其密码安全性。防篡改测试则是通过对

① 顾欣、胡津铭、陆臻:《汽车数字钥匙安全技术研究》,《中国标准化》2023 年第 7 期。

无线数字钥匙进行篡改操作，如修改密钥、篡改数据等，来测试其是否能够有效防止篡改，保障数据的完整性和安全性。安全传输测试则是对无线数字钥匙在传输过程中的加密方式、协议等进行测试，评估其安全性和可靠性。中间人攻击测试是指攻击者与通信的两端分别创建独立的联系，并交换其所收到的数据，使通信的两端认为他们正在通过一个私密的连接与对方直接对话，但事实上整个会话都被攻击者完全控制。非法控车测试指的是攻击者通过空中数据包获取、逆向分析等技术手段，破解出车窗升降、远程解锁、远程启动等控车逻辑、指令，通过发送伪造的控车指令可未经授权对车辆进行远控操作。

（四）蜂窝网络安全检测

5G 安全是 4G 的延续，其安全架构主要分为如下 5 个域：网络接入安全，包括双向接入认证、传输加密和完整性保护；网络域安全，用于网络节点能够安全地交换信令数据、用户面数据；用户域安全，用于让用户安全地访问移动设备，如 PIN 码和 USIM 卡安全；应用域安全，用于用户域的应用和提供者域中的应用安全的交换消息；SBA 安全，是 5G 特有的新增安全域，5G 核心网使用 SBA 架构，需要相应的安全机制，主要包括 TLS 传输层安全协议、OAuth 开放式授权等。[1]

蜂窝网络主要包括 4G/5G 通信网络，为解决 4G/5G 场景中网络接入安全风险，根据 4G/5G 网络特性，从网络接入安全、网络域安全、用户域安全、应用域安全、SBA 安全出发，重点聚焦 5G 网络的三大场景，即 eMBB 增强移动宽带、mMTC 大规模机器类型通信、URLLC 超可靠低时延通信。按照 4G/5G 网络下的常见风险类型，开展信息完整性保护缺失测试、用户隐私模拟攻击测试、服务劫持模拟攻击测试、信号欺骗测试、授权与密钥管理安全测试等，满足智能网联车场景中的 4G/5G 应用场景安全检测要求。

---

[1] 洪莹、沙宇晨、丁飞等：《5G 蜂窝车联网（C-V2X）资源分配优化与性能评估》，《汽车安全与节能学报》2023 年第 3 期。

三　总结

　　智能网联汽车为用户提供了更加便利的出行方式以及更友好的驾驶体验，但由于安全技术的发展尚有欠缺，依旧会面临很多的安全问题。目前，智能网联汽车暴露出了越来越多的网络安全攻击面，与云平台、车辆、用户以及外部互联网连接的无线通信接口也使得远程攻击成本降低。本研究首先分析了智能网联汽车的信息安全防护体系，从云、管、端、路测单元等方面介绍了主要存在的安全威胁。其次，为了充分满足智能网联汽车通信安全隐私保护的要求，深入研究了 Wi-Fi 安全、蓝牙安全、无线数字钥匙安全和蜂窝网络安全等测评技术，形成具备实际参考意义的智能网联汽车通信安全测试用例，为后期开展整车网络安全测试提供了基础。

参考文献

[1] 张海涛：《智能网联汽车网络安全关键技术研究与应用》，博士学位论文，电子科技大学，2023。

[2] 周时莹、梁贵友、王德平等：《智能网联汽车操作系统发展趋势及国产化生态建设》，《汽车技术》2023 年第 11 期。

[3] 张应辉、钱佳乐、曹进等：《5G-V2X 中基于轨迹预测的安全高效群组切换认证协议》，《通信学报》2023 年第 8 期。

[4] 段宗涛、郑西彬、李莹等：《车联网环境下的 Wi-Fi 网络实验床》，《微电子学与计算机》2015 年第 7 期。

[5] 顾欣、胡津铭、陆臻：《汽车数字钥匙安全技术研究》，《中国标准化》2023 年第 7 期。

[6] 洪莹、沙宇晨、丁飞等：《5G 蜂窝车联网（C-V2X）资源分配优化与性能评估》，《汽车安全与节能学报》2023 年第 3 期。

新车绿色测评篇

基于高强度光照场景的车内空气
质量测评研究与应用

李传杰　杜天强　郑思维*

摘　要：　本研究通过对消费者实际使用工况以及现有测试方法间的差异进行分析，发现了影响车内空气质量感知差异主要来自现有测试方法中的光照强度和消费者实际使用工况的光照强度之间的差异。进而由此开展光照强度相关研究，最终确定测试的光照强度为 $900W/m^2$，并基于此开展贴合消费者实际使用场景的高光照强度下车辆测评规程研究，并通过试验验证的手段验证了此方法的可行性。该研究为下一步制定更加贴合消费者实际使用工况的车内空气质量测评规程提供了技术支撑。

关键词：　高强度光照　车内空气质量　车辆测评

---

* 李传杰，中汽研汽车检验中心（天津）有限公司汽车化学业务主管，青年科技骨干，工程师；杜天强，中汽研汽车检验中心（天津）有限公司副总工程师；郑思维，中汽研汽车检验中心（天津）有限公司理化分析室主任，高级工程师。

一　前言

汽车在方便人们日常生活的同时，也带来了严重的环境污染问题。除尾气排放造成的大气污染以外，车内的空气污染也值得人们重视。有研究表明，在汽车启动或车内空调开启时，驾驶者会出现不同程度的头晕、恶心、咳嗽和胸闷等现象，重者会产生轻度黏膜刺激症状，并感到压抑和注意力无法集中，这些症状统称为驾车综合症。国外的统计数据表明，驾车综合症所引发的交通事故远比疲劳驾驶和酒驾引发的事故率高得多。目前，世界卫生组织（WHO）已明确将车内空气污染与高血压、艾滋病等共同列为人类健康的十大威胁。

我国作为世界第一大汽车生产和销售国，汽车工业正处在高速发展时期，由此带来的车内空气污染问题也日趋严重。2002 年，中国环境技术研究中心广州分中心对 2000 辆车进行了为期 7 个月的车内空气质量检测，发现 92.5%的车辆都存在空气质量问题。2003 年，深圳市计量质量检测研究院进行使用少于半年新车的随机抽检，结果 70%的汽车车内有害气体的浓度超过国家 IAQ 标准值，最多超过标准基准值 10 倍以上。为了满足消费者对汽车舒适性和感官的要求，生产企业不断优化汽车内饰的设计，在此过程中使用的新技术、新材料和新工艺都会引起车内空气质量的问题。随着公众的自我保护意识的不断增强，以及消费者对车内空气质量的要求不断提升，车内的环境问题逐渐成为人们关注的热点和重点。严重的车内空气污染不仅时刻危害着驾乘人员的身体健康，而且会造成巨大的经济损失。因此，如何控制和改善汽车车内空气质量，为人类营造健康、舒适的绿色车内环境，已成为关系国计民生的大事。

二　高强度光照场景研究

目前汽车行业全产业链已经将车内空气质量的管理提升至较高高度并投入较多研发成本，但是消费者对车内空气质量的投诉仍居高不下。目前汽车行业对车内空气质量的测试多采用 ISO 12219-1：2021 *Interior air of road vehicles—Part*

1: Whole vehicle test chamber—Specification and method for the determination of volatile organic compounds in cabin interiors 开展车内空气质量测试，测试对象为挥发性有机化合物（Volatile Organic Compounds，以下简称VOCs）主要包含以下9种物质：苯、甲苯、二甲苯、乙苯、苯乙烯、甲醛、乙醛、丙烯醛和总挥发性有机物（Total Volatile Organic Compounds，以下简称TVOCs）。此方法中包含三种测试模式，首先是常温模式，此模式考察的是车辆在常温环境下停放一段时间后车内空气质量。在常温模式后开展高温模式，此模式是考察车辆在经过高温暴晒后的车内空气质量。在高温模式后开展高温开空调模式，此模式是考察车辆对高温暴晒后车内空气的净化效果。分析现行的方法后发现常温模式和高温开空调模式基本与消费者实际使用工况一致；但是高温模式中的关键参数"光照强度"值得重点关注，可能与我国实际情况存在差异，需研究论证。

由于高温模式考察的是在正午时车辆停放至露天环境中太阳照射车辆一段时间后的车内空气质量，首先要确定影响车内VOCs散发的主要因素，故按照原测试方案模拟的实际场景，将车辆置于露天环境中，实时监控车内的TVOCs和温度。研究结果表明，随着光照强度提升，车内温度升高，进而TVOCs浓度升高，并且光照强度与车内温度强相关，车内温度与TVOCs浓度强相关（见图1）。车里温度高的主要因素在于车的玻璃，太阳的短波辐射会透过透明的玻璃进入车内，对车内物体和空气进行加温；随着车内温度的升高，车内物体和空气的长波辐射自然也会越发剧烈。但是，长波辐射却不能如短波辐射一样透过玻璃到达车外的空气，而是被玻璃吸收了一大部分。这样，整个车处于"短波进得去，长波出不来"的情况，长波辐射被阻断，平衡被打破。由于长波辐射这种形式受阻，此时车要更多依赖热传导向外散热。而热传导的功率与温差成正比，汽车经过暴晒之后，车内车身的温度会急剧升高。因此，对于高温模式的研究重点就是如何设置光照强度。

对光照强度的研究应从两个角度出发，一是采集在正午的光照强度，二是调研其他行业相关标准。

首先，为了获取最贴近消费者实际使用工况的环境数据，在全国五个城市开展了环境数据采集工作，包括天津、宁波、广州、重庆、吐鲁番。五个

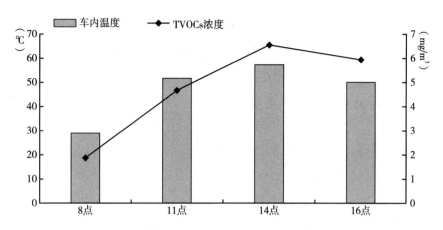

图 1　车内 TVOCs 浓度随车内温度变化曲线

城市无云晴天时，11 点至 16 点之间，太阳辐照度平均为 900~1000W/m²。分析采集的环境数据后可得出以下结论，车内空气质量与地域的关联性不大：在晴天的天气下，不同城市车内升温规律一致，晴天 11~16 点为辐照峰值，车内温度在 60 度左右；车内五苯类物质和三醛类物质浓度随温度变化的规律一致，温度越高，浓度越大。

其次，通过对我国建筑行业、光伏行业、车用空调以及车辆阳光模拟等标准调研后发现，我国标准中对辐照强度的要求基本在 800~1000W/m² 区间（见表 1）。因此，ISO 12219-1：2021 中标准规定的 400±50W/m² 偏低，不符合我国实际情况，最终确定高温模式的光照强度为 900W/m²。

表 1　各标准中对于光照强度的要求

单位：W/m²

标准编号	标准名称	光照强度
GB 50763-2012	无障碍设计规范	800~1000
GB/T 6495.3-1996	光伏器件第 3 部分:地面用光伏器件的测量原理及标准光谱辐照度数据	1000
QC/T 658-2009	汽车空调制冷系统性能道路试验方法	≥800
T/CSAE 70-2018	乘用车整车太阳光模拟加速老化试验方法	1000±100

三　高强度光照场景试验验证

为验证采用900W/m²的高强度光照是否加剧了车内VOCs散发并且验证采用次光照强度是否可在试验室内完成故开展试验验证工作。开展此项试验主要使用整车VOCs试验舱，模拟车辆在露天环境下的光照环境。选取4台下线日期为28±5天的车辆，首先依据原测试方法进行400W/m²的高温模式测试，以此作为900W/m²高温模式测试的参比数据，进行400W/m²高温模式测试后的车辆静置48小时，以便使汽车内饰恢复至一般挥发水平后再进行900W/m²高温模式测试，对比分析两种光照强度下车内VOCs浓度的差异，以验证900W/m²的高强度光照是否加剧了车内VOCs散发。

上述研究表明，车内温度与车内VOCs散发具有正相关关系，并且车内温度决定了车内VOCs散发浓度，因此验证900W/m²的高强度光照是否加剧了车内VOCs散发，首要监控的就是在900W/m²的高强度光照下车内温度是否提升。以前排座椅头枕连线中点作为监测点监测此处车内空气温度，对比分析400W/m²和900W/m²两种光照强度下的车内温度，结果表明在900W/m²的高强度光照下4台车的车内温度平均为62℃，是400W/m²的1.4倍（见图2）。由此结果得出以下结论，在900W/m²的高强度光照下相较400W/m²的光照强度车内温度明显升高，平均为400W/m²的光照强度车内温度的1.4倍。

对比分析4台车在两种光照强度下车内VOCs浓度，900W/m²高强度光照下相较400W/m²光照强度的苯、甲苯、二甲苯和乙苯的平均浓度增长较少，为1.5~2.5倍；而TVOCs、乙醛、苯乙烯、丙烯醛和甲醛的平均浓度增长较多，为3.0~5.5倍。特别是甲醛，为400W/m²光照强度的5.5倍（见图3）。因此可以得出，温度确实是影响甲醛挥发速度的一个重要因素。

以上研究表明，模拟消费者真实工况的高温模式光照强度为900W/m²，并且通过试验验证表明在900W/m²光照强度照射下，车内温度相较400W/m²

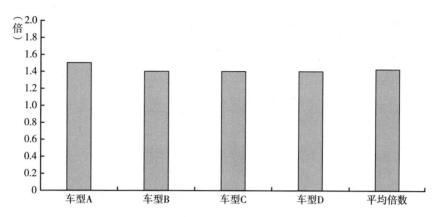

图2 900W/m² 的高强度光照下相较 400W/m² 车内温度倍数

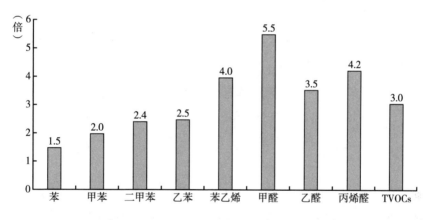

图3 900W/m² 的高强度光照下相较 400W/m² 车内 VOCs 平均浓度倍数

急剧上升，车内 VOCs 浓度也有不同幅度的增长，由此可证实造成消费者实际感受与测试结果间差异的主要因素为光照强度。

四 基于高强度光照场景的车内空气 质量测评规程研究

制定车内 VOCs 的测评规程不仅要基于以上研究成果和已有的研究数

据，更要从消费者实际使用角度出发，制定科学的车内 VOCs 测评规程。车辆在经过高温暴晒后，车内温度可达 60℃ 左右，如果人体长时间处于高温的环境下，有可能对身体带来以下几种危害。一是高温环境会刺激机体大量排汗来散热，排汗的同时会有一些离子成分随汗液一起排出体外，容易造成体内离子紊乱。二是如果机体产生热量大于散热，就会产生中暑症状，轻者出现头晕、恶心、胸闷等症状，严重者会危及生命。因此，车辆在经过高温暴晒后，消费者进入车内首先会选择开门、开窗等操作快速将车内降温，此时车内 VOCs 浓度会急剧下降。当汽车在公路上行驶时，车内乘员之间可以进行正常的语言交流，而车窗开启后产生风振噪声，车内噪声陡然增大，车内乘员无法正常交谈。特别是目前车辆智能化程度较高，普遍配备的智能语音功能也将无法正常使用。不仅如此，车内乘员长时间处于高分贝噪声环境中还会引起身体的不适，使人心烦意乱，引起疲劳，严重影响驾驶安全性及乘坐舒适性，并且在夏季户外温度较高时也无法达到换气降温的目的，因此在驾驶时关闭车窗并打开空调是降低车内温度的有效手段。虽然开窗的方式可以将车内 VOCs 浓度快速降低，但在驾驶时关闭车窗，经过暴晒后车内内饰零部件仍有余温，因此在驾驶时车内 VOCs 仍会持续处于高水平散发阶段。

综上所述，经过高温暴晒后，消费者不会直接进入车内，而是会选择开门窗迅速降温并且在驾驶时关闭门窗打开车内空调，因此高温暴晒后的车内空气并不是需要重点测评的对象，而是应重点测评在开空调状态下的车内空气。如今，消费者对车内环境健康愈发关注，目前的汽车产品普遍配备了多效空调滤清器和车内空气净化器等车内空气主动净化装置以提升车内空气质量。车内空调不仅对车内空气具有降温效果，配备多效空调滤清器和车内空气净化器的车型还可对车内空气中的 VOCs 进行净化，进而提升车内空气质量。因此，对于车内 VOCs 的测评规程也将模拟消费者实际使用场景，具体的测试过程如下。将车辆置于整车 VOCs 试验舱内，打开顶部辐照灯并设置光照强度为 900W/m²，光照后由试验人员打开车门进入车内打开车内空调和空气净化器（如有），试验人员离开车内并关好门窗，采集车内空气并分析车内 VOCs 浓度。

为验证该方法，共选取 8 台下线日期为 28±5 天的车辆进行试验验证，其中包含轿车和 SUV，为对比分析结果每台车共开展常温模式、900W/m² 高强度光照下的高温模式和高温开空调模式测试。试验结果表明 78% 的车辆经过高强度光照并开启空调后可满足测评规程基准值的要求（见表 2）。未满足基准值要求的车辆均为甲醛浓度过高（见图 4），分析其原因主要有两点：一是经过高强度光照后车内甲醛急剧升高至 0.522mg/m³ 和 0.654mg/m³，分别为自身常温模式甲醛浓度的 14.5 倍和 41.8 倍，均远大于平均值 5.5 倍；二是过高的甲醛浓度给空调净化带来了较大的负担，该车型配备的多效滤清器的净化性能与其散发性能不匹配，并未达到良好的净化效果。

表 2　车内 VOCs 测评基准值

单位：mg/m³

名称		基准值
车内 VOCs	苯	0.05
	甲苯	1.00
	二甲苯	1.00
	乙苯	1.00
	苯乙烯	0.26
	甲醛	0.10
	乙醛	0.20
	丙烯醛	0.05

8 台车辆中包含 6 台 SUV 和 2 台轿车，分析试验结果表明，轿车的通过率为 50%，SUV 的通过率为 83%。鉴于验证样本数量有限，此通过率仅供参考，但是可以初步说明车辆的车内空气质量与车辆类型并无直接联系。

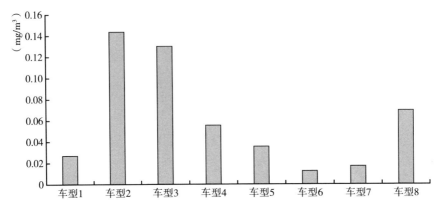

图4 验证车辆高温开空调模式甲醛浓度

五 结论

本研究从消费者实际驾乘感受出发，发现了影响车内空气质量感知差异的主要因素为现有测试方法中的光照强度。最终通过实地采集数据和横向标准调研确定了测试的光照强度为 $900W/m^2$，并基于此开展贴合消费者实际使用场景的高光照强度下车辆测评规程研究，并通过试验验证的手段验证了此方法的可行性，确定了高温开空调模式的测评规程。车内空气质量是车内环境健康的重要组成部分，未来计划在颗粒物净化、新型 VOCs 和半挥发性有机物等方面开展相关研究，以完善现有测评规程，为消费者购车提供科学指导。

特殊人群的电磁防护技术研究

蒋莉　张旭　张将　金剑*

摘　要：　心脏起搏器等有源植入式医疗器械属于三类高风险设备，其电磁兼容设计和检测是按照工科医领域（ISM）要求进行的，汽车使用场景中的电磁辐射水平常远高于工科医等工业场景，可能对佩戴该植入式医疗器械的患者产生新的风险。为此，本研究首先分析了有源植入式医疗器械的电磁抗扰性能，其次对道路车辆潜在的电磁干扰因素进行了介绍，最后通过采集车辆在不同状态、不同位置的电磁辐射数据分析车辆对有源植入式医疗器械的电磁干扰风险。结果表明，该样车自身的电驱动系统磁场辐射值低于有源植入式医疗器械的抗扰度等级要求，但车载手机无线充电模块的辐射水平已经接近甚至超过了植入医疗器械的安全限值，且手机无线充电模块发射功率近年还在继续提高，有必要进行系统的研究，以保障佩戴该类器械的患者在车内的生命安全。

关键词：　有源植入式医疗器械　道路车辆　电磁干扰

一　前言

人口老龄化是人口转变的必然结果，也是 21 世纪全球面临的共同问题。

---

* 蒋莉，中汽研新能源汽车检验中心（天津）有限公司电磁兼容部高级工程师，青年科技骨干；张旭，中汽研新能源汽车检验中心（天津）有限公司电磁兼容部平台总监，学科带头人，高级工程师；张将，中国汽车技术研究中心有限公司汽车测评管理中心工程师；金剑，中国汽车技术研究中心有限公司汽车测评管理中心工程师。

21世纪初我国就已经进入了人口老龄化社会，至今已20余年。国家统计局发布的第七次全国人口普查数据统计结果显示，我国60岁及以上人口占比超过了18.70%，人口老龄化问题突出。一方面，随着人口老龄化及城镇化进程的加快，以及居民不健康的生活方式等问题日益突出，心血管疾病等危险因素对民众的健康影响越来越显著，我国的冠状动脉疾病的发病率也持续增高；另一方面，随着全球医疗水平的提高，患者对身体健康的重视程度也在逐渐提高，从而带来对有源植入式医疗器械（如心脏起搏器、神经刺激器、人工耳蜗等）市场的旺盛需求。有源植入式医疗器械属于精确度高、电磁敏感性强却又维系患者生命安全的三类高风险医疗器械，一旦受到干扰可能对患者造成不可接受的风险。

二 有源植入式医疗器械的电磁兼容性

（一）电磁兼容标准

目前主要关注的是有源植入式医疗器械在各类电磁环境场景下是否能够正常工作，即电磁抗扰性能。ISO发布了针对心脏起搏器、心率转复除颤器和心脏再同步器械的电磁兼容标准ISO 14117，ISO 14708系列标准也对不同类型的专用有源植入式医疗器械的抗扰性能进行了规定（见表1）。

表1 有源植入式医疗器械抗扰性能相关标准

标准号	标准名称	国标现状
ISO 14708-1	手术植入物 有源植入式医疗器械 第1部分:安全、标记和制造商所提供信息的通用要求	GB 16174.1-2015（修订中）
ISO 14708-2	手术植入物 有源植入式医疗器械 第2部分:心脏起搏器	GB 16174.2-2015（修订中）
ISO 14708-3	手术植入物 有源植入式医疗器械 第3部分:植入式神经刺激器	YY 0989.3-2023

标准号	标准名称	国标现状
ISO 14708-4	手术植入物　有源植入式医疗器械　第4部分:植入式输液泵	—
ISO 14708-5	手术植入物　有源植入式医疗器械　第5部分:循环支持器械	YY 0989.5-2022
ISO 14708-6	手术植入物　有源植入式医疗器械　第6部分:治疗快速心率市场的有源植入式医疗器械(包括植入式除颤器)的专用要求	YY 0989.6-2016
ISO 14708-7	手术植入物　有源植入式医疗器械　第7部分:人工耳蜗植入系统的专用要求	YY 0989.7-2017
ISO 14117	有源植入式医疗器械　电磁兼容性　植入式心脏起搏器、植入式心率转复除颤器和心脏再同步器械的电磁兼容性测试细则	YY/T 1874-2023

表1所列的标准中对有源植入式医疗器械的电磁抗扰性能进行了规定,以保障其不会由于日常生活中正常所遇到的外部电磁场而受到严重影响。但有源植入式医疗器械属于工科医设备,在测试时也是按照工科医的要求,其抗扰度等级也是低于车辆要求的。比如,ISO 14708-3神经刺激器标准中辐射抗扰度等级要求为10V/m,而车辆GB 34660《道路车辆　电磁兼容性要求和试验方法》标准中规定的辐射抗扰度等级为30V/m。因此,即使有源植入式医疗器械通过了其本身标准中的抗扰度测试,当其与患者一起处于车辆电磁环境时也可能产生电磁安全风险。

(二)电磁干扰风险分析

有源植入式医疗器械通常是由植入式脉冲发生器和电极导线组成。该类器械通过监测患者自身的生理信号进而调整需要发出的脉冲能量,因此正确识别患者的电生理信号是其准确发放脉冲能量从而保持正常工作的关键。由于电生理信号通常比较微弱,外来的电磁骚扰一旦超过了其可接受程度很有可能会影响这类器械对正常生理信号的识别,从而产生电磁干扰风险,其可能发生的风险如下。

一是脉冲发生器和电极导线的外壳会在人体内构成一些闭环回路，当曝露在外来电磁骚扰中会在这一回路产生感应电流，从而引起心律失常或者局部过热导致组织灼伤等后果。

二是当患者接触短时强磁场时，所产生的传导或者耦合在植入式脉冲发生器上的大电压可能会直接损坏发生器内部的电器元件。

三是电磁骚扰源会直接在电机导线上感应出电动势，从而妨碍对生理喜好的正确监测，产生不可逆转的改变，影响其治疗。

四是植入式脉冲发生器具备进行模式切换的磁控开关，外来磁场可能会触发磁控原件，从而导致脉冲发生器内部磁场控制元件或其他电路元件损坏。

三 道路车辆对有源植入式医疗器械电磁干扰风险分析

国内现有的道路车辆电磁兼容标准包括 GB/T 18387-2017《电动车辆的电磁场发射强度的限值和测量方法》，测试频段为 150kHz~30MHz，用于保护车外接收机；GB 34660-2017《道路车辆 电磁兼容性要求和试验方法》，测试频段 30MHz~1GHz，用于保护车外接收机；GB/T 18655-2018《车辆、船和内燃机 无线电骚扰特性 用于保护车载接收机的限值和测量方法》，测试频段 150kHz~2.5GHz，用于保护车载接收机；GB/T 37130-2018《车辆电磁场相对于人体曝露的测量方法》，测试频段 10Hz~400kHz，用于保护公众。

上述车辆的电磁兼容标准尚未考虑对佩戴该类器械的患者提供保护。

传统汽车的电磁干扰源主要源于点火系统，但是伴随着汽车行业"新四化"的快速发展，车内电磁骚扰的特性及其产生的影响有了巨大的变化。电动汽车内的主要骚扰源已经逐渐演变成了电驱动系统、DC/DC 变换器、IGBT 开关器件等。另外，随着公众对车辆舒适性要求的提升，座椅加热、座椅通风、无线充电等车辆配备率越来越高，从而在车内形成更加恶劣的电磁环境。一旦发射的电磁辐射强度超过有源植入式医疗器械所能承受的限度时，就会干扰医疗器械的正常工作，严重时将危及患者生命。

很多车企也对佩戴该类器械的人群进行了一些预防性措施，如国内外多家车企的用户手册给出警示说明——为避免心脏起搏器和无钥匙进入系统的天线相互干扰，体内植入心脏起搏器的人员应确保与车辆安装的任何一键启动系统天线保持22厘米以上的距离。随着对电动汽车进行无线充电的技术、对车上手机进行无线充电的技术的广泛应用，其对车辆环境磁场的影响更为明显。

四 车辆电磁辐射测试分析

根据 ISO 14708 系列标准中有源植入式医疗器械的电磁干扰敏感频段主要为 10Hz~30MHz，磁场抗扰度等级所对应的电磁环境限值要求如图 1 所示。本研究通过测试车辆的辐射值并与图 1 的限值进行比较进而分析车辆的潜在电磁干扰性，测试的频率范围为 10Hz~30MHz。

车辆的测试状态如表 2 所示。

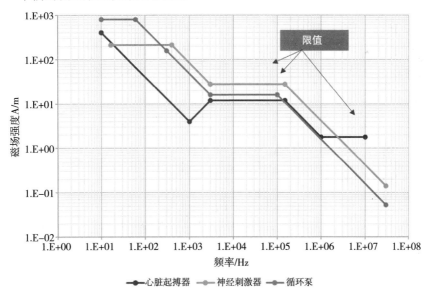

图 1　有源植入式医疗器械抗扰度要求所对应的电磁环境限值

表2 车辆测试状态

车辆工作模式	设置	车载电器设备
静止	车辆上高压电	空调制冷、座椅通风打开、收音机中等音量、远光灯打开、仪表盘最大亮度、车载无线充电模块处于充电状态
匀速	40km/h	
加速	加速度2.5m/s^2	
减速	减速度2.5m/s^2	
AC充电	充电电流≥80%额定电流	空调制冷、座椅通风打开、收音机中等音量、车载无线充电模块处于充电状态
DC充电	充电电流≥80%额定电流	

考虑到有源植入式医疗器械可能的安装位置包括胸部、腹部、头部等位置以及所有可能接触到的位置，将车辆划分为若干测试区域（见图2）。其中，A/D为脚部区域，B/E为座椅区域，C/F为头部和躯干区域，G为方向盘区域，H为前舱，I为后舱。

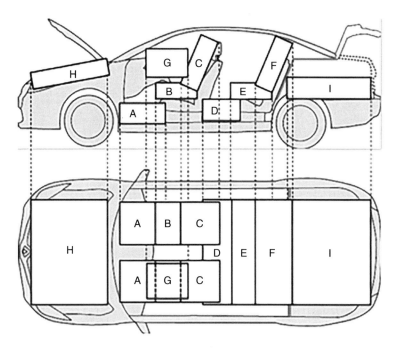

图2 测试区域

座椅位置测试时，探头直接与测试区域接触；中控区域测试时，探头与测试区域的距离为 10 厘米。车辆在上述各个状态的磁场辐射最大值如图 3～图 7 所示。

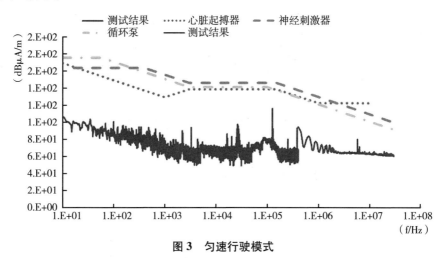

图 3　匀速行驶模式

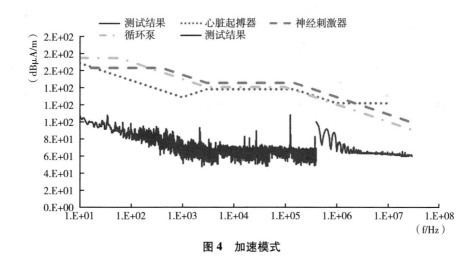

图 4　加速模式

由图 3～图 7 可知，主要的辐射影响因素包括手机无线充电（120kHz 左右）、座椅通风模块（20kHz 左右）以及交流电（50Hz），但是均低于有源植入式医疗器械所处电磁环境的限值要求。由于座椅通风功能和 AC 充电均

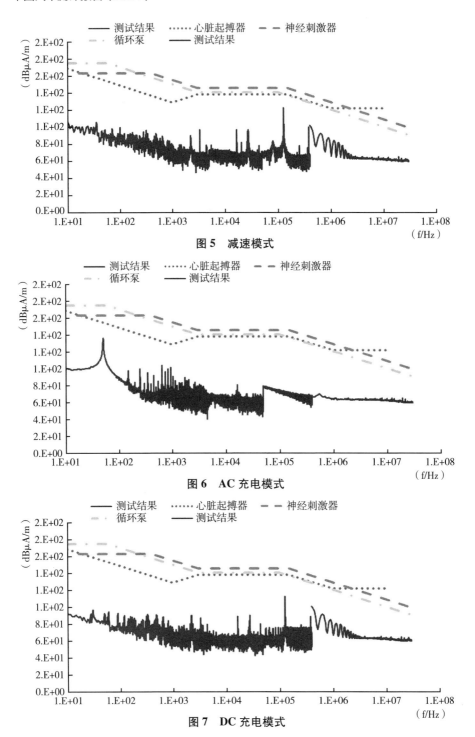

图 5　减速模式

图 6　AC 充电模式

图 7　DC 充电模式

不可改变，本研究主要研究手机无线充电辐射发射值的影响因素，包括充电功率、距离等因素。

五　手机无线充电模块辐射值影响因素分析

车载手机无线充电模块工作原理如图 8 所示。其通过磁感应原理进行能量传输，工作频段在 110kHz~250kHz 区间，且多在 120kHz 左右，处于有源植入式医疗器械敏感的频率范围内。

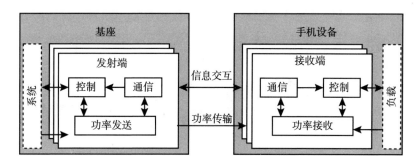

图 8　无线充电模块工作原理

目前车上搭载的无线充电模块充电功率多在 15W 以内，由于手机无法调节充电功率，本研究采用一种无线充电接收模块通过调节不同的接收功率来验证输出功率的影响，该设备有 5W、7.5W、10W、15W 四个功率挡可调节。其中，工作频点的辐射值如表 3 所示。

表 3　不同输出功率工作频点辐射值

发射功率	工作频率	磁场辐射值
5W	120kHz	139.39dBμA/m
9W	120kHz	142.91dBμA/m
15W	120kHz	150.29dBμA/m

由表 3 可以看出，随着输出功率的增加，磁场辐射值越来越高，最高可以差 10dB 以上。15W 发射功率的磁场辐射值已经超过了有源植入式医疗器械的抗扰度要求。根据工信部 2023 年发布的最新《无线充电（电力传输）设备无线电管理暂行规定》要求，无线充电功率最高可达 80W。可以预见，未来 80W 无线充电功率下，其磁场辐射值会显著增加，对有源植入式医疗器械带来更大的潜在风险。

选用 iPhone13pro 手机作为接收装置，分别在探头与测量区域距离为 0 厘米、5 厘米、10 厘米、15 厘米的位置进行测试，测试结果如图 9 所示。

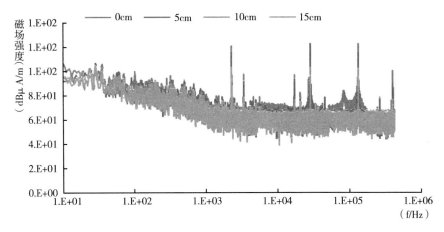

图 9 测试距离对磁场辐射值的影响

其中，工作频点的辐射值如表 4 所示。

表 4 工作频点辐射值

测量距离	工作频率	磁场辐射值
0cm	127.5kHz	123dBμA/m
5cm	127.5kHz	116dBμA/m
10cm	127.5kHz	102dBμA/m
15cm	127.5kHz	96dBμA/m

由表 4 可知，测量距离为 10 厘米时，辐射值比 0 厘米时降低 20dB 左右。为此，在无线充电发射功率逐渐增加的趋势下，有必要严格控制佩戴有源植入式医疗器械的患者与无线充电模块的距离，以保障该类器械的正常工作。

六　结论

本研究主要对心脏起搏器等有源植入式医疗器械在道路车辆环境下的电磁干扰风险进行研究。通过对 ISO 14708 系列、ISO 14117 系列等有源植入式医疗器械专用标准进行分析，找出其磁场敏感频段和抗扰度要求。

通过对样车的电磁辐射值进行实测寻找出其潜在的电磁干扰源，包括电驱动系统、座椅通风模块、车载无线充电模块等。其中被测样车的电驱动系统和座椅通风模块的辐射值都在有源植入式医疗器械要求的限值以下。但随着测试距离和发射功率的变化，其搭载的车载无线充电模块超过有源植入式医疗器械安全限值。未来随着无线充电模块产品发射功率的继续增大，有必要严格控制佩戴有源植入式医疗器械的患者与该类模块的距离，以有效保障患者的生命健康。

考虑到车载无线充电模块的存在，由中汽中心牵头的国际标准 ISO 11452-8《道路车辆　电气/电子部件对窄带辐射电磁能的抗扰性试验方法》也开展了修订工作，并着重增加了该频段的严酷等级要求，以保证车辆关键零部件的正常工作。同时，通过与医疗行业紧密合作，中汽中心正在开展不同的电磁辐射场景研究，为汽车产品的高质量发展和乘员健康安全提供保障。

针对 PHEV 车型的能效测评
体系研究与应用

耿培林　周　磊　马琨其*

摘　要： 新能源汽车得到消费者和企业的青睐，进入高质量发展阶段，特别是 PHEV 车型的销量井喷发展，但当前围绕 PHEV 的测试评价体系仍不完善，特别是缺少高温、低温等消费者特别关心的实际用车场景测试评价方法。本研究针对高温和低温测试方法中遇到的电量平衡判定方法和电量平衡模式下油耗测量方法进行研究，并开展多辆车的实车验证。研究发现不同类型下的车辆在高低温环境下的续航和油耗存在明显差异，低温环境对续航和油耗影响较为显著，平均续航下降率达 61.4%，平均油耗增加率达 82.5%；高温环境对 PHEV 的油耗影响要大于对续航影响，在高温环境下的平均油耗增加率达 47.8%，有必要对高低温环境下的 PHEV 开展测试评价。

关键词： PHEV　续航　油耗　高低温

一　前言

自 2012 年至今，新能源汽车得到快速发展，其发展可分为三个阶段：第一阶段是政策驱动培育阶段（2012～2018 年），在此期间发布了多项鼓励新能源汽车发展的政策，新能源汽车可以享受国家补贴、减免购置税、双积

---

* 耿培林，中汽研汽车检验中心（天津）有限公司轻型排放部轻排室高级工程师，学科带头人；周磊，中汽研汽车检验中心（天津）有限公司轻型排放部轻排室工程师；马琨其，中汽研汽车检验中心（天津）有限公司轻型排放部交通与能源环境室工程师，青年科技骨干。

分和地方政策以及路权、牌照；第二阶段为半市场化技术提升阶段（2018~2023 年），在该阶段，补贴力度、挣积分获取和地方的鼓励政策开始逐渐退坡，但新能源汽车技术得到质的提升，新能源汽车开始由政策驱动实现半市场化；第三阶段为政策限制下的高质量发展阶段（2023 年至今），双积分考核 NEV 比例、电耗要求加严，对应的鼓励政策也将完全退出，新能源汽车发展将趋向完全市场化。

经过十多年的快速发展，新能源汽车已进入持续爆发式增长阶段，截至 2022 年，新能源汽车产销量分别完成 795.8 万辆和 688.7 万辆，同比分别增长 96.9% 和 93.4%，市场渗透率已达到 25.6%。相比于往年，2023 年 PHEV 正式成为新能源市场新的高增长极，2023 年 1~5 月 PHEV 销量为 73.2 万辆，同比增长 101%，而纯电动车 EV 增速减缓，同比增长 24%，从增长速度上来看，PHEV 已超过 EV。PHEV 市场集中度过高，主要集中在比亚迪、理想等头部企业，但其他企业也在相继推出更具竞争力的产品，PHEV 市场出现百家争鸣的盛况。

PHEV 车型越来越得到消费者和企业的青睐，但是针对 PHEV 整车能耗的测试规程和标准比较少，目前国家标准只发布了 PHEV 的常温能耗测试方法，缺乏 PHEV 在高温、低温、高海拔下的测试方法，同时三方测评规程也没有成熟、科学、合理的测试评价方法。为了满足消费者对美好用车的需求，全方位客观测试评价 PHEV 性能，解决消费者在使用中的痛点问题，本研究从 PHEV 测试方法适应性和测试结果两个方面进行研究，探讨 PHEV 在不同应用场景下能效的测试评价方法。

二 PHEV 能效测试方法研究

（一）中国工况适应性研究

在 GB/T 19753-2021 国家标准中，为了获得 PHEV 车型的油耗和续航，需要开展电量消耗模式和电量保持模式测试试验，而判定循环是否平衡是区分两种模式的关键点。为了应对国家标准，不论是 PHEV 还是增程式混动车型，在 WLTC 工况下都应该达到电量平衡，但 PHEV 车型在 CLTC 工况下以及不同温度场景下是否还能达到平衡是本次研究的难点。

按照国家标准要求，循环的相对电能变化量小于 0.04 时，电量消耗模式试验达到终止判定条件，其中循环相对电量变化量的计算公式如下：

$$REEC_c = \frac{|\Delta E_{REESS,c}|}{E_{cycle} \times \frac{1}{3600}}$$

从公式中可以看出，电能变化量与循环能量需求息息相关，而工况从 WLTC 转变为 CLTC 后，循环能量需求也发生变化，为此研究了不同类型车辆在 WLTC 和 CLTC 的循环能量需求。可以看出在 1500 千克到 2500 千克的质量范围下，WLTC 的循环能是 CLTC 的 2.4 倍左右，在保持循环电能变化量保持不变的情况下，CLTC 循环下的电量消耗模式终止判定条件的相对电能变化量 REECc 可以控制在 0.1 以内（见图 1）。

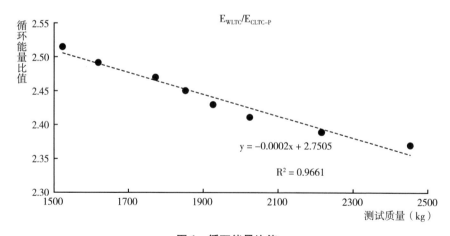

图 1　循环能量比值

试验选取了 3 辆车开展 CLTC 工况不同温度下的油耗和能耗试验，常温测试方法依据 GB/T 19753-2021，低温和高温测试方法参考 GB/T 19233-2020 进行，研究发现不同技术类型和纯电里程下的表现不一样。其中大续航里程下的增程式混合动力汽车在常温、高温和低温下都是符合电量平衡条件的（见图2），插电式混合动力汽车在常温和高温下能实现电量平衡，在低温下很难实现电量平衡（见图3）。

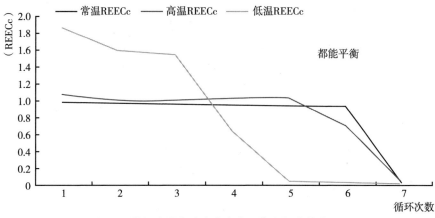

图2　增程式混合动力汽车电平衡和温度的关系

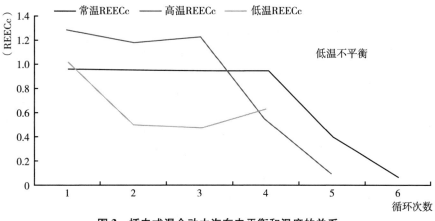

图3　插电式混合动力汽车电平衡和温度的关系

（二）高低温测试方法研究

研究发现工况切换到 CLTC 后，适当放宽电量平衡判定条件后，能够解决 PHEV 在常温测试中电量平衡判定问题，为此 PHEV 常温测试方法依旧可采用 GB/T 19753-2021，低温和高温测试方法可参考国标 19233-2020 附件，并从消费者实际用车场景出发，进行修正高温和低温测试方法（见图4）。

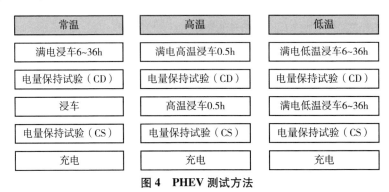

常温	高温	低温
满电浸车6~36h	满电高温浸车0.5h	满电低温浸车6~36h
电量保持试验（CD）	电量保持试验（CD）	电量保持试验（CD）
浸车	高温浸车0.5h	满电低温浸车6~36h
电量保持试验（CS）	电量保持试验（CS）	电量保持试验（CS）
充电	充电	充电

图4 PHEV测试方法

三 PHEV能效测试结果分析

按照以上测试方法，开展了多辆车测试数据验证分析。在进行高温、低温试验研究中，时刻计算循环变化能量，当满足电量平衡判定条件（相对电能变化量小于0.1），判定循环进入电量保持模式，若不能满足平衡条件，以该循环结束后较上一循环结束时的 SOC 增加或者相对电能变化量为正，则定义该循环为确认循环。在测量电量平衡油耗时，如果试验无效，则重新试验，直到整个循环放电量为正或者放电量为负且 C≤0.005，此时的循环油耗为电量平衡模式下的油耗。

经过研究，本研究选取了5辆PHEV车型开展常温、高温和低温下的油耗和续航测评方法验证工作。

（一）环境温度对 PHEV 续航的影响研究

PHEV 续航采用等效全电里程表示，研究发现，PHEV 低温的等效全电里程下降率要高于高温的。在高温下的平均等效全电里程下降率为18.7%，最高下降率为26.32%，不同车辆之间的差异较大，最小值和最大值相差

13.28 个百分点；低温下的平均等效全电里程下降率为 61.4%，最高下降率为 70.65%，下降率最大值和最小值相差 20.65 个百分点（见图 5）。

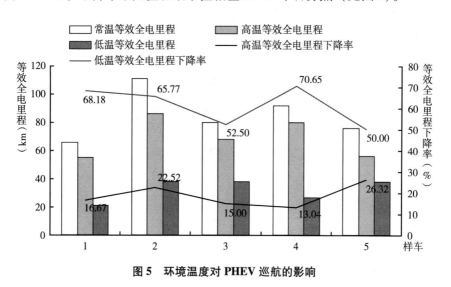

图 5　环境温度对 PHEV 巡航的影响

（二）环境温度对 PHEV 电耗的影响研究

PHEV 电耗通过交流充电量和等效全电续驶计算获得，研究发现，PHEV 低温的电耗增加率要高于高温的。在高温下的平均电耗增加率为 28.3%，最高增加率为 38.01%，不同车辆之间的差异较大，最小值和最大值相差 19.01 个百分点；低温下的平均电耗增加率为 94.9%，最高增加率为 174.81%，增加率最大值和最小值相差 112.03 个百分点（见图 6）。

（三）环境温度对 PHEV 油耗的影响研究

PHEV 油耗为电量平衡模式下的燃油消耗量，研究发现，大部分车辆的 PHEV 低温的油耗增加率稍高于高温油耗，个别车辆的低温油耗增加率远大于高温油耗增加率，这是因为在低温环境下，由于暖风需求增加，增加发动机工作时长，带来油耗的增加。在高温下的平均油耗增加率为 47.8%，最高增加率为 67.50%，不同车辆之间的差异较大，增加率的最小值和最大值

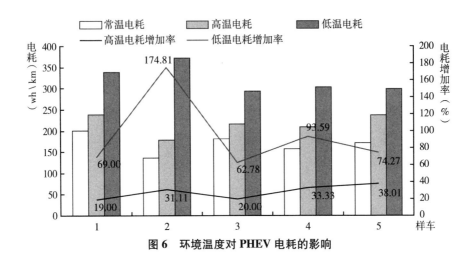

图 6　环境温度对 PHEV 电耗的影响

相差 38.68 个百分点；低温下的平均油耗增加率为 82.5%，最高增加率为 108.37%，增加率最大值和最小值相差 41.13 个百分点（见图 7）。

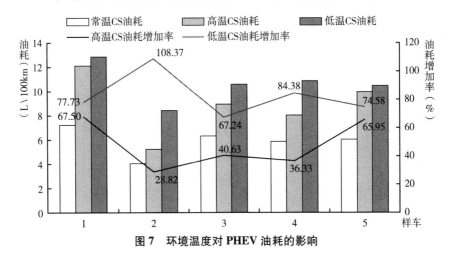

图 7　环境温度对 PHEV 油耗的影响

四　结论

一是 CLTC 工况与 WLTC 工况存在差异，按照现行法规的计算方法，部分 PHEV 车辆 CD 模式不一定能够达到电量平衡状态。

二是高温和低温环境下，由于空调的介入，以及发动机较早参与驱动等因素，CD 模式不一定能够达到电量平衡状态，尤其在低温环境下可能会更加突出。

三是不同车辆之间的续航和油耗在高低温下的性能表现存在明显差异，有必要进行测试评价。

动力电池耐久性测试关键技术和展望

马天翼　戴晓谦　韩策*

摘　要：　动力电池的高比能、高安全和长寿命是新能源汽车产业发展的重要保障。车用动力电池在使用中会出现性能衰减，其耐久性与环境气候、服役工况密切相关。动力电池表观性能衰减与微观结构演化存在复杂的多对多构效关系，需要从全生命周期演化机理出发，对此开展跨维度协同分析。本文聚焦健康状态评估和老化机制分析，从电池老化的原理出发，综合性能、寿命和安全，对车用动力电池的耐久性测试评价关键技术进行了分析和展望。

关键词：　新能源汽车　动力电池　健康状态（SOH）　电池老化

一　前言

我国新能源汽车保有量已超过了1700万辆。[①] 动力电池作为新能源汽车的"心脏"，其高比能、高安全和长寿命是新能源汽车产业健康快速发展、在电动交通领域不断推广的重要保障，也是在新能源汽车领域推进

---

* 马天翼，中汽研新能源汽车检验中心（天津）有限公司能源系统部技术总监，高级工程师；戴晓谦，中汽研新能源汽车检验中心（天津）有限公司能源系统部工程师，青年科技骨干；韩策，中汽研新能源汽车检验中心（天津）有限公司能源系统部工程师。

① 洪吉超、梁峰伟、杨京松等：《新能源汽车产业及其技术发展现状与展望》，《科技导报》2023年第5期。

"双碳"目标的关键技术之一。① 对于消费者来说，新能源汽车能否在其服役周期内始终保持足够的性能和续航里程，是选择新能源汽车的重要因素之一，这就对车用动力电池的耐久性提出了具体的要求。②

从产品使用的角度，一款车用动力电池的耐久性或者说寿命，是从设计之初就确定的，一些常用的指标是在 8 年或 30 万千米内电池的容量衰减不超过 20%。尽管锂离子动力电池具有高能量/功率密度和宽工作温度范围等优点，③ 但伴随着长周期的使用，容量和功率的性能衰减是不可避免的。另外，在动力电池的实际使用过程中，面对高温、低温等不同环境气候，④ 快充、慢充等不同服役工况，⑤ 动力电池的实际寿命衰减会与其理论设计指标存在一定程度的差异和离散。当这一情况反映到新能源汽车的实际使用中时，典型的表现就是"冬季续航显著下降""越到后期续航越差""表现里程不准"等现象。就目前的行业水平来说，动力电池耐久性的动态衰减以及寿命动态估计等问题，即使在大数据技术的支持下也无法得到彻底解决。

从原理上说，锂离子动力电池是由正极、负极、隔膜和电解液等关键部件组成的电化学体系，对于一个电池单体的寿命来说，既有单独因素老化造成的影响，也有多种因素动态变化带来的影响。对于动力电池耐久性全生命

---

① 王震坡、詹炜鹏、孙逢春等：《新能源汽车碳减排潜力分析》，《北京理工大学学报》2024年第 2 期。

② 丁徐强、陶琦、罗鹰：《锂离子电池在新能源汽车中的设计及应用》，《储能科学与技术》2023 年第 5 期。

③ 李东琪、张青松、郑少帅：《大倍率充放电循环对锂离子电池特性及热安全性能的影响》，《兰州理工大学学报》2023 年第 3 期；张宇波、王有元、黄洞宁等：《面向变工况条件的锂离子电池寿命退化预测方法》，《储能科学与技术》2023 年第 7 期。

④ 李萌、王跃、邱景义等：《低温条件下磷酸铁锂—石墨体系锂离子电池阻抗研究》，《储能科学与技术》2023 年第 11 期；韩策、邱新平、程小露等：《阳极预锂化锂离子电池老化过程的演变及分析》，《电源技术》2021 年第 7 期。

⑤ 呆齐新、赵景腾、李国兴：《锂离子电池快速充电研究进展》，《储能科学与技术》2023 年第 7 期；范智伟、乔丹、崔海港：《锂离子电池充放电倍率对容量衰减影响研究》，《电源技术》2020 年第 3 期；赵鹤、韩策、程小露等：《采用阳极预锂化技术的锂离子电池高倍率老化容量衰减机理研究》，《储能科学与技术》2021 年第 2 期。

周期的研究需要考虑到组成电池的每一个因素，并深入分析其中的复杂构效关系。[1] 因此，当面临长期寿命预测或是长期老化参数设定时，对于复杂构效关系的理解不到位就会导致结果出现更大误差。

基于以上因素，对动力电池耐久性的测试评价来说，仅仅是对于其循环性能进行表征是不够的，而是需要从动力电池全生命周期性能衰减演化机理的角度，开展全面、完善的跨维度协同分析，来为动力电池在实际应用中遇到的寿命异常衰减问题提供技术支持。[2] 一款电池耐久性的测试评价需要大量的测试资源和试验周期，并在研究过程中引入更多的机理和评价指标。对于目前的耐久性测试技术来说，需要重点关注健康状态评估和老化机制分析两个方面内容。

二 动力电池健康状态评估技术

严格意义上来说，"寿命"代表着动力电池从寿命初期（Begin of Life，BOL）到寿命末期（End of Life，EOL）的时间或服役能力。[3] 而如何判断一款电池到达了 EOL，对于动力电池的实际使用和状态评估来说，通常用健康状态（State of Health，SOH）数值来衡量电池的寿命进程。[4] SOH 是表征电池在全生命周期中的健康状态的重要参数，代表当前电池较于新电池存储电能的能力，取值范围为 0%~100%，即以百分比的形式来定量描述电池

① 卢婷、杨文强：《锂离子电池全生命周期内评估参数及评估方法综述》，《储能科学与技术》2020 年第 3 期。
② 赵珈卉、田立亭、程林：《锂离子电池状态估计与剩余寿命预测方法综述》，《发电技术》2023 年第 1 期；臧帏宏、李中华、王发成：《锂电池容量衰退模型数据驱动方法研究》，《重庆理工大学学报》（自然科学）2023 年第 2 期；韩江浩、王晓丹、李奇松等：《锂离子电池加速循环测试研究》，《储能科学与技术》2023 年第 1 期。
③ 蔡艳平、陈万、苏延召等：《锂离子电池剩余寿命预测方法综述》，《电源技术》2021 年第 5 期。
④ 蔡艳平、陈万、苏延召等：《锂离子电池剩余寿命预测方法综述》，《电源技术》2021 年第 5 期；李旭东、张向文：《基于主成分分析与 WOA-Elman 的锂离子电池 SOH 估计》，《储能科学与技术》2022 年第 12 期；杨胜杰、罗冰洋、王菁等：《基于差分热伏安法的锂离子电池 SOH 诊断》，《电源技术》2021 年第 11 期。

的性能状态。然而从实际操作上来说，SOH 并不能完全表征电池的耐久维度。具体来说，相同 SOH 下电池的状态，也会由使用历史（老化路径）的不同而产生差异。外部因素如充电倍率、温度和电池工作电压范围等会影响电池老化过程；内部因素，如制造过程中微小的内部缺陷会导致电池老化行为的偏差。这些外部和内部因素使得即使是处于相同 SOH 状态下的同款电池，其后续的寿命衰减也有可能出现很大差异。因此，对于 SOH 的实时监测和动态评估是动力电池在车用服役过程中的关键问题和挑战。目前更多的是把电池的当前容量与额定容量的百分比作为其健康状态，可以说目前广泛应用的健康状态其实是"容量健康状态"，标记为 SOH_C。然而正如前文所述，只通过容量来判断电池的老化程度是不准确的，目前采用容量健康状态也只是一个工业上折中的方案。在目前对于动力电池的老化状态判断中，也提出了更多的参数指标，包括功率健康状态 SOH_P、能量健康状态 SOH_E、效率健康状态 SOH_η、内阻健康状态 SOH_R 和电压健康状态 SOH_V 等。其中 SOH_P、SOH_E 和 SOH_η 的计算方式为当前参数与额定参数的百分比，SOH_R 和 SOH_V 的计算方式不仅涉及当前参数与额定参数的百分比，还涉及各单体之间的数值差异，即将单体一致性这一对电池模组/系统影响很大的参数考虑其中。对于不同的应用场景，采用不同的 SOH 计算方法固然可以更契合当前的应用场景，但从电池测评的角度来说，这样并不利于电池产品之间耐久性的横向对比。为了更好地评价电池的老化程度，中汽中心电池测评团队提出过综合 SOH 的概念，即将上述 SOH 参数均进行数据采集，通过建立模型来自动计算平均 SOH。这一方法具有较大的普适性，但一方面该方法需要获取大量测试参数作为对比，另一方面由于选取的是最低值，而不同的电池由于使用工况不同，会有目的地强化某些指标，同时弱化某些指标，如强化功率指标、弱化能量指标等。这类电池在综合 SOH 的判定模型下会出现 SOH 偏低的情况。

对于动力电池 SOH 监测和评估的整体目标包括但不限于确保电池系统的安全可靠运行、优化电池控制策略和提供预警。SOH 并不能像电池端电压那样直接去测量，而是需要通过充放电测试、阻抗分析等方法去估计。动力电池在某一状态下的 SOH 与电池容量、内阻、自放电、内部结构等多个参数有关，具有强烈的路径依赖性，并受到众多因素的影响，使得 SOH 监测成为一项具有挑战性的任务。在过去的近十年中，已经有大量的学术论文以及实际产品的研究成果应用于动力电池 SOH 的监测和评估，各类优化后的机理或数据驱动模型为电池 SOH 监测、预测和分析提供了系统的描述。目前在这个领域，需要解决的问题是模型算法与 BMS 产品的兼容性。一些 SOH 估计非常准确的算法需要的计算量过大，目前 BMS 产品无法兼容，只能不断降维，通过牺牲部分准确度来进行实际应用。如何在模型复杂性和计算负担之间取得平衡以进行电池系统 SOH 估计是实车应用的重点。虽然由于其缓慢变化的特点，SOH 不一定需要像 SOC 一样即时更新，但因为电池系统的 SOH 密切依赖于每个电池的状态，并且电池包/系统中的电芯数量相当可观，如何将健康状态估计更好地应用于动力电池的性能和安全管理，是该项技术持续发展的核心驱动力。

三 动力电池老化机制分析技术

对于一款动力电池产品耐久性的提升来说，准确剖析其在不同工况下的老化机制，并建立有针对性的产品性能提升策略至关重要。在这个过程中，需要解决电池老化的"延续性"问题。"延续性"问题是指在电池的使用过程中，其内部结构并不是一成不变的，而是随着电池的老化始终处于动态变化的状态。[1] 每一个充放电循环是动态变化的小周期，而电池的不断循环也使其性能和安全性不断变化。这是由于锂离子动力电池是一种典型的电化学体系，而任何电化学体系都存在反应效率这个概念，即由电化学反应提供能量的系统其效率是低于100%的。其中，不能够为电池提供能量的部分被称

---

[1] Xie W., Liu X., He R., et al., "Challenges and Opportunities toward Fast-charging of Lithium-ion Batteries," *J Energy Storage*, 2020, 32: 101837; Lyu P., Liu X., Qu J., et al., "Recent Advances of Thermal Safety of Lithium Ion Battery for Energy Storage," *Energy Storage Mater*, 2020, 31: 195-220.

为副反应，虽然副反应在电池体系中占比很低，几乎每次充放电过程都小于1%，却是在不断发生的。如电极表面固态电解质界面（SEI膜）的生长、电解液的分解、电极颗粒的溶解等。这类反应在电池初期使用中对电池的影响很小，因此会被现有检测体系忽略。然而随着电池老化，副反应的积累问题逐渐凸显。这会导致电芯之间的一致性逐渐发生离散。两只初始性能一致的同款电池，在长期使用后，其副反应程度差异可能会高于50%。因此，电池内部结构的延续性问题也是现有检测方法所不能触及的方面。基于此，近年来动力电池全生命周期的测试技术研究是动力电池老化机制分析的重点之一。

为了分析动力电池的老化机制，通常会结合多样化的无损检测和拆解分析技术，来实现老化机制的全面分析。[①] 无损检测技术包括计算机断层扫描、超声探伤等透视性图像分析类测试技术，以及微分容量、电化学阻抗等电化学分析技术。拆解分析是在惰性气氛下对动力电池进行解剖，获得老化后的正极、负极、隔膜、电解液等关键组件，并结合扫描电子显微镜（SEM）、X射线衍射（XRD）、能量色散X射线光谱仪（EDS）和X射线光电子能谱（XPS）等理化分析技术进行表征。目前，基于内部温度、膨胀力、产气等参数实时监测的智能传感技术，也为动力电池老化机制的全面诊断分析提供了重要的技术手段。另外，对于动力电池老化机制的分析仍然面临着一系列的挑战。首先是动力电池测试的"黑箱"问题，电池的内部状态无法全面地进行直接测量，而且由于能够测量到的电压、电流、电阻等外部参数是多个内部反应的组合，这些反应通常相互耦合，进行监测和建模也

---

① Ruihe L., Dongsheng R., Shan W., et al., "Non-destructive Local Degradation Detection in Large Format Lithium-ion Battery Cells Using Reversible Strain Heterogeneity," *J Energy Storage*, 2021, 40: 102788; Sato K., Tamai A., Ohara K., et al., "Non-destructive Observation of Plated Lithium Distribution in a Large-scale Automobile Li-ion Battery Using Synchrotron X-ray Diffraction," *Journal of Power Sources*, 2022, 535: 231399; Pan Y., Ren D., Kuang K., et al., "Novel Non-destructive Detection Methods of Lithium Plating in Commercial Lithium-ion Batteries under Dynamic Discharging Conditions," *Journal of Power Sources*, 2022, 524: 231075.

很困难。目前我们对于电池的老化机制尚未完全了解，伴随着新配比、新体系动力电池的不断出现，其内部老化的主要机制也在不断地发生变化，如不同电解液添加剂的加入，对基于 SEI 膜生长的老化路径的影响就很难进行准确量化。即使是在温和的老化条件下，不同体系动力电池的老化机制和老化路径也会存在很大差异，这也给前面介绍的 SOH 估计和预测带来了挑战，基于一款动力电池建立的状态估计模型，需要进行大量的测试和标定才能适用于另一款不同体系的电池。

需要重点提到的是，从车用需求出发，对于动力电池系统的老化机制分析还需要充分考虑到单体之间一致性离散对于系统性能的影响。在动力电池模组/电池包中，单体之间存在一定的一致性差异，而随着电池的使用和老化，其中的差异会逐渐扩大。具体来说，使一致性差异扩大的因素主要包括出场一致性差异、工作温度差异和老化过程差异等。一致性差异的扩大一方面会由于"木桶效应"使电池的整体容量下降，电动汽车续航里程降低；另一方面也会导致在快速充电过程中，部分老化程度低于平均值的电池由于极化程度过大出现轻微过充电情况，当前很多电动汽车动力电池的自燃事故都发生在充电过程中或充电结束后的一段时间，其主要原因就在于电池包中的某只单体在充电过程中由于内部结构老化形变在逐渐积累的过程中由量变引发质变，造成内短路的情况。此外，在动力电池的实际使用过程中，由于热管理系统性能的差异，一个电池包中处于不同位置的动力电池电芯其工作温度并不相同，而温度对于电池的性能和耐久性都具有显著影响，长期使用会导致一致性进一步离散。而在一个电池系统中，从成本的角度出发，能够监测的电芯状态参数和电芯数量都是有限的，这会导致单个电池到电池组的老化映射关系不明确，为电池系统的老化机制分析带来更大困难。

为了全面分析动力电池耐久性伴随其整个服役周期的变化，有必要在不同层级上进行详细的衰老机制研究。因此，需要在电芯层级上进行包括耦合应力因子（如变量电流和变量温度）在内的老化测试，并将电池系统级别进行的老化测试用于分析整个电池系统在老化过程中电芯之间的一致性离散过程。

四　结论

动力电池的耐久性测试受到了行业的广泛关注，深入开展不同温度工况、不同电流倍率的循环测试来探索不同工况下动力电池的耐久性演化规律，并针对不同体系、不同结构的电池单体和系统来建立能够加速老化的工况，以便更快地对一款电池进行耐久性测试评价，是耐久性测试的核心目标和诉求。从动力电池状态估计的角度来说，为了更好地提出动力电池老化程度的评价指标，就需要在一定程度上跳出或扩展"SOH"的概念，从电池老化的原理出发，考虑到包括放电容量和功率能力的"性能指标"以及包括热安全、电安全和机械安全状态的"安全指标"，建立涵盖动力电池性能和安全状态的耐久性评价体系。

参考文献

［1］ 洪吉超、梁峰伟、杨京松等：《新能源汽车产业及其技术发展现状与展望》，《科技导报》2023 年第 5 期。

［2］ 王震坡、詹炜鹏、孙逢春等：《新能源汽车碳减排潜力分析》，《北京理工大学学报》2024 年第 2 期。

［3］ 丁徐强、陶琦、罗鹰：《锂离子电池在新能源汽车中的设计及应用》，《储能科学与技术》2023 年第 5 期。

［4］ 李东琪、张青松、郑少帅：《大倍率充放电循环对锂离子电池特性及热安全性能的影响》，《兰州理工大学学报》2023 年第 3 期。

［5］ 张宇波、王有元、黄洞宁等：《面向变工况条件的锂离子电池寿命退化预测方法》，《储能科学与技术》2023 年第 7 期。

［6］ 李萌、王跃、邱景义等：《低温条件下磷酸铁锂—石墨体系锂离子电池阻抗研究》，《储能科学与技术》2023 年第 11 期。

［7］ 韩策、邱新平、程小露等：《阳极预锂化锂离子电池老化过程的演变及分析》，《电源技术》2021 年第 7 期。

［8］ 呆齐新、赵景腾、李国兴：《锂离子电池快速充电研究进展》，《储能科学与技

术》2023 年第 7 期。

［9］范智伟、乔丹、崔海港：《锂离子电池充放电倍率对容量衰减影响研究》，《电源技术》2020 年第 3 期。

［10］赵鹤、韩策、程小露等：《采用阳极预锂化技术的锂离子电池高倍率老化容量衰减机理研究》，《储能科学与技术》2021 年第 2 期。

［11］卢婷、杨文强：《锂离子电池全生命周期内评估参数及评估方法综述》，《储能科学与技术》2020 年第 3 期。

［12］赵珈卉、田立亭、程林：《锂离子电池状态估计与剩余寿命预测方法综述》，《发电技术》2023 年第 1 期。

［13］臧帏宏、李中华、王发成：《锂电池容量衰退模型数据驱动方法研究》，《重庆理工大学学报》（自然科学）2023 年第 2 期。

［14］韩江浩、王晓丹、李奇松等：《锂离子电池加速循环测试研究》，《储能科学与技术》2023 年第 1 期。

［15］蔡艳平、陈万、苏延召等：《锂离子电池剩余寿命预测方法综述》，《电源技术》2021 年第 5 期。

［16］李旭东、张向文：《基于主成分分析与 WOA-Elman 的锂离子电池 SOH 估计》，《储能科学与技术》2022 年第 12 期。

［17］杨胜杰、罗冰洋、王菁等：《基于差分热伏安法的锂离子电池 SOH 诊断》，《电源技术》2021 年第 11 期。

［18］Xie W., Liu X., He R., et al., "Challenges and Opportunities toward Fast-charging of Lithium-ion Batteries," *J Energy Storage*, 2020, 32：101837.

［19］Lyu P., Liu X., Qu J., et al., "Recent Advances of Thermal Safety of Lithium Ion Battery for Energy Storage," *Energy Storage Mater*, 2020, 31：195-220.

［20］Ruihe L., Dongsheng R., Shan W., et al., "Non-destructive Local Degradation Detection in Large Format Lithium-ion Battery Cells Using Reversible Strain Heterogeneity," *J Energy Storage*, 2021, 40：102788.

［21］Sato K., Tamai A., Ohara K., et al., "Non-destructive Observation of Plated Lithium Distribution in a Large-scale Automobile Li-ion Battery Using Synchrotron X-ray Diffraction," *Journal of Power Sources*, 2022, 535：231399.

［22］Pan Y., Ren D., Kuang K., et al., "Novel Non-destructive Detection Methods of Lithium Plating in Commercial Lithium-ion Batteries under Dynamic Discharging Conditions," *Journal of Power Sources*, 2022, 524：231075.

符合中国汽车产业现状的全生命周期
碳排放测评的研究与应用

李家昂　张廷　姜山*

摘　要： 随着"双碳"工作的推进，汽车低碳化发展已成为行业共识，开展汽车低碳性能评价是推动汽车行业形成绿色低碳生产方式和引导低碳消费的有力支撑。本研究首先研究了我国汽车产业发展现状以及国内外汽车低碳性能评价现状，其次阐述了汽车全生命周期碳排放核算方法，讨论了不同工况能耗对全生命周期碳排放量的影响，最后基于评价方案的探讨提出了我国汽车低碳性能评价工作的建议。

关键词： 生命周期评价　碳排放　绿色低碳　汽车产业

一　前言

应对气候变化已成为全人类共同的事业，欧美等国家和地区已率先建立起了相关管理政策和标准，提出了应对气候变化一揽子计划。我国在 2020年提出了碳达峰碳中和目标，积极部署推动应对气候变化工作，"十四五"以来，国家将碳达峰碳中和纳入生态文明建设整体布局，并加快构建碳达峰碳中和"1+N"政策体系。《中共中央国务院关于完整准确全面贯彻新发展理念做好碳达峰碳中和工作的意见》中对于加快形成绿色生产生活方式进

---

* 李家昂，中汽碳（北京）数字技术中心有限公司碳数字技术室工程师，青年科技骨干；张廷，中汽碳（北京）数字技术中心有限公司碳数字技术室主管，青年科技骨干，高级工程师；姜山，中国汽车技术研究中心有限公司汽车测评管理中心品牌主办。

一步提出了要"扩大绿色低碳产品供给和消费，倡导绿色低碳生活方式"；在《工业领域碳达峰实施方案》中"绿色低碳产品供给提升行动"即为两大重大行动之一，提出要开展产品碳足迹核算，鼓励企业采用自我声明或自愿性认证方式，发布绿色低碳产品名单，并在绿色制造体系中开发推广万种绿色低碳产品。由此可见，推动产品绿色低碳已成为政策导向趋势，也是消费升级的主流方向。开展产品低碳性能评价是识别绿色低碳产品的关键基础工作，在开展产品低碳性能评价中需要综合考虑产品属性、全行业产品低碳发展水平、低碳属性划分依据、对产品绿色低碳发展的带动作用等。

二　汽车产业发展现状

作为全球最大的汽车制造国，我国汽车产销量连续 15 年居于全球首位，2023 年分别完成产销量 3016.1 万辆和 3009.4 万辆。同时，我国新能源汽车产业正处于快速发展期，我国汽车产业结构正逐步由传统能源车向新能源汽车转移。根据《节能与新能源汽车技术路线图 2.0》预测，[①] 未来我国新能源汽车市场渗透率将进一步提升，预计到 2050 年新能源汽车将成为主流。

随着产销量及保有量的增加，汽车行业碳排放增长迅速，对交通行业的碳排放贡献日益增加。根据相关文献的统计方法，2019 年道路交通碳排放近 8 亿吨，占我国二氧化碳排放总量的 8%左右，占交通行业的 85%以上。[②]汽车行业碳排放逐渐成为交通行业乃至我国碳排放的重要来源之一。若考虑到汽车上游产业链产生的碳排放，汽车行业碳排放对我国二氧化碳排放总量贡献更大。[③]

为响应政府"30·60"双碳目标，提升产品低碳竞争力，国内汽车企

[①]　中国汽车工程学会：《节能与新能源汽车技术路线图 2.0》，机械工业出版社，2021。

[②]　世界资源研究所：*TRANSPORT EMISSIONS & SOCIAL COST ASSESSMENT：METHODOLOGY GUIDE*，2017。

[③]　中汽数据有限公司：《中国汽车低碳行动计划研究报告（2021）》，http://www.auto-cpp.com/Download/File/7。

业纷纷提出碳中和目标，长城汽车计划 2045 年全面实现碳中和，吉利控股提出 2045 年实现全链路碳中和的总体目标，广汽集团提出 2050 年前（挑战 2045 年）实现产品全生命周期的碳中和。在产品层面上，各家车企也在低碳战略规划、低碳原材料选取、低碳技术应用等方面提出了相应措施，以期开发低碳排放量的产品。

三 低碳测评现状

随着"双碳"工作的推进，行业对于汽车绿色低碳属性关注度日益增加，除了在政府引导的绿色产品评价中将增加低碳属性外，行业层面已在积极开展低碳测评与认证引导。

从国外来看，目前欧洲新车安全评鉴协会已在 Green NCAP 的测评指标中增加了生命周期评估（LCA）方法，用于预测汽车在其"从摇篮到坟墓"的整个生命周期内对环境的影响。Green NCAP 的生命周期评估侧重于两个关键指标：温室气体排放和一次能源需求。温室气体会导致温室效应，因此在车辆生命周期的不同阶段产生的气体排放总和是车辆对全球变暖影响的重要指标。所研究的温室气体是二氧化碳（CO_2）、甲烷（CH_4）和一氧化二氮（N_2O），以排放的 CO_2 当量表示。

该方法分析考虑了车辆及其部件（包括轮胎和电池）生产过程中排放的温室气体。从广义上讲，这部分分析基于车辆的尺寸、重量和动力总成类型。所呈现的结果利用了有关全球通用供应链的公开数据，并未考虑特定汽车制造商品牌的生产或回收过程。

Green NCAP 方法的一个独特之处在于将实际车辆测试与生命周期评估相结合。Green NCAP 测试中测得的平均、最佳和最差油耗和能耗可作为 LCA 计算的真实输入数据，使驾驶风格和环境条件对 LCA 结果的影响显而易见。

在国内，目前在第三方测评和认证项目中也已出现汽车低碳性能测评，包括对传统能源汽车、混合动力汽车与纯电动汽车。测评类项目主要包括在

CCRT 及 C-GCAP 中启动的全生命周期碳排放评价。认证类项目最早在中国生态汽车认证（C-ECAP）中开展汽车产品的生命周期评价，并自 2019 年开始对汽车生命周期碳排放实施评价，按照碳排放量的高低计算得分系数，其中仅占行业前 20% 的车型可在该项指标得分系数 90% 以上。

Green NCAP 虽然对不同燃料类型的汽车开展评价，但温室气体指数的评价指标并未区分不同车型，而是使用一套指标，总体来看电动汽车的得分高于传统能源车，以鼓励汽车产品向电动化转型。国内不管是评价项目还是认证类项目，目前对于传统能源汽车、混合动力汽车、纯电动汽车的评价规则即得分系数划分是单独分开的，引导不同燃料类型的汽车向低碳化转型，但此模式难以实现引导汽车向新能源化转型，从而推动汽车全产业低碳化转型。

四 汽车碳排放核算方法

本研究的车型碳排放核算方法以在研行业标准《道路车辆产品碳足迹产品种类规则 乘用车》（2022-1966T-QC）为蓝本进行设计，综合考虑测评实际与国内汽车行业现状。

本研究采用生命周期评价（Life Cycle Assessment，LCA）方法乘用车生命周期碳排放进行测算。研究对象为传统能源车和纯电动汽车，即"汽油乘用车"、"柴油乘用车"、"常规混合动力乘用车"、"插电混合动力乘用车"和"纯电动乘用车"。所用模型为中国汽车生命周期评价模型（CALCM）。[①]

（一）功能单位

本研究的功能单位为一辆乘用车生命周期内行驶 1 千米提供的运输服务，生命周期行驶里程按 15 万千米计算。

[①] Wu Z., Wang C., Wolfram P., et al., "Assessing Electric Vehicle Policy with Region-specific Carbon Footprints," *Applied Energy*, 2019, 256：113923.

根据 IPCC 国家温室气体清单指南，本研究碳排放的核算对象包括二氧化碳、甲烷、氧化亚氮、氢氟碳化物、全氟碳化物、六氟化硫和三氟化氮在内的温室气体排放。

本研究的系统边界为包括车辆周期和燃料周期在内的生命周期阶段。其中，车辆周期包括材料生产、整车生产、维修保养（轮胎、铅蓄电池和液体的更换及制冷剂的逸散）等阶段，材料生产阶段包括原生材料获取及加工过程、再使用和再生利用材料生产加工过程两个部分。燃料周期是指汽车在行驶阶段燃料的生产和使用所产生的碳排放。

研究中需要的车辆整备质量等车辆参数数据来自中汽碳（北京）数字技术中心有限公司，碳排放因子等背景数据来源于中国汽车生命周期评价数据库（CALCD）。[①]

此外，为使车型碳排放更贴合国内实际情况，传统能源车的油耗、纯电动汽车的电耗数据采用更接近国内实际驾驶情况的中国工况进行检测，由中汽中心测评管理中心提供。传统能源车采用的是综合油耗，为常温油耗和高温开空调油耗的加权值，即综合油耗 = 2/3 常温 CLTC 油耗 + 1/3 高温空调 CLTC 油耗。

（二）系统边界

本研究所评价的汽车的生命周期系统边界包括车辆周期和燃料周期在内的全生命周期阶段。其中，车辆周期包括材料生产、整车生产、维修保养（轮胎、铅蓄电池和液体的更换及制冷剂的逸散）等阶段；材料生产阶段包括两个部分，一是原生材料获取及加工过程，二是再使用和再生利用材料生产加工过程。燃料周期，即"油井到车轮（Well to Wheels，WTW）"，包括燃料的生产和运输（Well to Pump，WTP）和燃料的使用（Pump to Wheels，PTW）两个阶段。对于燃油车，WTP 包括原油开采、提炼加工和

① Sun X., Luo X., Zhang Z., et al., "Life Cycle Assessment of Lithium Nickel Cobalt Manganese Oxide (NCM) Batteries for Electric Passenger Vehicles," *Journal of Cleaner Production*, 2020, 273: 123006.

运输等过程；对于电动车，WTP包括电力（火电、水电、风电、光伏发电和核电等）的生产和传输等过程。

原材料和零部件等的运输过程、零部件的加工制造，生产用设备制造、厂房建设等基础设施不包括在边界范围内。汽车生命周期碳排放核算的系统边界如图1所示。

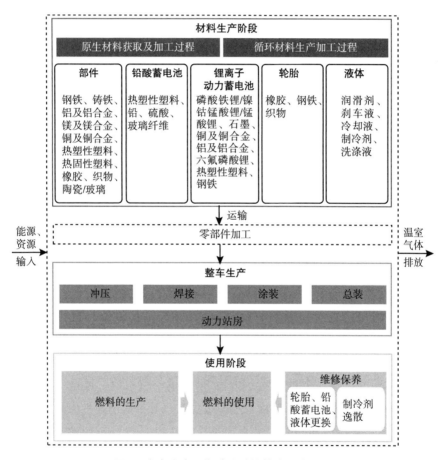

图1 汽车生命周期碳排放核算的系统边界

（三）核算方法

汽车生命周期碳排放核算方法将乘用车材料生产阶段、整车生产阶段和使用阶段纳入生命周期碳排放核算范围。

材料生产阶段包括原材料获取过程和回收材料生产过程，材料主要分为五部分：汽车部件材料、轮胎材料、铅酸蓄电池材料、锂离子动力蓄电池材料、液体材料，按式（1）计算。

$$C_{Materials} = \sum_{P=1}^{5} C_P \tag{1}$$

式中，$C_{Materials}$表示材料生产阶段的碳排放量，单位为千克二氧化碳当量（$kgCO_2e$）；C_P为部件、铅酸蓄电池、锂离子动力蓄电池、轮胎或液体部分的碳排放量，单位为千克二氧化碳当量（$kgCO_2e$）。

整车生产阶段为整车装配制造过程，包括冲压、焊接、涂装、总装和动力站房等工序，按式（2）计算。

$$C_{Production} = \sum (E_r \times CEF_r + E_r \times NCV_r \times CEF'_r) + M_{CO_2} \tag{2}$$

式中，$C_{Production}$为整车生产阶段碳排放量，单位为千克二氧化碳当量（$kgCO_2e$）；E_r为能源或燃料 r 的外购量，单位为千瓦时（kWh）、立方米（m^3）或千克（kg）等；CEF_r为能源或燃料 r 生产的碳排放因子，单位为千克二氧化碳当量每千瓦时（$kgCO_2e/kWh$）、千克二氧化碳当量每立方米（$kgCO_2e/m^3$）或千克二氧化碳当量每千克（$kgCO_2e/kg$）；CEF'_r为能源或燃料 r 使用的碳排放因子，单位为吨二氧化碳当量每吉焦（tCO_2e/GJ）；NCV_r为能源或燃料 r 的平均低位发热量，单位为吉焦每吨（GJ/t）、吉焦每万立方米（$GJ/10^4m^3$）；M_{CO_2}为焊接过程中产生的CO_2逸散的量，单位为千克二氧化碳当量（$kgCO_2e$）。

使用阶段包括燃料生产过程的碳排放、燃料使用过程的碳排放、维修保养（轮胎、铅酸蓄电池和液体更换及制冷剂逸散）的碳排放，按式（3）计算。

$$C_{Use} = C_{Fuel\ production} + C_{Fuel\ use} + C_{Maintenance} \tag{3}$$

式中，C_{Use}为使用阶段碳排放量，单位为千克二氧化碳当量（$kgCO_2e$）；

$C_{Fuel\ production}$ 为燃料生产的碳排放量，单位为千克二氧化碳当量（$kgCO_2e$）；$C_{Fuel\ use}$ 为燃料使用的碳排放量，单位为千克二氧化碳当量（$kgCO_2e$）；$C_{Maintenance}$ 为使用阶段维修保养产生的碳排放量，单位为千克二氧化碳当量（$kgCO_2e$）。

汽车生命周期单位行驶里程碳排放量按式（4）进行计算。

$$C = (C_{Materials} + C_{Production} + C_{Use})/L \times 1000 \qquad (4)$$

式中，C 为乘用车生命周期单位行驶里程的碳排放量，单位为克二氧化碳当量每千米（gCO_2e/km）；$C_{Materials}$ 为材料生产阶段的碳排放量，单位为千克二氧化碳当量（$kgCO_2e$）；$C_{Production}$ 为整车生产阶段碳排放量，单位为千克二氧化碳当量（$kgCO_2e$）；C_{Use} 为使用阶段碳排放量，单位为千克二氧化碳当量（$kgCO_2e$）；L 为乘用车生命周期行驶里程，单位为千米（km），按（1.5×10^5）km 计算。

以中国汽车生命周期数据库（CALCD）、汽车生命周期评价模型（CALCM）、汽车生命周期评价工具（OBS）、中国工业碳排放信息系统（CICES）为支撑体系，作为汽车行业首家工业节能与绿色发展评价中心，中国汽车技术研究中心有限公司中汽数据有限公司已累计核算了1.5万款在售汽车全生命周期碳排放情况，覆盖产销量规模上亿辆。

五　汽车碳排放评价方法

按照第四部分的核算方法，研究团队计算了2021年销售车型的乘用车碳排放水平，以便制定汽车生命周期碳排放量指标的得分系数。研究过程中，对于公告工况与测评工况的差异，研究团队使用中汽中心测评管理中心的车型油耗实测数据进行转化，以近似获得车型的中国工况综合油耗数据，转化比例为 CLTC 油耗 = 1.2015×WLTC 油耗。

CLTC 工况下，所有车型碳排放分布如图 2 所示。根据燃料类型，研究团队将所有车型分为两类，汽油车、柴油车、常规混合动力车和插电式混合动力车划分为一类，纯电动车划分为另一类。

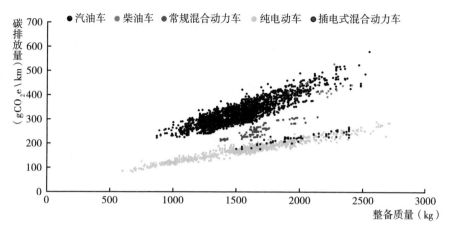

图 2 CLTC 工况下车型碳排放分布

考虑到整备质量和碳排放近似呈现线性关系，研究团队分别以汽油车和纯电动汽车的整备质量—碳排放量做趋势线，作为划分传统能源车和纯电动汽车的碳排放得分系数的基准线，通过上下移动基准线，划分出不同的得分区间。C-GCAP 试行版中的碳排放指标得分如表 1、表 2 所示。

表 1 传统能源车碳排放得分系数

名称	汽车生命周期碳排放量 [X/(gCO₂e/km)]	得分(分)
	X≥0.1677×CM+111.398	0
	0.1677×CM+104.148≤X<0.1677×CM+111.398	10
	0.1677×CM+99.485≤X<0.1677×CM+104.148	20
	0.1677×CM+94.639≤X<0.1677×CM+99.485	30
	0.1677×CM+89.882≤X<0.1677×CM+94.639	40
碳排放	0.1677×CM+85.501≤X<0.1677×CM+89.882	50
	0.1677×CM+67.512≤X<0.1677×CM+85.501	60
	0.1677×CM+52.112≤X<0.1677×CM+67.512	70
	0.1677×CM+36.896≤X<0.1677×CM+52.112	80
	0.1677×CM+25.096≤X<0.1677×CM+36.896	90
	X<0.1677×CM+25.096	100

注：CM 为车型整备质量（kg）。

表2　纯电动汽车碳排放得分系数

名称	汽车生命周期碳排放量［X/(gCO₂e/km)］	得分(分)
碳排放	X≥0.0879×CM+52.974	0
	0.0879×CM+48.152≤X<0.0879×CM+52.974	10
	0.0879×CM+44.603≤X<0.0879×CM+48.152	20
	0.0879×CM+42.464≤X<0.0879×CM+44.603	30
	0.0879×CM+40.795≤X<0.0879×CM+42.464	40
	0.0879×CM+39.692≤X<0.0879×CM+40.795	50
	0.0879×CM+33.785≤X<0.0879×CM+39.692	60
	0.0879×CM+29.996≤X<0.0879×CM+33.785	70
	0.0879×CM+25.902≤X<0.0879×CM+29.996	80
	0.0879×CM+21.793≤X<0.0879×CM+25.902	90
	X<0.0879×CM+21.793	100

注：CM 为车型整备质量（kg）。

六　下一步研究计划

汽车生命周期碳排放测评的研究与应用，从生命周期的角度核算车型碳排放水平，对汽车企业摸底车型碳排放，进行车型低碳开发具有引导意义。当然，目前方法还有不足，比如方法核算边界还不包括生命周期末期阶段（报废回收）；插电式混合动力车目前与汽油车归属于一类，得分普遍偏高，无法对插电式混合动力车的低碳开发起到促进作用；暂没有换电模式对纯电动汽车碳排放的影响等。未来，研究团队将不断深入研究，解决目前面临的难点问题，开发更适合中国汽车产业现状的生命周期碳排放测评规程。

参考文献

［1］中国汽车工程学会：《节能与新能源汽车技术路线图 2.0》，机械工业出版社，2021。

［2］世界资源研究所：*TRANSPORT EMISSIONS & SOCIAL COST ASSESSMENT*：*METHODOLOGY GUIDE*，2017。

［3］中汽数据有限公司：《中国汽车低碳行动计划研究报告（2021）》，http：//www. auto-cpp. com/Download/File/7。

［4］Wu Z. , Wang C. , Wolfram P. , et al. , "Assessing Electric Vehicle Policy with Region-specific Carbon Footprints," *Applied Energy*, 2019, 256：113923.

［5］Sun X. , Luo X. , Zhang Z. , et al. , "Life Cycle Assessment of Lithium Nickel Cobalt Manganese Oxide（NCM）Batteries for Electric Passenger Vehicles," *Journal of Cleaner Production*, 2020, 273：123006.

汽车消费者调研篇

基于场景的汽车用户体验评价研究与应用

尚　薇　曹海鹏　于　瀚*

摘　要： 在当前的汽车行业中，用户体验已成为一个关键因素，直接影响消费者的购车决策和品牌忠诚度。随着技术的发展和市场的变化，用户对汽车的需求日益多样化，这要求制造商在设计和功能方面作出更加精细化的调整。本研究采用基于场景的评价方法，旨在全面了解和分析消费者在不同使用场景下的汽车体验。通过这种方法，能够捕捉到更具体、情境化的用户反馈，从而为汽车设计和改进提供更有针对性的指导。研究结果不仅有助于制造商更好地理解用户需求，还为未来汽车用户体验的研究和创新提供了实证基础。

关键词： 汽车用户　用车场景　用户体验

* 尚薇，中汽信息科技（天津）有限公司消费者研究员；曹海鹏，中汽信息科技（天津）有限公司品牌研究室主管；于瀚，中国汽车技术研究中心有限公司汽车测评管理中心行政主办。

一　引言

随着全球汽车市场的不断发展和竞争的加剧，用户体验成为汽车企业竞争的新焦点。良好的用户体验可以显著提升消费者对品牌的忠诚度，增强市场竞争力。传统的汽车设计更多关注于性能和安全，而现代消费者对汽车的期待已经从单一的功能性转变为包括舒适性、便利性、娱乐性在内的综合体验。这种转变要求制造商在设计和技术创新上更加关注用户的实际使用场景和体验。

为此，本研究旨在通过基于场景的评价方法，深入探讨和分析汽车用户体验。该方法能够更准确地捕捉用户在实际使用中的感受和需求，包括但不限于驾驶舒适度、操作便利性、乘坐体验等多个维度。本研究选取了多种典型的驾驶场景进行研究，如市区通勤、长途出行、商务运营等，以期获得全面而深入的理解。本研究将详细介绍研究方法、过程及其在现实中的应用，旨在为汽车行业提供有价值的见解和建议，以期促进汽车设计的用户体验优化。

二　用户体验的内涵以及汽车用户体验

（一）用户体验的定义和要素

用户体验（User Experience，UX）是指用户在使用产品或服务过程中所形成的主观感受和体验。在汽车领域，这包括了从用户第一次接触汽车品牌到购买、使用、维护，甚至是二次购买或推荐给他人的整个过程。良好的用户体验不仅包括了产品本身的性能和质量，也涵盖了用户对品牌形象、服务质量、使用便捷性等方面的感知。

用户体验的要素通常包括以下几个方面。①功能性（Functionality）：产品是否能够满足用户的基本需求和期望。②可用性（Usability）：产品使用的便捷性和直观性，包括易学性、高效性和错误恢复能力。③情感性（Emotionality）：产品使用过程中带给用户的情感体验，如愉悦感、满足感等。④美学（Aesthetics）：产品的外观设计、材料选择等视觉和触觉方面的吸引力。⑤可靠性（Reliability）：产品在长期使用中的性能稳定性和耐久性。⑥安全性（Safety）：使用产品时的安全保障，特别是在汽车行业中尤为重要。

（二）汽车用户体验

汽车用户体验与其他产品体验在多个方面有所不同。首先，汽车是一个复杂的系统，涉及机械、电子、软件等多个领域，其用户体验的构成更为复杂。其次，汽车不仅仅是一个移动工具，更是一个生活空间，用户在其中可能会花费大量时间，因此对舒适性和便利性的要求更高。此外，汽车的安全性是用户体验中的核心要素，安全问题不仅关系用户的生命财产安全，也直接影响用户对品牌的信任度和忠诚度。在汽车用户体验中，驾驶体验、内饰设计、信息娱乐系统等关键组成部分需要特别关注。

总体而言，汽车用户体验是一个多维度、跨领域的复合体验。其优化不仅需要技术的创新，还需要对用户需求和行为的深入理解。随着技术的发展和用户需求的变化，汽车用户体验将会继续演化，自动驾驶、电动化、智能化等新技术的发展，将为用户体验带来更多的可能性和挑战。因此，对汽车用户体验的研究和优化是一个长期、动态的过程，需要制造商、设计师和研究者的持续关注和创新。

三 基于场景的用户体验

用户体验不能脱离场景而独立存在，在用户体验评价中，场景指的是用户使用汽车的具体环境和条件，它可以是真实的驾驶情况，也可以是模拟的或假设的使用情景。场景的定义至关重要，决定了评价的焦点和方向。

通过大数据对智能驾驶及智能网联功能进行分析发现，功能场景可分为高频场景、体验场景、高感知价值场景三类。高频场景是指使用频率高的场景，如通勤、接送孩子等几乎每天发生的场景，代表关键词为"平时""平常""日常"。体验场景为能够让用户充分了解产品或功能的特定场景，代表关键词为"试了""体验""使用过"。高感知价值场景为因功能效果使用户情绪变化较大的场景，具备低学习成本、高感知、高性价比的场景，多体现在"相较而言""极大地提高了"等描述下。然而，场景不能穷尽，也无须穷尽，高频、高感知价值场景才是我们研究的主要抓手。

本研究以"人—车—环"界定场景，将场景分类为以下几种。

市区通勤：这是最常见的使用场景，涉及城市道路条件、交通拥堵等因素。

长途出行：涉及驾车长距离旅行的体验，包括高速驾驶、乘坐舒适性等。

狭窄车位：涉及停车便利性，包括对泊车辅助、自动泊车功能等的体验。

商务运营：主要是指商务接待、网约车等使用场景下的特定功能体验。

车内生活：涉及对车内座舱的静态体验，包括座椅舒适性、娱乐系统、屏幕交互等。

车外生活：涉及露营、钓鱼等场景下对外放电与储物等的体验。

上述场景根据目的用途可进一步细分，如市区通勤包括个人上下班、接送家人、逛街购物等目的场景，长途出行包括全家出游/回老家、个人自驾游等目的场景。根据目的场景下的用车阶段、乘客身份/数量、天气、距离、路面路况等，目的场景又可细分为具体情景，如个人上下班包括"拥堵路段，在市区道路行驶"情景。在马斯洛需求层次理论指导下，用户对情景的体验可根据用户需求层次的不同，确定用户体验的评价维度，如可用性、易用性、智能性、情感性等，以真实全面地反映用户在情景下的体验感受。

四 基于场景的用户体验评价方法论及应用

（一）基于场景的用户体验评价方法论

基于场景的用户体验评价方法论主要包括以下内容。

场景选择和定义：根据研究目的和目标用户群体，选择和定义评价场景。需要考虑场景的代表性和实用性，确保它们能够覆盖用户的主要使用情况。

用户招募和筛选：根据定义的场景，招募符合特定条件的用户参与评价。例如，对于市区通勤场景，需要选择日常在市区中驾驶的用户。

数据收集方法：结合定性和定量的研究方法。定性方法包括用户访谈、观察、日志研究等，可以获取用户的深层感受和想法；定量方法则包括问卷调查、用户行为数据分析等，用于获取可量化的用户体验数据。

实施评价：在真实或模拟的场景中进行用户体验的评价，记录用户在特定的场景下使用汽车的体验感受和行为。

数据分析和解释：收集到的数据需要进行详细的分析和解释。对定性数据，使用内容分析、主题分析等方法提炼关键信息；对定量数据，则运用统计分析方法来揭示用户体验的特征和差异。

评价结果的应用：将评价结果应用于产品设计和改进中。根据用户在不同场景下的体验反馈，制定具体的设计改进措施。

（二）基于场景的用户体验评价方法论在 CCRT 中的应用

在中消会指导下，中汽中心发布"中国汽车消费者研究与评价"（China Car Consumer Research and Testing，CCRT）。CCRT 旨在面向消费者的购车用车关注焦点，建立基于用户体验的整车评价体系，打造行业共建、社会共享的测评品牌。

当前，汽车生产制造厂普遍基于工程指标开发产品，市场调研问卷普遍基于工程指标设计问题，相较用户思维而言更多凸显的是工程思维，对用户视角的体验感受研究并不深入。为此，CCRT 聚焦消费者实际用车体验的关键点来设计评价体系，广泛联合行业共同研究开发了新的评价逻辑和方法，以满足消费者对车辆体验评价信息的需求。该评价体系一方面将反映在售汽车的综合体验表现和单项体验表现，为消费者提供购车参考；另一方面有助于推动生产企业提升汽车产品技术和质量，重视消费者实际用车体验，进而不断提高用户满意度。

CCRT（试行版）的评价体系共包括市区通勤、长途出行、商务运营、泊车驻车、补能、车内生活、车外生活 7 个一级场景以及故障率指标，同时基于一级场景深入挖掘二级目的场景和三级高频、高感知价值情景，具体评价体系如表 1 和表 2 所示。

表 1　用户体验评价体系

一级场景	二级场景	三级情景
市区通勤	个人上下班	在家时让车"预热"起来，上了车就能走
		赶时间上班，去开车，却忘记带车钥匙或车钥匙没电
		上车后，手机电量低（关机），需要快速给手机充电
		早/晚高峰堵车，在拥堵路段车辆缓行跟车
		早/晚高峰堵车，在拥堵路段车辆缓行，行人/自行车突然窜出
		行驶过程中，前车车速过慢，准备超车
		路上比较着急，两侧出现空间时，经常左右变道，需警惕后方来车
		夜间经过没有路灯或视野昏暗的路段，低速行驶
		雨/雪天开车上班，在结冰/湿滑的路段行驶
		雨/雪/沙/霾/雾天能见度低，驾驶时需要清晰的视野
	接送家人	阳光强烈，家人坐在副驾驶或后排被烈日灼晒
		接送老人时，腿脚不便的老人上下车
		接送孩子时，孩子一个人坐在后排，没有人在一旁陪伴照顾
	逛街购物	购物时把车停在露天停车场，被烈日暴晒后坐车
		购物结束来到停车场，寻找自己的车辆
		双手拎着满满的物品来到车旁，放入后备箱
		买了一些冰鲜类产品，在车内临时存放
		车辆驶离停车场，缴纳停车费

一级场景	二级场景	三级情景
长途出行	个人自驾游	通过有限速标牌的限速路段,自动识别限速标牌
		通过红绿灯路口,自动识别前方红灯
		前方有重型货车,开启一键超车准备超车
		在高速路上高速行驶
		长时间驾驶,疲劳困乏,出现眼睛迷离/头偏向一侧/犯困的表现,感觉手把持不住方向盘
	全家出游/回老家	不熟悉路线,借助车载导航规划线路行驶至目的地
		回农村老家或去野外郊游,在农村路段/山路行驶
		驾驶过程中,家人有调节窗户、空调、座椅、音乐、氛围灯等多个需求,为不影响驾驶,通过下达语音指令完成这一系列任务
		全家人都在车上,由于体质不同,有人需要空调温度调低一点,有人需要调高一点
		冬天出行,窗户紧闭,车内空气不流通、不清新
		长时间驾驶,司机身体(如腰部、腿部)容易疲劳
		老人或孩子坐在后排,长时间乘坐后容易腰酸腿疼
商务运营	商务接待	在机场或高铁站接客户时,把客户行李箱放入车内
		客户舟车劳顿,在后排休息
		客户想要放松,进行影音娱乐
		客户临时在后排使用电脑办公,需放置电脑和充电
		客户想获得一个私密的环境,不被车外因素打扰
泊车驻车	狭窄车位	快到上班时间,公司停车场只剩下了一个窄车位,启动自动泊车
		停车位地上有车锁,车后是充电桩,两侧是豪车,启动自动泊车
		夜间光线不足或车位划线不清晰,路边侧位停车,启动自动泊车
		停车楼或小区有自己专属的固定停车位,每次也都是走固定的入口,启动记忆泊车
		从商场/饭店等出来,发现下雨了,身边没有雨具,车辆就停在对面不远处,启动遥控泊车
		手动停车,但车位狭窄,需要看到周边环境
补能	能源补充	担心电量不足,查看车辆剩余电量
		发现电量不足,寻找附近的充电桩充电或换电

续表

一级场景	二级场景	三级情景
车内生活	休息放松	午休时间或驾驶/乘坐疲劳时,调节座椅,在车内躺卧睡觉/休息
		午休时间或驾驶/乘坐疲劳时在车内休息,开启小憩模式
		午休时间在车内休息,离车时忘记携带手机、包等随身物品,车机发出提醒
		在车内休息,但车外人来人往,环境嘈杂,光线较亮
	影音娱乐	在车内用车机听音乐/听书、看影视剧/视频、玩游戏、K歌等
		由于车机内置片源、游戏、音乐少或者需要付费,用手机投屏或连接蓝牙
	办公学习	在车内临时办公,笔记本电脑需要充电
		在车内使用车机开启远程视频会议
	整理妆容	早上上班着急或紧急出差,在车内化妆/补妆
车外生活	露营/野餐/钓鱼	露营野餐,车辆外接音箱、烤架等用电设备,或户外垂钓外接制氧机
		户外活动,携带很多的用具用品

表2 CCRT故障率指标

硬件故障			驾驶相关故障	软件故障
电动机/发动机	喇叭	门锁及拉手	油门/踏板	中控屏
车身	行李后备箱	转向指示灯	转向/转弯/掉头	仪表屏
车身油漆	仪表	内饰件	减震/避震	导航系统
外车灯	中控台	按键控制	悬架	娱乐系统
车内灯/阅读灯	保险杠	充电口(快充)(仅新能源车)	刹车盘/刹车片	语音/蓝牙/车机手机互联等交互系统
轮胎	电池/油箱	充电口(慢充)(仅新能源车)	变速箱	误报警(胎压监测、雷达、影像、故障灯误报等)
方向盘	座椅	其他,请注明——	电控系统(仅新能源车)	手机App
雨刮器	空调		其他,请注明——	其他,请注明——
车窗	遥控锁			

用户基于场景的车辆评价,具体展开如下。

(1)基于用车感受,给出车辆总体打分。

(2)选择自己会涉及的二级用车场景,并基于此场景给出车辆打分。

（3）选择场景下的具体情景，回答自己在该情景下所用到的车辆功能配置，基于此情景从不同评价维度给出车辆打分。

（4）对车辆发生过故障的部件进行勾选。

调研对象需满足以下条件。

（1）车辆选择和购买过程中的主要决策者，车型的主要使用者，且该车为调研对象最常使用的车辆。

（2）购车后 3~12 个月。

（3）过去 6 个月内未接受任何汽车行业有关的市场调查。

（4）调研对象不包括汽车生产制造、销售维修、运营服务等汽车行业、调研行业相关从业者。

（5）调研对象应为性别分散，学历分散，年龄阶段分散，行业、工作分散，首增换购分散的汽车用户。

考虑不同地域的人群特点和需求差异，调研城市覆盖 1~5 线销量代表城市，采用 PAD 问卷以邀约面访的形式进行调研，每个车型有效样本数量不低于 200 个。

五　CCRT 场景下用户体验评价结果及分析

（一）综合评价结果及分析

根据 CCRT 管理规则（试行版），对 20 款 30 万~50 万元新能源汽车开展场景下的用户体验评价调研。结果显示，在调研的 20 款车型中，用户体验评价综合得分排在前 5 位的车型是腾势 D9、问界 M7、理想 L8、小鹏 G9、蔚来 ET5，在本次调研的样本中，无论是市区通勤、长途出行等动态场景体验，还是车内智能座舱的静态体验，体验结果均比较好，故障提及率也相对较低；用户体验评价综合得分排在后 5 位的车型是高合 HiPhi Y、奔驰 EQB、奥迪 Q4 e-tron、智己 LS7、飞凡 R7，在本次调研中用户体验评价结果相对较差。由于商务运营场景、车内生活—办公学习场景、泊车驻车—狭窄车位—"停车位地上有车锁，车后是充电桩，两侧是豪车，启动自动泊车"情景的评价用户数量均低于车型有效样本量的 30%，判定相关指标无效，不纳入计算（见表3）。

表3　用户体验评价综合得分

单位：分

调研车型	用户体验评价得分	在 20 款车型中排名
腾势 D9	82.74	1
问界 M7	82.25	2
理想 L8	81.09	3
小鹏 G9	80.99	4
蔚来 ET5	78.42	5
传祺 E9	77.27	6
阿维塔 11	76.73	7
梦想家	75.50	8
Model Y	75.43	9
宝马 iX3	74.31	10
荣威 iMAX8	68.78	11
昊铂 GT	68.73	12
领克 09	68.48	13
蔚来 ES6	67.46	14
极氪 001	67.32	15
高合 HiPhi Y	66.81	16
奔驰 EQB	66.23	17
奥迪 Q4 e-tron	65.08	18
智己 LS7	64.61	19
飞凡 R7	63.85	20

（二）分场景用户体验评价结果及分析

1.市区通勤

市区通勤一级场景用户体验评价得分排在前 5 位的车型是问界 M7、理想 L8、小鹏 G9、Model Y、腾势 D9，在市区通勤场景下的个人上下班、接送家人、逛街购物场景中，此次调研车主对此五款车的体验均比较好；用户体验评价得分排在后 5 位的车型是昊铂 GT、奥迪 Q4 e-tron、高合 HiPhi Y、智己 LS7、飞凡 R7，此次调研车主对此五款车的体验相对较差，尤其是在远程控制、无线充电、无钥匙解锁、智能驾驶辅助等方面（见表 4）。

表 4　市区通勤场景用户体验评价得分

单位：分

调研车型	用户体验评价得分	在 20 款车型中排名
问界 M7	9.10	1
理想 L8	8.82	2
小鹏 G9	8.72	3
Model Y	8.50	4
腾势 D9	8.24	5
蔚来 ET5	8.13	6
宝马 iX3	7.86	7
阿维塔 11	7.78	8
传祺 E9	7.53	9
梦想家	7.32	10
领克 09	7.32	11
荣威 iMAX8	7.19	12
蔚来 ES6	7.13	13
极氪 001	7.07	14
奔驰 EQB	7.02	15
昊铂 GT	6.98	16
奥迪 Q4 e-tron	6.88	17
高合 HiPhi Y	6.77	18
智己 LS7	6.72	19
飞凡 R7	6.63	20

（1）个人上下班

个人上下班二级场景用户体验评价得分排在前 5 位的车型是问界 M7、理想 L8、小鹏 G9、Model Y、腾势 D9，此次调研车主对这五款车该场景下的远程控制、无钥匙解锁、无线充电、拥堵路段跟车辅助、变道辅助以及灯

光等功能体验较好；用户体验评价得分排在后 5 位的车型是昊铂 GT、奥迪
Q4 e-tron、高合 HiPhi Y、智己 LS7、飞凡 R7，此次调研车主的体验相对较
差（见表 5）。

表 5　个人上下班场景用户体验评价得分

单位：分

调研车型	用户体验评价得分	在 20 款车型中排名
问界 M7	9.05	1
理想 L8	8.83	2
小鹏 G9	8.7	3
Model Y	8.49	4
腾势 D9	8.31	5
蔚来 ET5	8.13	6
宝马 iX3	7.94	7
阿维塔 11	7.83	8
传祺 E9	7.63	9
梦想家	7.42	10
领克 09	7.42	11
荣威 iMAX8	7.31	12
蔚来 ES6	7.27	13
极氪 001	7.17	14
奔驰 EQB	7.12	15
昊铂 GT	7.09	16
奥迪 Q4 e-tron	6.96	17
高合 HiPhi Y	6.94	18
智己 LS7	6.8	19
飞凡 R7	6.69	20

（2）接送家人

接送家人二级场景用户体验评价得分排在前 5 位的车型是问界 M7、理
想 L8、小鹏 G9、Model Y、蔚来 ET5，此次调研车主对这五款车该场景下的

车窗/天窗隔热防晒性、儿童安全娱乐、车内空间等体验较好；用户体验评价得分排在后 5 位的车型是昊铂 GT、奥迪 Q4 e-tron、飞凡 R7、智己 LS7、高合 HiPhi，此次调研车主的体验相对较差（见表 6）。

表 6 接送家人场景用户体验评价得分

单位：分

调研车型	用户体验评价得分	在 20 款车型中排名
问界 M7	9.17	1
理想 L8	8.73	2
小鹏 G9	8.72	3
Model Y	8.46	4
蔚来 ET5	8.13	5
腾势 D9	8.07	6
宝马 iX3	7.74	7
阿维塔 11	7.68	8
传祺 E9	7.43	9
梦想家	7.18	10
领克 09	7.17	11
荣威 iMAX8	7.08	12
蔚来 ES6	6.98	13
极氪 001	6.93	14
奔驰 EQB	6.91	15
昊铂 GT	6.82	16
奥迪 Q4 e-tron	6.78	17
飞凡 R7	6.63	18
智己 LS7	6.57	19
高合 HiPhi Y	6.52	20

（3）逛街购物

逛街购物二级场景用户体验评价得分排在前 5 位的车型是问界 M7、理想 L8、小鹏 G9、Model Y、腾势 D9，此次调研车主对这五款车该场景下的后备箱开关和空间、寻车反馈以及车辆材质等的体验较好；用户体验评价得分排在后 5 位的车型是奔驰 EQB、奥迪 Q4 e-tron、智己 LS7、高合 HiPhi Y、飞凡 R7，此次调研车主的体验相对较差（见表 7）。

表 7　逛街购物场景用户体验评价得分

单位：分

调研车型	用户体验评价得分	在 20 款车型中排名
问界 M7	9.11	1
理想 L8	8.95	2
小鹏 G9	8.77	3
Model Y	8.6	4
腾势 D9	8.36	5
蔚来 ET5	8.15	6
宝马 iX3	7.86	7
阿维塔 11	7.8	8
传祺 E9	7.48	9
梦想家	7.31	10
领克 09	7.3	11
荣威 iMAX8	7.08	12
极氪 001	7.05	13
蔚来 ES6	7.05	14
昊铂 GT	6.95	15
奔驰 EQB	6.95	16
奥迪 Q4 e-tron	6.83	17
智己 LS7	6.77	18
高合 HiPhi Y	6.74	19
飞凡 R7	6.53	20

2. 长途出行

长途出行一级场景用户体验评价得分排在前 5 位的车型是腾势 D9、梦想家、传祺 E9、蔚来 ET5、小鹏 G9，在个人自驾游、全家出游/回老家等场景中，本次调研车主对这五款车均有较好的体验，如高速巡航、复杂路段通过性、语音交互、屏幕交互、导航功能等；用户体验评价得分排在后 5 位的车型是奥迪 Q4 e-tron、领克 09、奔驰 EQB、智己 LS7、飞凡 R7，此次调研车主对以上功能配置的体验相对较差（见表8）。

表8 长途出行场景用户体验评价得分

单位：分

调研车型	用户体验评价得分	在 20 款车型中排名
腾势 D9	9.08	1
梦想家	8.86	2
传祺 E9	8.58	3
蔚来 ET5	8.44	4
小鹏 G9	8.27	5
阿维塔 11	8.07	6
理想 L8	7.95	7
宝马 iX3	7.77	8
问界 M7	7.47	9
荣威 iMAX8	7.33	10
昊铂 GT	7.22	11
高合 HiPhi Y	7.2	12
蔚来 ES6	7.15	13
Model Y	7.10	14
极氪 001	7.07	15
奥迪 Q4 e-tron	6.95	16
领克 09	6.95	17
奔驰 EQB	6.88	18
智己 LS7	6.80	19
飞凡 R7	6.60	20

（1）个人自驾游

个人自驾游二级场景用户体验评价得分排在前 5 位的车型是腾势 D9、梦想家、传祺 E9、蔚来 ET5、小鹏 G9，此次调研车主对这五款车该场景下的高速巡航、一键超车、交通标志识别等智能驾驶辅助功能体验较好；用户体验评价得分排在后5位的车型是奔驰EQB、领克09、奥迪Q4 e-tron、智己LS7、飞凡R7，此次调研车主的体验相对较差（见表9）。

表9 个人自驾游场景用户体验评价得分

单位：分

调研车型	用户体验评价得分	在20款车型中排名
腾势D9	8.83	1
梦想家	8.54	2
传祺E9	8.45	3
蔚来ET5	8.24	4
小鹏G9	8.08	5
理想L8	7.93	6
宝马iX3	7.81	7
阿维塔11	7.77	8
问界M7	7.48	9
Model Y	7.24	10
荣威iMAX8	7.24	11
极氪001	7.2	12
蔚来ES6	7.19	13
高合HiPhi Y	7.19	14
昊铂GT	7.12	15
奔驰EQB	6.96	16
领克09	6.95	17
奥迪Q4 e-tron	6.95	18
智己LS7	6.86	19
飞凡R7	6.67	20

（2）全家出游/回老家

全家出游/回老家二级场景用户体验评价得分排在前5位的车型是腾势D9、梦想家、传祺E9、蔚来ET5、小鹏G9，本次调研车主对这五款车该场景下的导航、语音交互、屏幕交互、座椅、农村路段驾驶等均有较好的体验；用户体验评价得分排在后 5 位的车型是奥迪 Q4 e-tron、领克 09、奔驰 EQB、智己 LS7、飞凡 R7，本次调研车主的体验相对较差（见表 10）。

表 10　全家出游/回老家场景用户体验评价得分

单位：分

调研车型	用户体验评价得分	在 20 款车型中排名
腾势 D9	9.20	1
梦想家	9.02	2
传祺 E9	8.63	3
蔚来 ET5	8.53	4
小鹏 G9	8.36	5
阿维塔 11	8.2	6
理想 L8	7.96	7
宝马 iX3	7.74	8
问界 M7	7.47	9
荣威 iMAX8	7.37	10
昊铂 GT	7.26	11
高合 HiPhi Y	7.20	12
蔚来 ES6	7.13	13
Model Y	7.03	14
极氪 001	7.01	15
奥迪 Q4 e-tron	6.95	16
领克 09	6.94	17
奔驰 EQB	6.84	18
智己 LS7	6.76	19
飞凡 R7	6.56	20

3. 泊车驻车

泊车驻车一级场景共包括狭窄车位 1 个二级场景，该场景用户体验评价得分排在前 5 位的车型是问界 M7、理想 L8、Model Y、小鹏 G9、腾势 D9，此次调研车主对该五款车的自动泊车、记忆泊车以及泊车辅助相关功能体验较好；用户体验评价得分排在后5位的车型是高合HiPhi Y、奥迪Q4 e-tron、昊铂GT、智己LS7、飞凡R7，此次调研车主的体验相对较差（见表11）。

表11 泊车驻车场景用户体验评价得分

单位：分

调研车型	用户体验评价得分	在20款车型中排名
问界 M7	9.05	1
理想 L8	8.97	2
Model Y	8.67	3
小鹏 G9	8.65	4
腾势 D9	8.51	5
蔚来 ET5	7.99	6
宝马 iX3	7.84	7
阿维塔 11	7.76	8
传祺 E9	7.59	9
领克 09	7.29	10
梦想家	7.27	11
荣威 iMAX8	7.19	12
蔚来 ES6	7.17	13
极氪 001	7.11	14
奔驰 EQB	7.08	15
高合 HiPhi Y	6.85	16
奥迪 Q4 e-tron	6.82	17
昊铂 GT	6.80	18
智己 LS7	6.79	19
飞凡 R7	6.76	20

4. 补能

补能一级场景共包括能源补充1个二级场景，该场景用户体验评价得分排在前5位的车型是腾势D9、梦想家、传祺E9、蔚来ET5、小鹏G9，此次

373

调研车主对该五款车的能量信息显示、能量管理以及充换电等功能体验较好；用户体验评价得分排在后 5 位的车型是极氪 001、奥迪 Q4 e-tron、智己 LS7、飞凡 R7、奔驰 EQB，此次调研车主的体验相对较差（见表 12）。

表 12　补能场景用户体验评价得分

单位：分

调研车型	用户体验评价得分	在 20 款车型中排名
腾势 D9	9.24	1
梦想家	9.03	2
传祺 E9	8.87	3
蔚来 ET5	8.64	4
小鹏 G9	8.53	5
阿维塔 11	8.34	6
理想 L8	8.03	7
宝马 iX3	7.84	8
问界 M7	7.61	9
荣威 iMAX8	7.46	10
昊铂 GT	7.41	11
蔚来 ES6	7.22	12
高合 HiPhi Y	7.21	13
领克 09	7.13	14
Model Y	7.09	15
极氪 001	7.02	16
奥迪 Q4 e-tron	6.96	17
智己 LS7	6.91	18
飞凡 R7	6.88	19
奔驰 EQB	6.83	20

5. 车内生活

车内生活一级场景用户体验评价得分排在前 5 位的车型是阿维塔 11、腾势 D9、传祺 E9、梦想家、问界 M7，在休息放松、影音娱乐、整理妆容中，此次调研车主对该五款车的座椅、小憩模式、车内娱乐资源、化妆镜等均有较好的体验；用户体验评价得分排在后 5 位的车型是蔚来 ES6、Model

Y、领克 09、荣威 iMAX8、奥迪 Q4 e-tron，此次调研车主的体验相对较差（见表 13）。

表 13　车内生活场景用户体验评价得分

单位：分

调研车型	用户体验评价得分	在 20 款车型中排名
阿维塔 11	8.7	1
腾势 D9	8.54	2
传祺 E9	8.45	3
梦想家	8.21	4
问界 M7	8.09	5
昊铂 GT	7.94	6
高合 HiPhi Y	7.78	7
蔚来 ET5	7.62	8
理想 L8	7.5	9
飞凡 R7	7.33	10
小鹏 G9	7.3	11
宝马 iX3	7.29	12
智己 LS7	7.17	13
奔驰 EQB	7.11	14
极氪 001	7.06	15
蔚来 ES6	6.99	16
Model Y	6.99	17
领克 09	6.93	18
荣威 iMAX8	6.84	19
奥迪 Q4 e-tron	6.8	20

（1）休息放松

休息放松二级场景用户体验评价得分排在前 5 位的车型是阿维塔 11、腾势 D9、传祺 E9、梦想家、问界 M7，此次调研车主对该场景下五款车的座椅功能、小憩模式、隔音降噪等体验较好；用户体验评价得分排在后 5 位的车型是极氪 001、蔚来 ES6、领克 09、荣威 iMAX8、奥迪 Q4 e-tron，此次调研车主的体验相对较差（见表 14）。

表 14　休息放松场景用户体验评价得分

单位：分

调研车型	用户体验评价得分	在 20 款车型中排名
阿维塔 11	8.41	1
腾势 D9	8.22	2
传祺 E9	8.14	3
梦想家	7.94	4
问界 M7	7.88	5
昊铂 GT	7.74	6
高合 HiPhi Y	7.54	7
蔚来 ET5	7.50	8
理想 L8	7.40	9
小鹏 G9	7.22	10
奔驰 EQB	7.20	11
宝马 iX3	7.20	12
智己 LS7	7.17	13
飞凡 R7	7.16	14
Model Y	7.11	15
极氪 001	7.05	16
蔚来 ES6	7.03	17
领克 09	7.02	18
荣威 iMAX8	6.90	19
奥迪 Q4 e-tron	6.88	20

（2）影音娱乐

影音娱乐二级场景用户体验评价得分排在前 5 位的车型是阿维塔 11、腾势 D9、传祺 E9、梦想家、问界 M7，此次调研车主对该五款车影音娱乐中的音响、娱乐资源、车机互联等体验较好；用户体验评价得分排在后 5 位的车型是奔驰 EQB、领克 09、荣威 iMAX8、Model Y、奥迪 Q4 e-tron，此次调研车主的体验相对较差（见表 15）。

表 15　影音娱乐场景用户体验评价得分

单位：分

调研车型	用户体验评价得分	在 20 款车型中排名
阿维塔 11	9.13	1
腾势 D9	9.03	2
传祺 E9	8.9	3
梦想家	8.65	4
问界 M7	8.35	5
昊铂 GT	8.27	6
高合 HiPhi Y	8.07	7
蔚来 ET5	7.75	8
理想 L8	7.65	9
飞凡 R7	7.56	10
宝马 iX3	7.32	11
小鹏 G9	7.31	12
极氪 001	7.12	13
智己 LS7	7.11	14
蔚来 ES6	7.02	15
奔驰 EQB	6.99	16
领克 09	6.88	17
荣威 iMAX8	6.78	18
Model Y	6.74	19
奥迪 Q4 e-tron	6.67	20

（3）整理妆容

整理妆容二级场景共包括 1 个三级情景，该场景用户体验评价得分排在前 5 位的车型是阿维塔 11、腾势 D9、传祺 E9、问界 M7、梦想家，此次调研车主对该五款车的化妆镜、遮阳板等化妆补妆相关配置有较好体验；用户体验评价得分排在后 5 位的车型是极氪 001、荣威 iMAX8、奥迪 Q4 e-tron、蔚来 ES6、领克 09，此次调研车主的体验相对较差（见表 16）。

表 16　整理妆容场景用户体验评价得分

单位：分

调研车型	用户体验评价得分	在 20 款车型中排名
阿维塔 11	9.06	1
腾势 D9	8.88	2
传祺 E9	8.79	3
问界 M7	8.48	4
梦想家	8.46	5
高合 HiPhi Y	8.18	6
昊铂 GT	8.07	7
蔚来 ET5	7.83	8
小鹏 G9	7.69	9
宝马 iX3	7.67	10
理想 L8	7.57	11
飞凡 R7	7.53	12
智己 LS7	7.28	13
Model Y	7.07	14
奔驰 EQB	6.93	15
极氪 001	6.93	16
荣威 iMAX8	6.74	17
奥迪 Q4 e-tron	6.74	18
蔚来 ES6	6.69	19
领克 09	6.65	20

6. 车外生活

车外生活一级场景共包括露营/野餐/钓鱼 1 个二级场景，该场景用户体验评价得分排在前 5 位的车型是腾势 D9、梦想家、传祺 E9、荣威 iMAX8、问界 M7，此次调研车主对该场景下五款车的外放电功能、储物空间等体验较好；用户体验评价得分排在后 5 位的车型是小鹏 G9、智己 LS7、飞凡 R7、蔚来 ET5、奔驰 EQB，此次调研车主的体验相对较差（见表 17）。

表 17　车外生活场景用户体验评价得分

单位：分

调研车型	用户体验评价得分	在 20 款车型中排名
腾势 D9	7.59	1
梦想家	7.56	2
传祺 E9	7.51	3
荣威 iMAX8	7.48	4
问界 M7	7.46	5
领克 09	7.44	6
极氪 001	7.42	7
蔚来 ES6	7.41	8
理想 L8	7.34	9
宝马 iX3	7.33	10
昊铂 GT	7.28	11
阿维塔 11	7.28	12
奥迪 Q4 e-tron	7.27	13
Model Y	7.19	14
高合 HiPhi Y	7.19	15
小鹏 G9	7.14	16
智己 LS7	7.13	17
飞凡 R7	7.1	18
蔚来 ET5	7.08	19
奔驰 EQB	7.02	20

7. 故障率

20 款车型的故障率及排名如表 18 所示，在此次调研的 200 个车主中，故障提及率较低的车型是传祺 E9、昊铂 GT、问界 M7、荣威 iMAX8、领克 09，驾驶相关故障提及极少，硬件和软件故障提及较少，主要集中在车身油漆、外车灯、导航系统等部件；故障提及率高的车型是 Model Y、阿维塔 11、奥迪 Q4 e-tron、蔚来 ES6、梦想家，驾驶相关故障提及较少，硬件和软件故障提及较多，主要集中在车身油漆、轮胎、雨刮器、车窗、空调、导航系统、娱乐系统、误报警等部件。

表 18　故障率及排名

单位：%

调研车型	故障率	在 20 款车型中排名
传祺 E9	0.13	1
昊铂 GT	0.16	2
问界 M7	0.34	3
荣威 iMAX8	0.37	4
领克 09	0.39	5
理想 L8	0.42	6
智己 LS7	0.42	7
蔚来 ET5	0.47	8
极氪 001	0.50	9
奔驰 EQB	0.50	10
飞凡 R7	0.50	11
小鹏 G9	0.55	12
高合 HiPhi Y	0.58	13
腾势 D9	0.61	14
宝马 iX3	0.66	15
Model Y	0.79	16
阿维塔 11	0.87	17
奥迪 Q4 e-tron	0.89	18
蔚来 ES6	1.18	19
梦想家	1.29	20

六　研究结论及实际应用

（一）主要研究结论

本研究深入探讨了基于场景的汽车用户体验评价方法，研究结果显示，用户体验是一个多维度、跨领域的概念，受到多种因素的影响，包括可用性、易用性、智能性等。此外，不同的用车场景对用户体验有不同的影响，因此，在设计和改进汽车产品时，需要考虑到这些不同场景下的用户需求。

本研究的发现为汽车行业提供了宝贵的洞见，帮助制造商更好地理解用户的需求和期望，从而指导未来的产品设计和服务改进。此外，这些发现还为未来的汽车用户体验研究提供了新的方向和视角，特别是在智能化、自动化和可持续发展等领域。

总之，汽车用户体验是一个动态发展的领域，随着技术的进步和用户需求的变化，它将不断演变。为了在竞争激烈的市场中保持领先，制造商需要不断创新，深入理解用户，并将这些理解应用于产品设计和服务中。

（二）研究发现的实际应用

优化用户界面和交互设计。对于现代汽车，尤其是新能源和智能车型，用户界面和交互设计成为关键的用户体验因素。制造商应简化界面设计，确保易用性和直观性，同时提供定制化的用户体验。

提高驾驶舒适性和便利性。在长途出行和市区通勤场景中，驾驶舒适性和便利性是用户体验的关键。这包括改进座椅设计、车内空间布局以及智能辅助系统，如自动泊车、交通拥堵辅助等。

增强车辆安全性能。在所有场景中，安全始终是最重要的考量。制造商应投资于先进的安全技术，如碰撞预警、紧急制动系统和行人检测技术，以提升车辆的安全性能。

改进能源效率和续航能力。对于新能源汽车，电池的续航能力和能源效率是用户关注的焦点。制造商需要持续投资于电池技术，提高能源密度和充电效率。

考虑不同市场的特定需求。不同市场的用户有不同的需求和期望。制造商应对不同地区的文化、驾驶习惯和市场特点进行深入研究，以定制化产品和服务来满足这些需求。

参考文献

［1］中国汽车技术研究中心有限公司：《CCRT 管理规则（试行版）》。

［2］中国汽车技术研究中心有限公司：《中国汽车消费者研究与评价（CCRT）》，2023。

基于用户体验的汽车智能化功能
定义模型搭建研究

梁本双　杨　靖　何维胜*

摘　要：　汽车的智能化功能已成为产品定义的重要领域，在经历了前期堆砌功能配置阶段后，基于市场上用户需求的功能定义越来越至关重要。对用户需求的把握，需要从用户的功能偏好和体验差异显著性上来开展。本研究从汽车智能化功能指标体系入手，按照用户需求偏好优先级、用户体验评价的离散度、差异显著性判断搭建起汽车智能化功能定义的数理模型，更加科学地支撑汽车产品智能化功能企划。

关键词：　需求优先级　评价离散度　差异显著性　智能化功能　汽车

一　汽车智能化功能定义与用户体验

（一）汽车智能化功能定义

智能化是汽车发展趋势之一，也是汽车科技化和未来化的方向。汽车智能化的发展，在经历了功能堆砌、烦冗阶段后，目前到了以需求导向的定义阶段。汽车智能化功能定义，有对标竞品的路径，也有基于用户需求的路径。本研究的汽车智能化功能定义，将结合用户需求和对标竞品两种方法综合定义。

---

* 梁本双，中汽信息科技（天津）有限公司品牌咨询部技术总监；杨靖，中汽信息科技（天津）有限公司品牌咨询部部长，高级工程师；何维胜，中汽信息科技（天津）有限公司品牌研究室主管。

（二）用户体验在汽车智能化功能定义中的作用

用户体验，在唐·诺曼（Don Norman）的 *The Desien of Everyday Things* 一书中，认为是"以人为中心的设计"；在《ISO 9241-210-2010 以人为中心的交互系统设计》中，认为是"人们对于使用或期望使用的产品、服务或系统所产生的所有感知和反应"。尽管有很多学者对"用户体验"进行多维度的定义，但始终围绕"人"与"交互对象"在"交互过程"中产生的"反馈感受"来展开（见图1）。因此，用户体验的重点，一方面是体验结果，另一方面是体验需求。

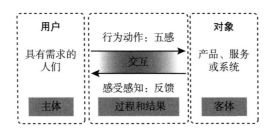

图1　用户体验概念定义

汽车智能化功能的用户体验，即让有一定需求的用户，通过与智能化功能的互动，产生感受体验（见图2）。

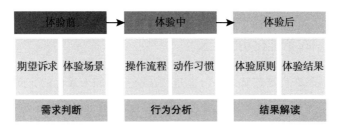

图2　汽车用户体验分析内容

从汽车用户体验分析内容中可以总结出，对汽车智能化功能定义，需要从"需求判断"和"结果解读"两个维度展开。而"行为分析"则是具体了解用户的行为动作、操作习惯，可以指导具体的功能开发。

二 汽车智能化用户体验功能体系

从用户体验视角，对汽车智能化功能进行定义，首先要构建一套基于用户体验的智能化功能指标体系。因为是基于用户体验的视角，所以可以从用户体验的需求重要度和结果满意度两个角度进行。

（一）汽车智能化用户体验需求重要度体系

汽车智能化用户体验需求重要度体系，即用户在体验汽车智能化功能时，有哪些功能是用户能感知到的，以及功能的需求优先级如何。用户体验需求重要度，可以结合产品功能特征目录来建立，筛选出用户易感知、能感知的指标，并进行需求优先级调研。按照用户体验需求重要度梳理的汽车智能化功能指标体系如表1所示。

表1 汽车智能化功能指标体系（一级指标）

序号	一级指标	序号	一级指标
1	系统应用	9	创新交互
2	车控车设	10	智能进出
3	音响系统	11	智能场景
4	能量管理	12	趣味玩车
5	地图导航	13	辅助驾驶
6	生态应用	14	泊车辅助
7	语音交互	15	手机 App
8	AI 助手		

在获得功能指标体系后，还要确定指标的用户体验需求优先级，即用户在体验智能化功能时，更偏好哪些功能的体验，或者更看重哪些功能的体验。可以通过分值进行量化，来体现需求优先级。按照用户的评价习惯，采用10分值量化用户偏好（见表2）。

表2　用户体验需求重要度打分

完全不关注		不关注		一般		关注		非常关注	
1分	2分	3分	4分	5分	6分	7分	8分	9分	10分

（二）汽车智能化用户体验结果满意度分析

汽车智能化用户体验结果满意度分析，是用户对现有智能化功能体验后的结果解读。常规的结果满意度量化利用十分值进行评价，具体如表3所示。

表3　用户体验满意度评分

非常不满意		不满意		一般		满意		非常满意	
1分	2分	3分	4分	5分	6分	7分	8分	9分	10分

三　汽车智能化用户体验功能定义流程

在确定完功能体系后，就可以按照定义的需要，进行数据采集和整理分析，来完成汽车智能化用户体验功能定义。

（一）数据采集

从用户体验功能定义的需求来看，数据采集工作，需要有"目标测试人员界定""模拟用户日常用车场景""日常用车场景下的车辆功能体验测试用例"三个部分。

1.目标测试人员界定

测试人员界定，即按照研究目的和细分市场要求，规定测试人员的数量、属性、特征分布等参数，使得采集的数据符合自然环境下的分布，具有普遍性与可信度。其中，由于研究侧重在智能化功能领域，需要特殊规定测试人员在智能化功能总体有较高需求，且有过智能化功能的体验。可以从购车关注因素和所购车型的智能化功能搭载两个方面来界定。测试样本量为120 人，年龄在 20~40 岁，男女比例控制在 4：1 以内，对 4 款车型进行体验测试。在 120 名测试人员中，可以先进行"汽车智能化功能指标体系"的重要度调研，获取重要度优先级，结果如表 4 所示。

表 4　汽车智能化功能指标重要度

功能指标	重要度	功能指标	重要度
地图导航	7.37	智能进出	8.04
生态应用	7.62	辅助驾驶	8.14
趣味玩车	7.73	语音交互	7.79
手机 App	7.2	音响系统	7.9
智能场景	7.64	创新交互	7.92
泊车辅助	7.66	车控车设	7.98
系统应用	7.8	能量管理	8.02
AI 助手	7.83		

2. 模拟用户日常用车场景

结合"汽车智能化功能指标体系"中要测试的项目，模拟用户日常用车场景，设置场景任务进行测试。具体的日常用车场景如表 5 所示。

表 5　用户日常用车场景汇总（示例）

序号	场景设置	序号	场景设置
1	远程控车	8	补能
2	寻车	9	停车
3	解锁	10	靠近目的地
4	装载行李/物品	11	泊车
5	进入	12	下车/卸载行李物品
6	行驶	13	锁车离开
7	堵车	14	维修保养

3. 日常用车场景下的车辆功能体验测试用例

在具体的用车场景下，让用户按照指定任务进行操作，体验功能表现，就是车辆功能体验测试用例。具体的测试用例如表 6 所示。

表6 车型功能体验测试用例（部分）

例1:屏幕布局:上车时请观察中控屏的角度偏转,上车后请唤醒语音助手,呼出"将屏幕旋转至副驾",呼出"将屏幕旋转至中间",体验中控屏的旋转及效果;

例2:账号登录:进入登录账号界面,拿出车上的手机用App扫描登录车机系统,体验车机账号登录过程是否便利;

例3:空调系统:打开空调,按照自己的习惯,调节温度,调节风量,调节风向;

……

让目标测试人员在规定的场景下按照给定的测试用例,进行车辆功能体验。完成一个测试用例,结合评分规则表进行打分。最终,获得测试车辆所有指标的用户体验评价数据。

（二）数据整理分析

在采集到数据以后,首先要进行数据整理,对奇异值、前后矛盾等数据进行清洗,得到最终可用于分析的数据库。结果如表7所示。

表7 不同车型智能化功能的平均值数据

单位：分

具体指标	重要度	满意度	车型评分均值			
			车型1	车型2	车型3	车型4
地图导航	7.37	7.74	7.54	7.93	7.67	7.83
生态应用	7.62	7.69	7.43	7.99	7.55	7.78
趣味玩车	7.73	7.68	7.45	7.76	7.64	7.85
手机App	7.20	7.55	7.33	7.61	7.53	7.73
智能场景	7.64	7.58	7.38	7.63	7.55	7.77
泊车辅助	7.66	7.47	7.19	7.55	7.44	7.71
系统应用	7.80	7.54	7.45	7.53	7.42	7.74
AI助手	7.83	7.61	7.18	7.94	7.54	7.78
智能进出	8.04	7.45	7.10	7.73	7.38	7.60

续表

具体指标	重要度	满意度	车型评分均值			
			车型 1	车型 2	车型 3	车型 4
辅助驾驶	8.14	7.53	7.24	7.85	7.49	7.54
语音交互	7.79	7.66	7.39	7.89	7.63	7.74
音响系统	7.90	7.62	7.45	7.57	7.68	7.78
创新交互	7.92	7.69	7.44	7.78	7.73	7.82
车控车设	7.98	7.75	7.54	7.84	7.69	7.91
能量管理	8.02	7.71	7.32	7.99	7.69	7.84

功能定义数据分析工作主要包括确定功能指标的开发目标和对标车型两部分。

1. 确定功能指标的开发目标

步骤 1：根据用户体验的两大指标（需求重要度和结果满意度），按照 IPA 模型（Importance Performance Analysis，重要性表现程度分析法），对指标进行体验开发目标的初步划分。具体方法如下。

以用户对功能指标总体重要程度分布为纵轴，以用户对功能指标总体满意程度分布为横轴，以二者均值交叉点为原点，建立重要度×满意度的交叉分析四象限图。其中，用户对指标的需求程度越高，表示该指标优先级越高；用户对指标的满意度越低，表示该指标的紧急性越高。结合用户对功能指标需求重要度和体验满意度的关系矩阵，初步确定功能指标的体验开发目标的四个象限（见图 3）。

开发目标共分为 4 个级别：超越（L）、领先（A）、平均（C）、基础（U）。"超越"，为优于现有车型表现最高水平；"领先"，即达到现有车型最高水平；"平均"，即达到现有车型平均水平；"基础"，即达到现有车型最低水平。"现有车型"是指调研的 4 款车型。在确定调研车型时，需要从技术标杆和市场标杆两个维度进行确定，确保对标车型既有技术代表性，又有市场代表性。

按照功能指标的重要度和满意度交叉分析，得到如下智能化功能指标 IPA 初步结果（见图 4）。

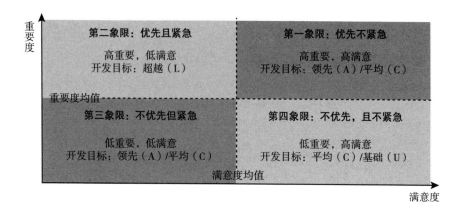

图 3　功能指标 IPA 模型

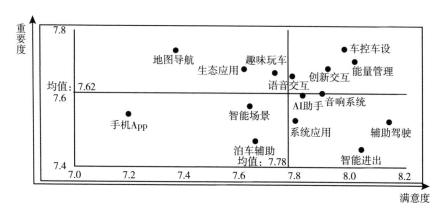

图 4　功能指标初步划分结果

具体各功能指标的"所属象限"和初步"目标建议"如表 8 所示。

表 8　开发目标初步划分结果

功能指标	重要度	满意度	所属象限	目标建议
地图导航	7.37	7.74	二	L
生态应用	7.62	7.69	二	L
趣味玩车	7.73	7.68	二	L
手机 App	7.2	7.55	三	A/C
智能场景	7.64	7.58	三	A/C

续表

功能指标	重要度	满意度	所属象限	目标建议
泊车辅助	7.66	7.47	三	A/C
系统应用	7.8	7.54	四	C/U
AI助手	7.83	7.61	四	C/U
智能进出	8.04	7.45	四	C/U
辅助驾驶	8.14	7.53	四	C/U
语音交互	7.79	7.66	一	A/C
音响系统	7.9	7.62	一	A/C
创新交互	7.92	7.69	一	A/C
车控车设	7.98	7.75	一	A/C
能量管理	8.02	7.71	一	A/C

步骤2：在初步划分中，只有第二象限（优先且紧急）的开发目标是明确的，要超越测试车型中最高水平。其他三个象限由于不紧急或者不优先，其开发目标不明确。需要依据满意程度的离散情况，对步骤1的结果进一步明确，确定各功能指标的开发目标（见图5）。

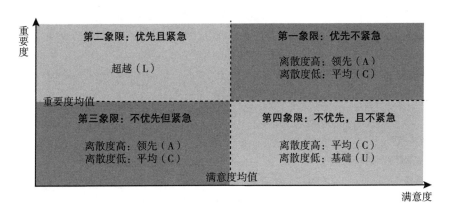

图5　功能指标最终确定

离散度是指同类指标分布相对于某一中心指标分布的偏离程度，在功能体验满意度评价中，反映了用户评价的集中或分散情况。离散度的计算公式如下：

$$d = \sigma/\mu \times 100 \qquad\qquad (1)$$

式中，σ 为标准差，μ 为均值。离散程度越小，集中趋势的测度值对这组数据的代表性就越好；反之，离散程度越大，集中趋势的测度值对这组数据的代表性就越差。因此，当我们用均值来代表用户满意程度时，需要用离散度进一步判断满意程度的分散情况。当个体离散度大于等于总体离散度均值时，表示不同用户满意度评价差异较大，在定义开发目标时，需要综合考虑谨慎定义，往往选择较高的开发目标，确保更大范围的满意程度；个体离散度小于总体离散度均值时，表示不同用户满意度评价差异较小，在定义开发目标时，就可以兼顾开发成本，往往选择较低的开发目标，即可确保较大范围的满意程度。

具体各功能指标的"所属象限"和最终"目标建议"如表9所示。

表9　开发目标最终结果

功能指标	目标建议	评分离散值	离散度	开发目标
地图导航	L	15.67	低	L
生态应用	L	17.61	高	L
趣味玩车	L	17.21	高	L
手机 App	A/C	17.08	高	A
智能场景	A/C	17.81	高	A
泊车辅助	A/C	17.64	高	A
系统应用	C/U	18.31	高	C
AI 助手	C/U	17.63	高	C
智能进出	C/U	18.43	高	C
辅助驾驶	C/U	17.07	高	C
语音交互	A/C	16.19	低	C
音响系统	A/C	16.68	低	C
创新交互	A/C	16.19	低	C
车控车设	A/C	16.34	低	C
能量管理	A/C	16.20	低	C

2. 确定功能指标的对标车型

步骤 1：对功能指标不同车型满意度评价进行显著性（95%）T-检验，对该指标下评价结果进行分档。T 检验公式如下：

$$t = \frac{\overline{X_1} - \overline{X_2}}{\sqrt{\dfrac{\sigma_{x_1}^2 + \sigma_{x_2}^2 - 2\gamma\sigma_{x_1}\sigma_{x_2}}{n-1}}} \tag{2}$$

式中，$\overline{X_1}$、$\overline{X_2}$ 分别为两样本平均数，σ_{x_1}、σ_{x_2} 分别为两样本方差，γ 为相关样本的相关系数。

分析工具使用 SPSS（V22），依次点击"分析—比较平均值—独立样本 t 检验"。

功能指标变量放入"检验变量"里，车型变量放入"分组变量"里，点击"定义组"，输入要比较车型的编号。

筛出"显著性（双尾）"结果值小于 0.05 的所有结果，并记录细分指标。

功能指标两车型的显著性（双尾）小于 0.05 的，判断为两车型在这一功能指标上的满意度评价是有显著性的，即两车型在这一功能指标满意度评价上不在一档。以此类推，把 4 款车型的满意度评价结果两两检验，得出 4 款车型的差异显著性判断。依据"显著性明显，不在一档；显著性不明显，为一档"的原则，对 4 款车型进行分档。最终显著性检验分档结果如表 10 所示。

表 10 功能指标车型评价分档结果

具体指标	显著性分析				显著性分档
	车型 1 A 车	车型 2 B 车	车型 3 C 车	车型 4 D 车	
地图导航		A			2
生态应用		A	B	A	2
趣味玩车				A	2

续表

具体指标	显著性分析				显著性分档
	车型 1 A 车	车型 2 B 车	车型 3 C 车	车型 4 D 车	
手机 App				A	2
智能场景				A	2
泊车辅助	A			A	2
系统应用					1
AI 助手		A	AB	A	3
智能进出		A	B	A	2
辅助驾驶		A	B		2
语音交互		A		A	2
音响系统				A	2
创新交互		A		A	2
车控车设				A	2
能量管理		A	A	A	2

步骤 2：依据分档结果，结合指标在同级指标中的评价情况，明确分档车型的对标标准（见表 11）。

表 11　车型对标标准

分档结果	分档情况	档次确定	特殊情况处理
一档	1	根据同级指标下各车型均值大小来对标	同一分档下存在多款车时，根据该档下指标均值大小来判断，L/A 取大于均值的车型，C 取接近均值的车型，U 取小于均值的车型
二档	1/2		
三档	1/2/3		
四档	1/2/3/4		

步骤 3：根据车型分档结果和对标标准，结合功能指标开发目标，确定对标车型。

当功能指标开发目标为 L 时，超越评价车型中得分最高者水平；当功能指标开发目标为 A 时，达到评价车型中得分最高者水平；当功能指标开发目标为 C 时，如果车型分档为奇数档（1/3），达到中间档靠近均值的车型水平，如果车型分档为偶数档（2/4），则达到中间两档靠近均值的车型水平。功能指标开发目标和对标结果如表12所示。

表12　功能指标开发目标和对标结果（部分）

具体指标	车型评分均值				开发目标	显著性分析				显著性分档	对标车型
	车型1	车型2	车型3	车型4		车型1 A车	车型2 B车	车型3 C车	车型4 D车		
地图导航	7.5	7.9	7.7	7.8	L		A			2	车型2
手机App	7.3	7.6	7.5	7.7	A				A	2	车型4
系统应用	7.5	7.5	7.4	7.7	C					1	车型2
AI助手	7.2	7.9	7.5	7.8	C		A	AB	A	3	车型4
智能进出	7.1	7.7	7.4	7.6	C		A	B	A	2	车型4

表12就是功能定义的最终结果。如"地图导航"功能，其开发目标为"超越（L）"，对标车型为"车型2"，其功能指标定义为"超越车型2的水平"，其余指标以此类推。

四　智能化功能用户体验定义模型总结

基于用户体验的汽车智能化功能定义模型，从用户体验的功能指标重要度和满意度开展，按照确定"开发目标"和"对标车型"两个方面进行。其中模型用到的理论基础和开展步骤总结如下。

（一）模型理论基础

1.IPA模型

对同一级别功能指标，按照用户体验的重要度（Importance）和满意度（Performance）的均值进行交叉分析。这一模型得到同一指标的初步开发目标。

2.离散度

按照用户对同一级别指标满意度评价的分散情况，利用离散系数来判断某一功能指标在不同车型上用户评价的离散程度，以此精确指标的开发目标。

3. 显著性判断

利用 T 检验，判断两车型在同一功能指标上的差异显著性，以此来判断车型在同一功能上的满意度评价是否在同一档次。

（二）模型开展步骤

第一，利用 IPA 模型（Importance Performance Analysis，重要性表现程度分析法），初步确定分区开发目标。

第二，利用离散度最终确定各区域开发目标。

第三，对评价车辆的不同功能指标进行显著性判断，确定同一功能指标下不同车辆的分档情况。

第四，根据分档结果，结合开发目标，联合确定功能的对标车型。

第五，从开发目标和对标车型两个方面，完成最终的功能定义。

（三）模型优劣势分析

这一功能定义模型，是基于用户体验过程的功能指标需求重要度和不同车型功能指标体验满意度两个变量进行的数理分析。其优势在于这一模型不受经验限制，客观地反映出用户体验结果，基于这一客观体验结果的功能定义，克服了经验主义的不足。但是也要看到，这一模型的基础，依赖于采集到的数据信度和效度。因此，目标用户的选取以及测试场景和测试用例的选取成为关键。

五　展望

基于用户体验的功能定义，基础是从用户体验关注重要程度和现有功能满意程度进行展开。本研究对用户体验的关注重要程度进行优先级划分，以便把握功能开发的重要程度。同时，在现有功能满意度分析中，引入评价离散度和差异显著性判断两个指标，一方面离散度判断评价的集中离散趋势，体现群体评价的一致性；另一方面差异显著性判断让评价结果更加清晰，更加容易区分同一功能不同车型的表现情况，便于对标开展。

本研究用户体验分析范式中，还有用户体验中的"操作流程"和"动作习惯"两个变量有待挖掘，这两个变量可以结合车辆试验参数，对车辆的开发标定进行定义，具体流程和模型，有待进一步验证。

参考文献

［1］朱琪琪：《产品设计中的用户体验研究》，硕士学位论文，江南大学，2008。

［2］彭磊：《蔚来汽车的用户体验研究》，硕士学位论文，北方工业大学，2021。

［3］邓发芸：《基于用户需求的信息可信度研究》，博士学位论文，西南交通大学，2006。

［4］彭林：《测试用例的设计与实现》，硕士学位论文，电子科技大学，2007。

［5］周芝芬：《基于数据仓库的数据清洗方法研究》，硕士学位论文，东华大学，2004。

［6］Martilla J. A., James J. C., "Importance-performace Analysis," *Journal of Marketing*, 1977, 41（1）：77-79.

［7］陈蒙腾：《离散纵标法中角度离散误差消除方法研究》，硕士学位论文，华北电力大学（北京），2015。

［8］陈振学：《基于特征显著性的目标识别方法及其应用研究》，博士学位论文，华中科技大学，2007。

图书在版编目（CIP）数据

中国汽车测评报告 . 2024 / 中国汽车技术研究中心
有限公司组织编写 . -- 北京：社会科学文献出版社，
2024. 5

ISBN 978-7-5228-3426-9

Ⅰ. ①中⋯　Ⅱ. ①中⋯　Ⅲ. ①汽车工业 - 技术发展 -
研究报告 - 中国 - 2024　Ⅳ. ①U46-12

中国国家版本馆 CIP 数据核字（2024）第 060375 号

中国汽车测评报告（2024）

组织编写 / 中国汽车技术研究中心有限公司

出　版　人 / 冀祥德
组稿编辑 / 任文武
责任编辑 / 刘如东
责任印制 / 王京美

出　　　版 / 社会科学文献出版社 · 生态文明分社（010）59367143
　　　　　　 地址：北京市北三环中路甲 29 号院华龙大厦　邮编：100029
　　　　　　 网址：www. ssap. com. cn
发　　　行 / 社会科学文献出版社（010）59367028
印　　　装 / 三河市龙林印务有限公司

规　　　格 / 开　本：787mm × 1092mm　1/16
　　　　　　 印　张：25.75　字　数：392 千字
版　　　次 / 2024 年 5 月第 1 版　2024 年 5 月第 1 次印刷
书　　　号 / ISBN 978-7-5228-3426-9
定　　　价 / 98.00 元

读者服务电话：4008918866